國際中國學論叢

嚴紹璗

2021年6月19日

首都师范大学外国语学院主办
首都师范大学日本文化研究中心承办

Collection

of

Chinese Studies

国际中国学论丛

（第一辑）

王广生
王宗琥
主编

世界图书出版公司
北京·广州·上海·西安

图书在版编目（CIP）数据

国际中国学论丛. 第一辑 / 王广生，王宗琥主编. —北京：世界图书出版有限公司北京分公司，2021.12

ISBN 978-7-5192-9145-7

Ⅰ.①国… Ⅱ.①王…②王… Ⅲ.①中国学—文集 Ⅳ.①K207.8-53

中国版本图书馆CIP数据核字（2021）第233973号

书　　名　国际中国学论丛（第一辑）
　　　　　GUOJI ZHONGGUOXUE LUNCONG

主　　编　王广生　王宗琥
责任编辑　赵　茜
封面设计　崔欣晔
出版发行　世界图书出版有限公司北京分公司
地　　址　北京市东城区朝内大街137号
邮　　编　100010
电　　话　010-64038355（发行）　64033507（总编室）
网　　址　http://www.wpcbj.com.cn
邮　　箱　wpcbjst@vip.163.com
销　　售　新华书店
印　　刷　三河市国英印务有限公司
开　　本　710mm×1000mm　1/16
印　　张　24
字　　数　352千字
版　　次　2021年12月第1版
印　　次　2021年12月第1次印刷
国际书号　ISBN 978-7-5192-9145-7
定　　价　85.00元

《国际中国学论丛》编辑委员会

序

　　新冠肺炎疫情未去，且至今影响着人类的日常，并再次清晰地提示了如下事实：这个世界内在的联系和整体的统一性。从本体论意义上说，世界是一个整体，是一个统一的存在体系，在古代也可谓一种常识。且不说万能之神主宰一切、光照万物的时代，稍后在先哲那里也已有了相似的认知。如泰勒斯认为"水是万物之源"，德谟克利特提出了"原子学说"，老子在《道德经》中则主张 "道"是万物之母，也是世界运行的基本方式。

　　不过，我们也看到，与西方不同，东方哲人没有直接追问世界的本原，而是在探问本原存在的性质，这是东西方"形而上学"上的分野，也是时至今日有些西方学者认为中国没有"哲学"的认识论起点。由此可知，在世界作为怎样的一个统一整体这个问题上，东西方产生了差别，换言之，东西方在差别中统一，在统一中差别，或许，这才是原本既存的多元而统一、统一而多元的世界。

　　在理念以及事实上，无论作为观念的世界还是作为物质形态的世界，即在人类世界这一整体中，中国不可或缺。而且，无论对中国自身还是对中国所在的"世界"而言，历史上作为人类文明的发源地之一的"中国"以及当今作为世界最大的政治经济体之一的"中国"，其概念的生成、相应的意义和价值等，唯有将其放入人类整体的世界中去诠释、在跨文化和文明互鉴中去理解，此为今日"中国学"之根脉，也为"中国学"之必然。因此，我们主张的"中国学"绝非仅仅是国外学者研究中国之学问（Sinology、China studies等），即国际中国学，而最终归属于某一个学科；也非仅仅是中国学者对于国外学者之汉学、中国学、中国问题研究之再研究，即国际中国学研究。我们所期待的"中国学"更是指一种在广泛的人文社会科学领域内，基于对人类历史和世界现实整体的观照和理解，进而考察"中国"以怎样的方式和状态参与构建人类所在"世界"的过程及其对这一过程的多元诠释。

另一方面，我们也十分尊重如下事实："国际中国学研究"业已成为一个备受瞩目的学术领域和研究方向，甚至有学者倡议将其设置为一门"学科"。这样的学术事实，既与近年来中国综合国力和文化自信的提升有关，也源于自20世纪初以来国内学术界一大批学人披荆斩棘、艰苦卓绝的努力，诚如北京大学比较文学与比较文化研究所严绍璗先生所言，国际中国学研究是我国近四十年来人文学术领域内取得的最为突出的成就之一。我们将此书命名为《国际中国学论丛》之用意，也是直接受到了以严绍璗先生为代表的学人在此领域内耕耘四十余年的学术启迪。客观而言，目前中国学术界已经建立起一门以国际学术界的中国研究为研究对象的新学科。这门学科的形成正是基于中国学者对世界各地中国历史、文化研究成果的接受、理解、把握和回应。自20世纪70年代末以来，中国社科院、北京大学等科研机构出版专业丛书、成立相关机构，80年代北京大学开设相关研究方向，招收硕士、博士研究生，90年代任继愈先生创刊《国际汉学》，阎纯德先生创刊《汉学研究》，刘梦溪先生创刊《世界汉学》等，继而引发了国际中国学（汉学）研究的持续深入，以北京外国语大学海外汉学研究中心为代表，国内高校相继成立数十家相关研究机构和中心，特别值得关注的是以严绍璗先生为代表的学者基于自身学术实践还提出了"原典实证""变异体""发生学"等重要的学术思想和方法论，将该领域的学术研究提升为一个日臻成熟的思想理论体系。张西平先生等则强调中国近现代学术的发生与国际中国学（汉学）的关联性以及今日国际中国学（汉学）研究与国内学术推进的同构性及区别。

因此，在既有的学术视域中，"国际中国学研究"是一门跨语言、跨学科、跨民族的多边文化研究，对"国际中国文化研究"的"再研究"，其基本的学术思维和路径就是多边文化和跨文化研究。

因此，我们所说的"国际中国学"，至少包含了三个层面和指向。

一、国外学者研究中国之学问及其相应的思维体系，即国际中国学及其历史形态。

二、国内学者在某一个学科层面对国际中国学之再研究。

三、不囿于所谓国别之内外、学科之所限，而强调在世界之整体观照下，对"中国"参与构建"世界"过程的历史考察和现代诠释。

要之，国际中国学（研究）既作为人文学术以及社会科学研究领域内一种世界整体性的、人类命运共同体的视野与思维，也作为一种具体的多边文化、跨文化研究的学术而存在。对于国内学术界而言，基本的使命是确立以中国历史文化为基本视点的国际文化语境考察，在"中国"和"世界"的相互观照下，在古今、东西方文本和思想的交流、相互阐发中，考察、探讨"中国"与"世界"的历史、当下和未来的多重诠释的可能，构建一种国际对话语境中多元共生的知识生产，尤其侧重和西方文明的对话以及在东亚文化内部寻求一种对"当代中国"的理解和把握，让"中国"在主体意义上成为"世界之中国""当代之中国"和构建人类命运共同体的"未来之中国"。而参与、带动国际学术界在上述问题层面的思考和对话，注定了我们必须审视、反思狭隘的、既定的学术思维以及固有的世界观念和认知，进而也要求我们秉承兼容并蓄的学术风格和理念：我们欢迎学科理念明确、学术思维严谨的论文，也欢迎具有宏观视野、不拘一格的文化散论。

本书的出版是在中国学术如何走向国际舞台、外语学科如何完成自身的学术转型等问题日渐凸显，并直接推动国内高校和学术机构变革的环境下产生的，也是在比较文学和跨文化研究日渐成熟、影响渐深的背景下产生的，但更深刻的问题在于（世界以及中国自身）如何面对中国的崛起，而人类又面临新的困境与转型：人与自然之对峙、人类群体间之分裂、人类内心之失序前所未有，危机愈深。能否以及如何面对上述情势并提供必然之应答，是当今人文学术严肃之迫问，也是思想者之责任，甚至可以说，意识到"问之所在，道之所存"乃是学者之命运，而国际中国学这一领域，在此间将是一种有益的方法论，学则内外、思应古今，且以他者观照反省自身，在互动关系中思考、建构人类世界整体发展之可能。而《国际中国学论丛》作为这一领域的后进和新生力量，也将以对今日学术之理解和追求，抱以向学术界前辈和同仁学习之态度，努力沟通中国和世界的理解与对话，为国内跨文化研究、国际中国学（汉学）研究之事业贡献自己的一点力量。

编者谨识

辛丑年五月廿二日于花园桥

目录

中外文学关系与比较研究

东亚汉学与中国学

中国文学译介与研究

国际中国学史

书　评

中外文学关系与比较研究

"文学关系研究"的"本体论意识"

李 强

从传统的学科属性上讲，题目中的"文学关系研究"是指"比较文学"的"文学关系"研究。但是从学理上讲，近年来的研究证明，"文学关系研究"已不仅限于用来表述"文学"的传播与接受，也可以用来在"发生学""形象学""阐释学""译介学""符号学"等层面，通过"语境还原"和"文本阐释"探索和揭示双边或多边文学关系中更为本质的"事实真相"。要做到这样的研究，前提是要具有"本体论意识"。"本体论意识"也称"本体论观念"，是严绍璗先生在长期研究实践中思索归纳出的一种有关比较文学研究的思维形态和操作规范，内容涉及比较文学的学理、问题意识和方法论。[①]下面以"厨川白村研究"为例，从三个方面谈谈"文学关系研究"的"本体论意识"。

---

① 参见严绍璗：《比较文学与文化"变异体"研究》，复旦大学出版社2011年。

一、国别文学与比较文学

我的学术背景也许和许多高校日语教师是一样的，大学本科学的是日语，留校任教后修完硕士研究生的文学课程，其间出国学习，接受过日本式的学术训练。所不同的是，博士生阶段我是在北京大学中文系度过的，学的是比较文学。所以我现在既做日本文学，也做比较文学的教学和研究。从我的学术经历来看，我是做国别文学在先，比较文学在后。不过当时我并未接受过"比较文学"基本学理的训练，只是凭兴趣随心而为。1996年在做"国别文学"即日本文学研究的同时，我发表了两篇关于中日文学比较的文章：一篇是《郁达夫的〈沉沦〉与日本的私小说》[1]，另一篇是用日语写的《中日近代文学の交流－日本近代新文学観とその中国への影響について－》[2]。这是我做比较文学研究最初的两篇文章，但之后的四五年间，我没有写过类似的文章。原因很简单，因为自觉缺乏"比较文学"的基本学理，两篇文章只是罗列了史料，陈述了现象，在介入的点位上丝毫没有体现出比较文学研究所必需的思维形态和操作规范，我反问自己：写这样的文章目的和意义何在？这样的反思迫使我重新思考如何去做好"国别文学"的日本文学研究。这期间我读了不少书和文章，受用最大的应该说是吉田精一编的《日本近代文学的比较文学研究》[3]。吉田精一在该书的概论中举出了日本近代文学研究中的三个事例，以证明没有比较文学的知识是很难做好文学研究的。[4]吉田精

① 载《北京大学学报》（东方文化研究专刊）1996年，第178—182页。
② 载北京日本学研究中心《日本学論叢Ⅷ》，北京：经济科学出版社1996年，第144—148页。
③ 吉田精一编：『日本近代文学の比較文学的研究』，東京：清水弘文堂書房，1971年。
④ 其一是佐藤春夫《女诫扇绮谭》与梅里美《律克莱齐亚夫人的小路》之间不存在影响关系；其二是田山花袋《海上二里》是保尔·海泽《犟妹子》的翻案作品；其三是北村透谷《厌世诗人和女性》前半部分是对埃默森《恋爱论》的改编。

一还说：

> 据我的实际体验，说到近代的文学运动，即浪漫主义、自然主义等等，不能仅仅限于欧洲和日本之间在这些方面的影响关系，如果不在全面认识欧洲文学运动的基础上进行综合的对比研究，就几乎不可能从根本上认识日本的文学。①

我以为吉田精一的这番话最起码告诉我这样几个基本事实：（1）比较文学是文学史中以国际间的影响为中心目标的一个分支，它的应运而生是因为国别文学研究深入的需要；（2）在研究特定时期的作家作品、思潮流派时，"国别文学"和"比较文学"研究是互为表里又互为因果的；（3）根据文学研究的预期或阶段性目标以及个人的学术资质，有时可以选择先做"国别文学"，后做"比较文学"研究，有时则可以倒过来。有了这样的认识后，我调整了自己的研究思路，不再刻意区分"国别文学"与"比较文学"的界限，开始将两者视为做"文学研究"必须了解掌握的"领域"，并格外留意它们在学理、问题意识和方法论上共同具有的思维形态和操作规范。1999年发表的论文《〈雪国〉与川端康成的"回归传统"情结——兼谈传统与现代的价值取向》算是一次有益的尝试和突破②，文章运用文献学的方法，也就是日本学界注重考据实证的客观分析方法，对具体的个案进行了具有学理性的分析和阐释，并开始将自己的研究聚焦在日本文论和思潮流派上。1999年，我考入本校中文系读博后，也是基于以上思考，特别是吉田精一上述的那段话，而选择了先从"国别文学"研究的角度做"厨川白村研究"。

---

① 吉田精一著，程麻译：《日本的比较文学研究》，《国外社会科学》1982年第4期，第34—38页。
② 载北京大学《国外文学》1999年第4期，第112—118页。

二、本体研究与现象研究

我于2008年3月出版过一本专著《厨川白村文艺思想研究》[①]，对厨川白村文艺思想和批评实践的形成和演进做了系统的梳理和研究。因为有过这样的实践，所以我一直认为，就中日比较文学而言，厨川白村研究是一个在问题意识和方法论上都具有示范性意义的课题。

为什么选择厨川白村文艺思想进行研究？我的回答很简单，就是两个字——"有用"，当然这与文学研究的问题意识有关。其实在选择研究厨川白村文艺思想之前，我曾经用两年的时间仔细阅读了有关厨川白村研究的各类先行文献资料近500部/篇。由此发现了两个现象。一是围绕厨川白村的评价，中日学界存在着一个有趣的"悖论"。厨川白村（Kuriyagawa Hakuson，1880—1923）是日本大正时期的文艺思想家、批评家和理论家中在中国被译介言说最多，而且影响最大的一个。在20世纪20年代初至30年代初的10年中，他的9部主要著作被相继译成中文出版，特别是他的《苦闷的象征》，因关涉文艺的根本问题，也因为鲁迅先生的翻译，曾经受到中国现代文坛的极大关注，形成过名噪一时的"厨川白村现象"。所以在中国，厨川白村被誉为"建立了'苦闷的象征'说的世界级学者"，其地位可以和尼采、柏格森、克罗齐、弗洛伊德比肩。而在日本，尽管厨川白村曾因出版《近代文学十讲》《出了象牙之塔》《近代的恋爱观》等而红极一时，但是由于集文艺理论、诗学、美学思想之大成的《苦闷的象征》是其死后出版的一部遗著，加之又是一部未完成的著作，所以厨川白村作为主流的文艺理论家和批评家，其地位并未得到日本文艺理论界和批评界的认可，有文学史家甚至说过这样的话："对厨川白村有较高的评价，那是在中国，日本的知识界几乎是

---

① 李强：《厨川白村文艺思想研究》，昆仑出版社2008年。

无视中国的评价的。"① 二是"厨川白村现象"与"厨川白村本体研究"的失衡。由于厨川白村与中国现代文坛的特殊关系，中日学界的相关研究大多集中在梳理论证厨川白村在中国现代文坛的译介、传播、接受、影响的"影响和比较研究"，即 "厨川白村现象"上。据统计，从1950年至2015年底，日本公开发表的近100篇文章中有50%属于该类研究，而系统的"厨川白村本体研究"尚为空白。在中国厨川白村研究已有百年的历史，截至2015年底，发表的研究文章近150篇。从学术倾向上看，其中近90%都集中在厨川白村与中国现代文学的"影响和比较研究"上。尽管厨川白村在中国被称为著名的文艺理论家和批评家，但学界却少有人从"厨川白村本体研究"的层面系统研究过厨川白村的文艺理论和诗学、美学思想。由此造成了一种非常被动和尴尬的局面：从事现代文学和文艺理论研究的学者，对厨川白村及其《苦闷的象征》一般都有较深的印象，在相关的文章和研究中也多有涉及，但对其文艺理论和诗学、美学思想的全貌却缺乏全面和深入的了解。

中日两国对厨川白村评价上的差异，本身就是一个很有研究价值的题目。但是我认为在做这样的题目前，应该首先做好两个前提性的课题：一是日本的厨川白村研究，即厨川白村本体研究，二是中国的厨川白村研究，即比较与影响研究，二者缺一不可。而"厨川白村本体研究"则必须走近厨川白村。要走近厨川白村，无疑应该首先走近作为文艺思想家和批评家的厨川白村。对厨川白村的文艺思想和批评实践进行全面系统的研究，不仅会对中国学界的厨川白村研究起到某种提示、补足和纠偏作用，而且对于进一步认识厨川白村文艺思想和批评实践的特殊性，乃至更全面地了解和认识日本现代文艺批评的复杂性都具有一定的启示意义。另外，从学界现有的研究状况看，无论是中国还是日本，相关的厨川白村研究还将持续下去。不过在"影

---

① 柳田泉、勝本清一郎、猪野謙二編：『座談会明治・大正文学史（第3卷）』，東京：岩波書店2000年，第216頁。

响和比较研究"之后，作为厨川白村研究的趋势和突破，"厨川白村本体研究"势必成为学界研究的重点。因为诸如"鲁迅美学思想研究""文艺心理学研究"的深入和突破是无法绕开"厨川白村本体研究"的。

既然选定了厨川白村本体研究，就必须走近厨川白村，唯一的方法就是通过厨川白村不同时期的文艺思想和批评文本来了解和接近他。这样做就意味着要下功夫去全面阅读和研究厨川白村不同时期的文艺思想和批评文本，而且还必须对厨川白村从事文艺批评的时代文化背景有一全面的了解。从本质上讲，厨川白村是一个很有见地、很有信仰的文艺思想家和批评家。他既关心"为人生"，又不忘"为艺术"，用极具特色的批评实践在"以文艺浸润社会"，在以文艺启发民智、改造社会方面做出了历史性的贡献，也为日本现代文艺批评和理论建设的繁荣付出了努力。研究厨川白村的文艺思想，除了要以他的纯文学论著为基础外，还应该毫不偏废地兼顾他的社会批评和文明批评。因为厨川白村的社会批评和文明批评是构成他批评实践的重要组成部分，其中也充分体现了他的文艺思想。基于这样一种认识，我的研究依据厨川白村不同时期的文艺思想文本和批评实践，对厨川白村不同时期的文艺观做出梳理和通释，并以此为基础探讨厨川白村文艺思想形成、发展的渊源和文化背景。具体做法分为两个步骤：一是梳理，二是通释。梳理是基于这样一种想法：厨川白村文艺思想的客观性应以厨川白村文艺思想文本为基础。在对厨川白村的文艺思想进行研究之前，首先要做的是从厨川白村文艺思想的话语文本出发，厘清其文本的原始形态——发生的语境、内涵及其变化等。唯其如此，才能保证研究的客观性。具体做法是：一切从文本出发，客观并直观地描述其文艺思想在具体文本中的原始形态，以及在不同文本中的演变和相互关系。通释是在以上梳理的基础上，对厨川白村文艺思想形成的来龙去脉做动态的追踪研究，并将其置于历史文化的大背景下，历史与逻辑地去探讨厨川白村文艺思想形成的思想渊源和文化背景。研究的核心是厨川白村文艺思想和批评实践的形成与演进。坚持的原则是有一说一，有二说二，既不夸大，也不缩小，绝不"无病呻吟"。

要做好厨川白村本体研究，无论是梳理还是通释，都离不开与之适应的方法和理论工具。为了做好研究，我在实际写作中引入了文献·发生学的方法。文献·发生学方法的运用给我的研究规定了以下两个前提性条件：（1）必须在文献学的层面下功夫，在原典实证和文本细读的基础上弄清楚研究对象"是什么"；（2）在心理学的层面，运用发生学的研究方法追问研究对象"为什么会那样"，使研究无论是文本解析还是理论阐发始终置于以原典的实证材料为研究前提的基础之上。

对厨川白村进行研究，无论对中国学界还是对日本学界来说，都是一个绝佳的课题。如果说我的《厨川白村文艺思想研究》以专著的形式对"厨川白村本体研究"做了有益的尝试，那么，日本爱知县立大学的工藤贵正教授则以《汉语语境中的厨川白村现象》[①]，从"影响和比较研究"的角度对中国的厨川白村研究进行了梳理和评述，成为日本出版有关厨川白村研究专著的第一人。

《汉语语境中的厨川白村现象》全书35万余字，分为10章，依次为序章：何谓汉语语境中的"厨川白村现象"；第一章：厨川白村著作的普及与评价；第二章：民国文坛知识分子对厨川白村著作的反应；第三章：三位译者对《近代的恋爱观》的接受差异；第四章：鲁迅译和丰子恺译《苦闷的象征》的出版前后；第五章：翻译文体中的厨川白村；第六章：一位中学教师的《文学概论》；第七章：《近代的恋爱观》涉及的恋爱论对文艺界的波及和影响；第八章：厨川白村在台湾；终章：厨川白村著作的回归及其研究意义。这样的结构和章节安排体现了作者成熟的学术思考和深厚的学术积累。比如"汉语语境中的厨川白村现象"这一书名，初看似乎为了写作和展开的

---

① 工藤貴正：『中国語圏における厨川白村現象—隆盛·衰退·回帰と継続—』，東京：思文閣出版2010年。

方便，细读之下方领悟其深意所在。首先，"汉语语境"的使用，不仅将中国大陆、台湾地区作为同一实体纳入"学术史"的长河，而且还用"三阶段说"赓续了有过断裂的"学术史"学脉。因为在20世纪50年代至70年代末，中国大陆由于历史原因，厨川白村研究基本处于停滞状态，而台湾地区同时期对厨川白村著作的译介正好填补了这一空档。其次，"汉语语境"与"厨川白村现象"并用，点明"厨川白村现象"并非生成于日本，而是日本以外的"汉语语境"。而之所以称其为"厨川白村现象"，是因为厨川白村在"汉语语境"中极受欢迎。这样就使该书的研究又带上了一层中日文学交流史的意味。

　　《汉语语境中的厨川白村现象》是一本属于"研究之研究"的学术史专论，而不是一本纯理论的著作。它从构成"厨川白村现象"的三个层面，即在"汉语语境"中对厨川白村的翻译介绍、接受影响和整理研究等进行了系统的梳理和评述。为了建构"厨川白村现象"的话语，该著作在其无数具体的"点"和"面"上，一是做到了"言之有理""言之有物"，二是提供了40多页的"附录和参考资料篇"作为其言说的依据。日本鲁迅研究专家北冈正子教授称其为：以不可撼动的基石证实了"厨川白村现象"的存在。[1]工藤贵正教授是1998年12月在上海图书馆看到由罗迪先翻译的《近代文学十讲》后才开始研究厨川白村的。在以后的十余年中，他笔耕不辍，已发表有关厨川白村的论文十余篇。因为研究的需要，我细读过工藤贵正教授发表的每一篇论文，"严谨""实证""扎实"是我对工藤贵正教授学问意识、研究方法和治学态度的总体印象。在《汉语语境中的厨川白村现象》中这种印象又得到了进一步的证实。以第四章《鲁迅译和丰子恺译〈苦闷的象征〉的出版前后》为例。这篇论文在搜罗近乎穷尽的文献资料的基础上，对鲁迅和丰子恺翻

---

　　① 北冈正子：『資料と力を傾注して書く—「厨川白村現象」の存在を証す土台のゆるぎなさ—』，『読書人週刊』2010年4月23日。

译出版《苦闷的象征》的全部过程，做了清晰的梳理和论述。不仅其具体结论在"厨川白村研究"的学术史中显示出重要的学术见解，使用的方法也具有示范性的方法论意义。

在我看来，尽管《汉语语境中的厨川白村现象》是一本属于"影响和比较研究"的专著，不过，从日本厨川白村研究的学术史进程来看，"影响和比较研究"打破了僵局，活跃了日本的厨川白村研究。日本学者注重史料和实证的"影响和比较研究"，不仅丰富了史料，实证了事实关系，从某种意义上讲，也是对研究视野的一种拓宽，为进一步的学术研究打下了坚实的基础。我也一直认为无论是中国还是日本，作为厨川白村研究的趋势和突破，"厨川白村本体研究"势必成为学界研究的趋势和重点。工藤贵正教授在《汉语语境中的厨川白村现象》的"后记"中说，他对"厨川白村研究"的兴趣由从原来的"比较研究"转向了"厨川白村本体研究"。以后又明确表示：日本今后也应该重视"厨川白村本体研究"。^①从这一点上讲，可以说《汉语语境中的厨川白村现象》是工藤贵正教授集十年之功而做的"结账式"研究成果。所谓"结账式"的研究是胡适在《国学季刊》发刊宣言中提到的一种治学方法，意思是说一种学术做到一定程度后，就应该进行总结，目的之一是"结束从前的成绩"，目的之二是"预备将来努力的新方向"。^②所以，我愿意用"结账式"研究目的之一的"结束从前的成绩"来评价《汉语语境中的厨川白村现象》的学术价值，更愿意用"结账式"研究目的之二的"预备将来努力的新方向"来评价《汉语语境中的厨川白村现象》的开启意义。我相信在"严谨""实证""扎实"的"影响和比较研究"之后，"严谨""实证""扎实"的"厨川白村本体研究"也将成为日本厨川白村研究的趋势和新的学术生长点。我愿意和工藤贵正教授一起为推动中国和日

---

① 工藤貴正：「厨川白村という近代—自著『中国語圏における厨川白村現象—隆盛・衰退・回帰と継続—』を評す」，『鴨東通信』№.77，2010年4月。

② 参见《胡适文存》二集，安徽：黄山书社1996年，第8页。

本的"厨川白村本体研究"而努力。

　　无论是我的《厨川白村文艺思想研究》，还是工藤贵正的《汉语语境中的厨川白村现象》，尽管一个是从"厨川白村本体研究"的角度，一个是从"影响和比较研究"的角度对厨川白村进行了研究，但在我看来，它们都属于厨川白村比较研究的成果，因为在它们的背后都有比较文学研究的问题意识和具体的方法论。其中最重要的就是"本体研究"的意识和方法。

三、问题意识与研究方法

　　要做好"厨川白村研究"，我以为除了文献资料的发掘、整理、验证和使用外，还会涉及研究的观念、思路和方法等。其中有两点尤为关键。

（一）问题意识

　　这里说的"问题意识"即"本体论意识"。前面说过"本体论意识"是一种有关"比较文学研究"的思维形态和操作规范。用严绍璗先生自己的话说就是：沿着"原典文本实证"的观念和方法，从"解构"文学文本入手，又在多元层面的"文化语境"中，通过"中间媒体"和"变异体"，再"二次复原"文学文本。在这样一系列的操作中，揭示文学文本内涵的"多元文化"（跨文化）特征，从而完成"比较文学研究"。①

　　在"厨川白村研究"中，我是如何来体现这种"本体论意识"的呢？作为回答之一，我想引用严绍璗先生对《厨川白村文艺思想研究》的一段评价：

---

　　① 参见严绍璗：《比较文学与文化"变异体"研究》，复旦大学出版社2011年，第9页。

本书作者李强博士关注这一"陌生的课题"已近十年。他以自身丰厚的日本近代文学的研究作为基础，把"比较文学的观念"作为研究"个案作家"的"本体论意识"引入到对厨川白村的研讨中。此即他站立于多元文化的语境层面中，从"文学（包括文学思想）发生学"的视角作为解析厨川白村"精神发展轨迹"的起始，考察厨川白村的生命历程在日本大正"民主主义"和"文化主义"中追求"人性理解"和"人性表述"的基本踪迹，由此而阐述其关于文学的"情绪主观"的论说逻辑，从而基本上展现了厨川白村作为文学理论批评家的实像。在此基础上，本书在更加宽阔的文化语境中，特别在对厨川白村留学美国的"客观状态"与"主观经验"中，也即在当时世界上最高度发达的"资本主义文明"中，考察厨川白村精神发展的"拐点"与"提升"，深入地阐述了他由一位"文学理论家"转型为"社会文明批评家"，而最终成为"反抗社会的斗士"的精神发展的特征，从而在第二个层面上再次展现了厨川白村的精神实态。[①]

另外，严绍璗先生还总结了《厨川白村文艺思想研究》的三个长处：（1）自觉运用"比较文学的意识"和"原典实证的方法论"，为学界提供了可资借鉴的学术专著；（2）以日本文艺理论家的个案研究丰富了中国东亚研究的成果；（3）以"本体论意识"，为建构"民族文学（国别文学）研究中的比较文学研究空间"做出了"有价值的尝试"。[②]

回答之二，是我对课题《〈苦闷的象征〉研究》中涉及的作为文本的《苦闷的象征》的"本体研究"和"汉译研究"的一些思考。在《苦闷的象

---

① 参见李强：《厨川白村文艺思想研究》（严绍璗序言），昆仑出版社2008年，第32页。

② 同上，第33—34页。

征》中厨川白村回答了"何为文艺""文艺表现什么""文艺如何表现"等问题，重点阐发了对文艺根本问题的看法，体现了对西方现代文化思潮的融摄。从"发生学"的理论和"文学变异体"的概念来看①，《苦闷的象征》在兼收并蓄西方文化思潮时无疑会因"不正确理解"和"中间媒体"而发生"变异"，在中国语境中被译介时会再次发生"变异"。所以《苦闷的象征》会产生两个文本：一个是在日本语境中发生一次"变异"的"日文文本"，另一个是在中国语境中发生二次"变异"的"汉译文本"，两个文本背后必定会有特定的"多元文化语境"。通过解析这种特定的"多元文化语境"，就有可能还原和揭示文本的原初话语形态以及发生"变异"的轨迹、内涵和特征。也就是说，只有通过这样的"还原"和"揭示"，才有可能较为客观和清晰地回答《苦闷的象征》"本体研究"和"汉译研究"中的若干重要问题。

当然，对此我是有过一个理解和认识过程的。1999年，我在北京大学中文系在职攻读博士学位时，导师严绍璗先生曾建议我做"厨川白村研究——文本的整理与中国新文学对它的不正确理解"。对"文本的整理"我是下足了功夫，其成果大都体现在《厨川白村文艺思想研究》一书的附录中。而对"中国新文学对它的不正确理解"，虽然也做了语料库，对《苦闷的象征》的原文和译文逐句逐段地进行了对照比较，但由于缺乏现有的问题意识和方法论，所以未能取得相应的成果。

（二）研究方法

"研究方法"指的是"方法论"的问题。严绍璗先生在《双边文化和多边文化研究的原典实证的观念与方法论》一文中指出："原典性的实证

---

① 参见严绍璗：《比较文学与文化"变异体"研究》，复旦大学出版社2011年。

研究"是双边文化关系或多边文化关系研究的最基本的方法论，[1] 强调在研究过程中基于"实证"和"原典"形成的"理性思维"来求得结论的"确证性"。[2]严绍璗先生将"原典性的实证研究"概括为五个层次：第一，尊重学术研究史；第二，确证相互关系的材料的原典性；第三，原典材料的确实性；第四，实证的二重性与多重性；第五，研究者必须具备健全的文化经验。对于其中的"尊重学术研究史"，严绍璗先生认为至少应该在两个层面上重视学术史的成果：一是对设置的"命题"，应该充分掌握"命题"内各项概念的学术史演进轨迹；二是必须对设置命题的前辈的已有研究成果，进行学术清理。[3]

回顾自己做《厨川白村文艺思想研究》的经历，深感严绍璗先生对以上方法论的强调是非常科学和必要的。如前所述，我是用了两年时间阅读了近500部/篇有关厨川白村研究的各种先行文献资料，在发现和留意到中日两国对厨川白村评价上的"悖论"和研究上的"失衡"后，才决定先由《厨川白村文艺思想研究》开始做"厨川白村研究"的。之后我两次赴日收集资料，又在动笔前写了近两万字的"厨川白村研究的学术史评述"，内容包括日本的厨川白村研究和中国的厨川白村研究。正文的章节标题和内容就是在"厨川白村研究的学术史评述"的基础上筛选确定的。为了做好研究，除了在原典的实证材料的发掘、整理、验证和使用上下了功夫外，我还在写作中引入了"发生学"理论和"文学变异体"概念以及"本体论意识"，即内在地规定了：（1）在文献学层面，首先通过原典实证和文本细读弄清楚研究对象"是什么"；（2）在心理学层面，运用发生学的研究方法追问研究对象"为什么会那样"；（3）在"语境还原""文本阐释"层面，通过解析特定的

---

① 收入严绍璗：《比较文学与文化"变异体"研究》，复旦大学出版社2011年，第134—152页。

② 同上，第135页。

③ 同上，第138页。

"文化语境"，还原在多边文化关系中发生"变异"的文本。我还通过对不同个案的"文本阐释"，把"比较文学"的"发生学""阐释学""译介学""传播学""接受学"等做到"国别文学"的研究中去，用科学实证的手段方法，由"表"及"本"，即由"表象事实"深入"本相事实"，探索和揭示"厨川白村文艺思想"中最具本质意义的"事实真相"，使《厨川白村文艺思想研究》无论是"语境还原"还是"文本阐释"都始终置于以原典的实证材料为研究前提的基础之上。

以上以"厨川白村研究"为例，从三个方面就"文学关系研究"的"本体论意识"问题谈了我个人的一些理解和思考。欢迎各位同行批评指正。

《草枕》之"美"及其思想的位置

王广生

摘要：《草枕》是夏目漱石早期代表作之一，在文体和主题上十分独特，其中关于美的议论居于核心位置。本文基于文本细读和诠释学的立场，指出《草枕》中核心问题并非是对"美是什么"的回答，而是确立一种方法论意义上的"观照"美学，即"审美观照"，其哲学思想的基础主要源于禅宗的"无住"观念。此美学理念在开篇即得以展开，并统摄全篇。此外，《草枕》中的美学讨论是在东西、古今比照的框架下展开的，呈现了夏目漱石在历史和比较文化的双重维度上对构建近代日本主体性的思考，小说也借此完成了由个人美学向社会伦理学的延展和变异。

关键词：《草枕》；禅宗；审美观照；伦理学

一、《草枕》的开篇

夏目漱石在《草枕》的开篇，借助主人公青年画家"我"之口吻①，写道：

---

① 小说原文为"画工"，直译为从事绘画的人，有"画家""画工""画师"之意，鉴于小说中"我"在理念层面对美的思考和执着，故选取"画家"一词对译。

一边攀登山路，一边在想。若是发挥才智，则棱角分明；若是任凭感情，则会随波逐流；若是坚持己见，则可能处处碰壁。总之，人世难居。愈是难居，愈想迁移到安然的地方。当觉悟到无论走到何处都是同样难居之际，便产生了诗，产生了画。①

这段话可以理解为夏目漱石从发生学的角度对诗和画（艺术）进行了独特的解读，即诗和画（艺术）产生于对人世之难居的"觉悟"，而且产生于"觉悟"的那一刹那、一瞬间。此处的诗和画（艺术）无疑是生成于内心的诗意和画境（尚未凝固于物质、成形于纸张画布的艺术之精神和想象），而此"觉悟"也接近一种审美意识的活动。换言之，这种"觉悟"的思想和体验，指向顿悟和内心刹那间的醒来，属于一种东方禅宗式的认知方式。

其后，小说写道：

在移居不可之人世却又感到难居，唯有在此世寻求宽慰，以求在短暂生命中转瞬即逝的时光里过得舒畅些。由此，产生出诗人的天职，生发出画家的使命。从事艺术者之所以尊贵，正在于使世界得以静观，让人内心得以丰富。（《草枕》，第103页）

这一段落中，夏目漱石以叙事者之立场就诗和画（艺术）的审美功用进行了简要的说明，即诗和画（艺术）的使命和天职，是让承受困苦（难居）的世人得以疏解和顺畅。也就是说，诗和画的艺术审美功用正是作用于人的

---

① 夏目漱石《草枕》，收入《日本文学全集 15》，东京：集英社1972年，第103页。后文中出自同一著作的引文，将随文标出该著的简称《草枕》和页码，不再另注。另，文中《草枕》段落为笔者拙译，翻译中参考了丰子恺和陈德文等学者的译文，特此说明。

内心和精神世界。

其后，文中对诗和画（艺术）的内涵作了如下判断和说明："从难居的人世剔除难居之烦恼，将可爱的大千世界如实描写出来，即是诗，即是画，或是音乐，抑或雕刻。"（《草枕》，第103页）即诗和画，抑或音乐和雕塑等艺术是对人生苦难、对世界日常在审美层面的克服和超越，是对现实之温暖和美之诗意的发现和觉悟。此处，所强调的还是审美（静观）的态度和立场。

紧接着，小说写道：

> 具体来说，如若不写也可以。以眼观之，就能产生诗与歌。情思不落于笔端，内心也会响起璆锵之音；丹青虽不在画架涂抹，而心中自有绚烂之色。我观我所居之世，将其所得纳于灵台方寸的镜头中，将浑浊俗世映照得清醇一些，也就满足了。故无声之诗人可以无一句之诗；无色之画家可以无半尺之画，但也可以静观人世，脱落烦恼，步入于清净之界，亦能创建不同不二之天地，扫荡一切私利私欲之羁绊……（《草枕》，第103页）

此段中，夏目漱石不仅区分了美和美感，即"诗"可以分为有形之诗与无形之诗，更重要的是，他进一步明确指出了获得"美"的途径与方法，即"我观我所居之世，将其所得纳于灵台方寸的镜头中，将浑浊之俗界映照得清醇一些"。换言之，将自身悬置于人世之（上）外，对身处的世俗世界以佛教之眼（灵台之镜）的"观照"，获得清醇（纯粹审美）的经验。而"脱落烦恼"，进入"清净之界"，"创建不同不二之天地"的关键是，"扫荡一切私利私欲之羁绊"之方法。

综上，借叙事者之立场，《草枕》开宗名义，点明主题，指出了关于美的核心观念，对诗和画（艺术）的审美经验进行了发生学意义上的整体描述。而且，较为明确的是，此处审美经验的获得，可以清晰地看到禅宗思想之影响。"觉悟""难居""灵台""浑浊俗世""解脱烦恼""清净"等佛家尤其是禅宗用语自不必说，特别需要注意的是以下两个方面。

"人世难居。愈是难居，愈想迁移到安然的地方。当觉悟到无论走到何处都是同样难居时，便产生诗，产生画。"（《草枕》，第103页）这样的表达，正是大乘佛教经典《金刚经》中"应无所住而生其心"（以下简称"无住"）这一思想观念的具体化、文学化表达。

第二，借"我"之口，夏目漱石在开篇即对其艺术审美理念（美学）进行了整体性的说明，尤为强调一种审美的态度与立场在"美感"发生过程中的决定性作用，涵盖了本体论、认识论和方法论等多个层次，说明夏目漱石创作《草枕》时所持美学理念之充分自觉，这一美学理念，在本体论和认识论层面对应"应无所住而生其心"，在审美的实践和方法上，则体现为一种东方式的静观，即"观照"美学之立场，笔者称之为"审美观照"。①

二、"无住"思想与夏目漱石的"观照"美学

整体而言，《草枕》中所显现的"无住"思想是夏目漱石"观照"美学在宗教、哲学层面的观念前提，而"审美观照"则是夏目漱石基于"无住"思想而生发的"观照"美学之具体方法和实践手段。因此，在本文中，"观照"美学即可理解为"审美观照"，两者可以互换。

"应无所住而生其心。"②语出大乘佛教经典《金刚经》。据传，五祖

① 佛理讲体用不二、用依体生，可理解为本体论、认识论和方法论，即观念前提和实践方法的辩证统一。

② 陈秋平、尚荣译注：《金刚经·心经·坛经》之《金刚经·庄严净土分第十》，中华书局2016年，第49页。后文中出自同一著作的引文，将随文标出该著的简称《金刚经·心经·坛经》和页码，不再另注。

弘忍开坛传法，所依最主要的佛典即《金刚经》。《金刚经》是般若经典纲要之作，地位甚殊，且流布极广，如三论、贤首、天台、唯识等宗派均有注疏，尤其是禅宗一脉，更是奉其为典章经卷。因此，理解《金刚经》的思想内涵及其影响，需多在禅宗文化的脉络中去把握。且后来诸家注解《金刚经》，多主张其思想核心，正在"应无所住而生其心"之句①。

"无住"，可以说是佛教，尤其是大乘佛教的核心观念之一，在《摩诃般若波罗蜜多心经》（通称《心经》）中集中表达为"色即是空"之句。六祖慧能也正是听到五祖弘忍讲授《金刚经》"应无所住而生其心"之句时，豁然悟道（《金刚经·心经·坛经》，第182页）。继而"无念、无相、无住"作为六祖禅法（《六祖坛经》）中的关键，最后也落在了"无住"之上。

何为"无住"？《金刚经·离相寂灭分第十四》中说："菩萨应离一切相，发阿耨多罗三藐三菩提心，不应住色生心，不应住声、香、味、触、法生心，应无所住而生其心。"（《金刚经·心经·坛经》，第67页）佛家认为，"应无所住"是指对于人类而言，世界首先是一个经验的世界，且是一个被遮蔽的、缺乏自性的世界，并非世界的本来面目。如"凡所有相皆是虚妄"（《金刚经·心经·坛经》，第32页），"一切有为法，如梦幻泡影，如露亦如电，应作如是观"（《金刚经·心经·坛经》，第117页）。所云"无所住"为佛学之体，即在本体论和认识论层面对人类外在经验世界做了判断和说明。②

①　对此句的解释历来纷纭，未能统一。"应无所住"是指世界最真实的那个状态。在佛教看来，世界总是以"虚无"和"空"的方式向人类呈现。"而生其心"之句，则主要是方法论层面，《金刚经》给予世人的启示是不执迷于世界的表象，而应以觉悟和佛性观照虚空，从而抵达真如的境地。因此，此句包含了佛教本体论、认识论以及方法论的统一。
②　以今日科学观念视之，我们人类基于自身的感知通道和手段所能认识到的世界，如眼睛中的光色、耳朵里的声波、身体的触觉等，在某种意义上，实则是对世界的曲解。故而《心经》有云："观自在菩萨，行深般若波罗蜜多时，照见五蕴皆空，度一切苦厄。"

　　进而，《金刚经》在方法论上告示人们莫要驻足于色、声、香 、味等的虚幻之相状，只有通过觉悟（意识到"空"是世界的本相），即智慧的观照才能接近世界的本原，以其觉悟之心，才能"观照"到一种纯粹的真实之美。这样的思想和方法论，若以《草枕》开篇文字言之，即"我观我所居之世，将其所得纳于灵台方寸的镜头中，将浑浊之俗界映照得清醇一些"（《草枕》，第103页）。

　　众所周知，美术思想与宗教、哲学的发展密不可分，它们之间往往相互促进和影响。历史上，儒释道一并构成了东方古典诗学和美学，特别是禅宗"无住"之思想和老庄的"虚静""涤除玄鉴""见独"等[①]，一并构建了独具特色的东方之"观照"的美学，即"审美观照"的思潮和传统。[②]而"无住"和"涤除玄鉴"等思想和观念又借助文学得以在世间更广泛地流布、传播。

　　《金刚经》的主旨是 "不执取"，而非把一切都归结到"空"和"虚无"，此为今日思想界之共识。《金刚经》所言的"空性"，并非单纯的"空无一物"，而是对认识事物固有方式的一种自觉和反省。禅宗这种以觉悟之心"观照"、反省肉眼所见的世俗日常之色相与纷扰，摆脱对自我的执着，算得上是一种顿悟和解放。这和我们的审美经验，尤其是审美直觉有着融通之处。换言之，禅宗哲学历来重视修行者自己内心的体悟，以觉悟之眼

---

　　① 陈鼓应：《老子注译及评介》，中华书局2015年，第116页。原文为："致虚极，守静笃。万物并作，吾以观复。"陈在书中引述冯友兰先生的话："《老子》所讲的'为学'的方法，主要的是'观'。"

　　② 不过，值得注意的是，作为般若佛经之纲要，《金刚经》虽然包含着十分丰富的美学思想，但目前为止，国内学界对《金刚经》美学思想的专题阐发和解读，中国知网（CNKI）仅见两篇文献。一篇是赵建军先生的《〈金刚经〉美学思想初探》（《文史哲》，1994年第4期，第85—90页），一篇是薛学财博士的《〈金刚经〉蕴含的美学思想略谈》（《玉林师范学院学报（哲学社会科学）》，2012年第4期，总第33卷，第71—77页）。前者主张《金刚经》的美学思想是"虚幻的美学"，"美无表象"，而后者认为《金刚经》美学思想的核心是通过对虚幻之美的超越，达到对真实之美的观照，但并不彻底否定虚幻之美。

观照人生和世界，实际上这就将生命提升到审美层面的精神活动。

综上，夏目漱石在《草枕》的开篇，就为我们集中呈现了他关于美学的整体观念和设想，既包含了"应无所住"所示的世界观（本体论）以及认识论，也包含了"而生其心"所示的方法论，以无观有，以有参无。而"应无所住而生其心"在美学思想层面，就集中体现为夏目漱石所持的"观照"的美学思想，以佛之"空性"发现、领悟和感受世间的纯粹之美。换言之，《草枕》对"美"的讨论并没有集中于"美是什么"这样的话题。对于美学的讨论更多的是借鉴禅宗思维方式，于方法论意义上提出一种"美学"的态度和方法。即比之于美的本质，画家主人公"我"关注的是发现、获得美之方法和立场，这一方法和立场就是"审美观照"，而小说集中探讨的是如何发现、获得美的理念，即"观照美学"。简言之，《草枕》中美学（思想）核心是方法论意义上的美学（方法和立场），而非本体论意义上的美学。

通观《草枕》，禅宗之意象俯拾皆是、随处可得。人物设置上有寻求"非人情"之旅的青年画家、大彻和尚、大头和尚、剃头的小和尚等自不必说[1]。"干屎橛""色相世界""本来面目"等禅林用语之外，文体上充满禅

---

[1] 诸多学者指出《草枕》中的美学是"非人情"，主张夏目漱石提出并实践的"非人情"艺术理念与当时流行的自然主义文学思潮之对立。如松村昌家《作为小说美学的〈非人情〉——〈草枕〉的成立》（详见松村昌家编：《夏目漱石における東と西》，东京：思文阁出版2007年，第3—28页）一文，就主张夏目漱石正是基于对《金色夜叉》以及田山花袋为代表的、描写"情欲"甚至"肉欲"的自然主义文学的抵抗而完成了"非人情"之美学。但若以《草枕》实际状态言之，"非人情"实则是《草枕》中"观照"美学之部分和具体表达，且其实现的唯一途径就是"观照"，"非人情"自身并不具备独立而完整意义上的美学观念。如日本学者冈崎义惠曾解读"非人情"："所谓'非人情'，即抽离人情而旁观世界。根据漱石的观点，人情世界即是道德世界，离开道德世界，即为'非人情'。如此，它应该或是宗教世界，或是艺术世界，或者是科学世界。"（详见冈崎义惠：《鷗外と漱石》，东京：要书房1956年，第168页）。藤尾健刚更是注意到"非人情"与"审美"之密切关系，明确指出"非人情"实际为一种"审美认知的态度"，一种"美的观照"。（详见藤尾健刚：《漱石の近代日本》，东京：勉诚出版2011年，第56、68页）

机和佛理的段落也时有所见。更为重要的是，小说的展开主要依靠青年画家"我"的思考和内心的活动，而思考和内心活动轨迹基本上是禅宗式的思辨和感悟。如小说第六章，青年画家"我"将思绪入诗，作汉诗一首：

> 青春二三月，愁随芳草长。
> 闲花落空庭，素琴横虚堂。
> 蟏蛸挂不动，篆烟绕竹梁。
> 独坐无只语，方寸认微光。
> 人间徒多事，此境孰可忘？
> 会得一日静，正知百年忙。
> 遐怀寄何处，缅邈白云乡。①

"方寸认微光"，与开篇"灵台方寸的镜头中，将浑浊之俗界映照得清醇一些"有异曲同工之妙，都是指以佛教所言开悟之心"观照"世俗人间而获得诗情画意，即一种审美的体验。

不过，《草枕》中的"观照"虽具有禅宗思想之特色，但还应该注意到，其中亦有老庄之"见独""物我两忘"等思想痕迹，以及朴素的"自然观照"之因素，且与西方美学中的"美感经验"有着共通之处。

如在《草枕》的第六章，"我"有如下思考：

> 他们的欢乐不是来自对物的执着之念，而是与物同化一处。一旦化为物的时候，茫茫大地上再也找不到确立自我之余地了。（《草枕》，第140页）

---

① 原作为《春日静坐》，是夏目漱石八年前（1898）的汉诗旧作。

又，《草枕》的第一章，有这样一段话：

　　那么为何感受不到痛苦呢？因为我只是将这景色当成一幅画来看，当作一卷诗来读。既然是画和诗，也就不会引起下面的想法：

　　开垦一块土地，建造一座桥梁，赚一笔钱。正是这样的景色——这种既不可以让人温饱又不可以增加薪酬的景色，却可以让我心静快乐，没有劳务，也无忧虑。自然之力的可贵正在于此。于顷刻之间陶冶人的性情，使之沉醉、步入清醇的诗境，这就是自然。（《草枕》，第106页）

以自然反观人类社会自身，是人类哲学思维的起点之一。《老子》之所以成为中国古代哲学思想的源头之一，重要的一点是其思维方式上"天道"和"人道"的统一，即"道法自然"，这也构成了中国乃至东方传统审美思维的一种内在的、不言而喻的路径。因此，我们不能说《草枕》的"审美观照"仅受禅宗思维方式的影响，还需考虑到夏目漱石自身与生俱来的朴素的"自然观照"之思维以及老庄哲学、儒学乃至西方哲学因素的影响。①

如上文所示，把世俗人间当成景色，当成一幅画来看，不涉及现实利害关系和人情世俗，因此才不会感到痛苦，才会感受到清醇的诗境。这样的美学，正如朱光潜在《文艺心理学》中所言："所谓反省，就是把所知觉的事

---

　　① 如藤尾健刚在《〈草枕〉的美学=伦理学——朱子学·叔本华·大西祝》（同主编《漱石の近代日本》，东京：勉诚出版2011年，第55—78页）一文中主张夏目漱石早期美学观念受到大西祝《悲哀的快感》之影响，而大西祝美学的思想资源主要来自叔本华哲学，夏目漱石对这一美学的接受则是以朱子学的"恻隐之心"为伦理学前提和基础来完成的。

物悬在心眼里，当做一幅图画来观照。"①而这样的"观照"美学，不仅源自克罗齐，究其思想渊源，更多地来源于儒学和尼采哲学。②同理，夏目漱石在《草枕》中的"观照"美学也有叔本华之形象的直觉以及康德所言"无利害的静观"之味道③。

不过，基于上述文本的细读和分析，我们或可断言夏目漱石"观照"美学的思想渊源虽然较为丰富和复杂，④但主要源于禅宗一脉的影响——以《金刚经》《心经》《六祖坛经》为代表的"无住"之观念和立场——是无疑的。

实际上，《草枕》中凸显的禅宗思想，国内外学者多已指出。国外学界较有代表性的是韩国学者陈明顺和日本学者加藤二郎（《漱石与禅》，东京：翰林书房1999年），两者指摘小说多处与禅宗思想的关联，前者甚至认为《草枕》乃是一部融合了夏目漱石本人参禅求道体悟的禅宗公案小说。⑤国内学者刘晓曦在《夏目漱石的"非人情"艺术主张及其中国文化思想渊源》一文中指出了"非人情"背后的庄子"坐忘"和禅宗的"无念""无

① 朱光潜：《文艺心理学》，生活·读书·新知三联书店，2005年，第7页。

② 王德胜：《从"形象的直觉"到"心物统一论"美学——朱光潜早期美学理论及其思想之源》，《首都师范大学学报（社会科学版）》1996年第6期，总第113期，第42—50页。不过，此文未能将佛教经典特别是《六祖坛经》对朱光潜美学的深刻影响纳入考虑的视野，是为遗憾。

③ 审美无利害思想，源于18世纪英国经验主义美学，后经由康德而理论化，成为现代美学成立的标志。参见Jerome Stolnitz, On the Origins of Aesthetic Disinterestedness, *Journal of Aesthetics and Art Criticism*, Vol.20, No.2（1961），P131.

④ 在英美学界，夏目漱石的文学思想和审美研究，更多以其接受西方特别是19世纪英国流行的心理学和社会学理论为出发点。参见Fülöp, M.（2010）. Culture shock and the birth of the modern Japanese novel：Natsume Soseki In：A. N. Eigeartaigh & W. Berg（Eds.）, *Exploring Transculturalism*（pp. 63–81）. Frankfurt：Verlag für Sozialwissenschaften.以及Natsume Soseki, M.K.Bourdaghs eds, "Introduction"，in *The Theory of Literature and Other Critical Writings*, New York：Columbia University Press, 2009, P34.

⑤ 陳明順：『漱石漢詩と禅の思想』，東京：勉誠社1997年，第128頁。

住""无相""无我"的境界，印象深刻，但文中颠倒了禅宗和庄子思想影响的主次关系，且没有认识到禅宗的"无念""无住""无相""无我"境界背后的"观照"审美和思维方式才是影响的"要点"。①马英萍在《非人情与禅——论夏目漱石的〈草枕〉》一文中，集中讨论了《草枕》中的非人情与禅宗思想的关联性，尤其指出了"绝男女之色"这一禅学思维在《草枕》中的表达，论证合理。②不过，《草枕》中的禅宗思想集中于"无住"之观念，这一点尚未有人指出。

此外，正如普罗提诺（Plotinus）评价艺术的核心价值时所言"失掉美就是失去一切"③，作为一部讨论"美"的文学作品，《草枕》自身的美学诉求理应得到研究者的足够重视。而《草枕》作为一部文学作品，其目的也不在禅宗思想之呈现，与此相反，其用意恰恰在于借助禅思呈现出对人生、对世界的一种文学性的审美表达（或可称为文学性审美之观照），这也和夏目漱石自己对《草枕》的定位，即"这是一部寻求美的小说"的观点相符④。因此，《草枕》中的禅宗思想乃是一种手段和工具，其目的是在世俗的人间寻求一种审美的"观照"和体验。⑤

《草枕》之外，夏目漱石所受禅宗影响之事实，也为学界之常识。漱

---

① 详见刘晓曦：《夏目漱石的"非人情"艺术主张及其中国文化思想渊源》，《日本研究》2003年第1期，第55—59页。

② 详见马英萍：《非人情与禅——论夏目漱石的〈草枕〉》，《江淮论坛》2006年第4期，第179—182页。

③ 《美学文献》第一辑，书目文献出版社，1984年，第420页。

④ 夏目漱石在《我的〈草枕〉》一文中写道："我若能给读者留下一种感觉，即美的感觉就满足了，其他的没有任何的目的。"（『漱石全集』第16卷，東京：岩波書店1967年，第544頁）

⑤ 夏目漱石文学中审美思想亦是夏目漱石基于自身生命体验而锤炼出的一种生存、生活态度。如在伦敦的生存体验，让他学会了以第三者的角度去看待这个世界，保持和这个世界的距离亦有很大关系。参见Fülöp, M.（2010）. Culture shock and the birth of the modern Japanese novel：Natsume Soseki In：A. N. Eigeartaigh & W. Berg（Eds.）, *Exploring Transculturalism*（p. 77）. Frankfurt：Verlag für Sozialwissenschaften.

石自身也有两次参禅的经历，日常阅读即有《碧岩录》《禅门法语集》等禅宗类书籍，晚年曾与僧侣多有交往等均为定论。不过，关于夏目漱石是否有《金刚经》阅读的体验，则未见指摘者。若从《金刚经》的主旨及其在禅宗史上的影响，以及夏目漱石在《草枕》等作品中体现出的与《金刚经》主旨和禅宗思维方式的统一性和同构性观之，夏目漱石直接或间接受到《金刚经》的影响则是无疑的。[①]而且需要指出的是，禅学之风在学术思想界的流行在当时的日本也是一个普遍而非孤立的现象。[②]

三、"观照"美学中的伦理学话语

以上集中讨论了《草枕》中的美学思想，指出其美学核心是在禅宗"无住"观念影响下的一种"观照"美学，即方法论层面的"审美观照"。换言之，《草枕》关注的美学（思想）核心是方法论意义上的美学，而非美的本体。不过，若仔细审读《草枕》文本，我们也可看到，《草枕》并未完全回避"美是什么"这一问题。如《草枕》第十二章：

> 我是画家。正因如此，作为以趣味为专业的人，即使堕入人情世界，也要比身边那些不解风流者高尚。作为社会的一员，我应立身于高处、站在教育他人的位置上。比起不懂得诗和画、不了解艺术的

---

① 实证有细节琐碎之考据，也有文化语境、逻辑之实证等，后者是对历史整体的把握和直觉。此问题早已为清朝学者章学诚（1738—1801）所指出。况且如本文所论之美学问题，亦需一种有别于理性逻辑的感性想象的逻辑及直觉。

② 据《近代佛教研究》（『近代仏教スタデイーズ』法藏館，2016年）一书统计，明治初年，佛教图书的出版迎来了一个高潮期。加藤咄堂在《自然主义与禅》一文中，甚至说"若问思想界最近之流行，恐怕在文艺上多半是自然主义和禅学之风吧"。（『现代名家·禅学評論』，鸿盟社1908年，第83页）

人，我更应创作出美的作品。人情世界，美就是"正"，是"义"，是"直"。而行为上表现出"正"、"义"和"直"的人，即是天下公民之模范。（《草枕》，第181页）

由此可知，在"我"看来，在人情世俗世界，美就是正义、正直这些"道义"。换言之，"美"即"道义"。既然是"道义"，就包含个人之"道义"和国家之"道义"。对此问题，容稍后讨论。

当然，《草枕》中的"美"并非人情世俗中的"美"，其"美"也一定不是"道义"本身，而是对人情世俗之"道义"的反思和反省，是对"道义"的"观照"。且需要关注的是，这样的"观照"也是在个人和国家两个层面同时展开的。具体而言，《草枕》中所肯定的美学，是基于"观照"这一方法论来完成的。同样是第十二章，有如下文字：

因此，对于眼中一切之物，都须将之看成一幅画，都必须将之看成能乐、戏剧抑或诗歌中的角色予以观照。经过这样的觉悟之眼镜，看待这个女子，才会觉得她的行为是迄今为止所见到的女子当中最美的。（《草枕》，第180页）

经过觉悟之眼（禅宗等传统东方文化）、经过审美（将现实安放在诗和画中）之"观照"，现实的女子才呈现出现实世界中最美的一面。

这一表达明确回应和强化了《草枕》开篇的美学方法和理念。

那么，经过觉悟之眼、经过审美，"过滤"了什么才让世俗呈现出最美的一面呢？[①]

---

① 在《草枕》开篇对非人情之"美"的内涵有过少有的一次直接说明："从难居的人世剔除难居之烦恼，将可爱的大千世界如实抒写下来，就是诗，就是画，或者是音乐，是雕刻。"（《草枕》，第108页），从中我们也可见同样的"剔除"之操作和路径。

对此，藤尾健刚在《〈草枕〉的美学=伦理学——朱子学·叔本华·大西祝》一文中写道：

> 作为夏目漱石美学成立的条件，即超越利害观念，被更多地表达为排除"私欲"之"人情"以及美的观照、保持心之"本性"的内外一体化。《草枕》亦是如此，发现美，就意味着要养育未被私欲污染的澄澈精神，未被恶俗所附身的清洁的灵魂，在这个意义上，与叔本华哲学相同，《草枕》中的美学，即伦理学也。[①]

藤尾健刚在此文中指出《草枕》的美学实质乃是伦理学，发现了《草枕》这个"以美为生命"的小说内含丰富的伦理学，他认为《草枕》中的"非人情"和"哀怜"作为一种审美态度和方法，实际上是一种将人类从私欲的、利己主义的狭隘中解放出来的伦理学。[②]这样的观点独辟蹊径，确为深刻。[③]

不过，藤尾文中所指的"伦理学"主要指向以哲学和美学为学科基础的面向个人道德内修的伦理学（ethics），而非政治伦理学，抑或服务于国家道德论建设的伦理学。另外，藤尾此文存在诸多可商榷之处[④]，限于篇幅，此处重点提及两点：

---

① 藤尾健刚：『漱石の近代日本』，東京：勉誠出版2011年，第68页。

② 同上，第55—78页。

③ 藤尾认为夏目漱石早期美学观念受到大西祝《悲哀的快感》之影响，而大西祝美学的思想资源主要来自叔本华哲学，夏目漱石对这一美学的接受则是以朱子学的"恻隐之心"为伦理学前提和基础来完成的。

④ 此文主张《草枕》中的美学思想主要源自叔本华和朱子学的影响。但若从思想史的角度考察，实际状况可能并非如此，众所周知，朱子学自身以及大西祝乃至叔本华的思想生成无疑都具有较为浓厚的佛教思想，也即他们都从佛教特别是禅宗汲取营养之事实，也许更为深层地说明了《草枕》中的美学和伦理学背后的禅宗思想资源所处的首要位置。

第一，藤尾此文中没有特别关注到，《草枕》诗和画等（美学）的展开和讨论，都是在"观照"的思维框架中以"人情/现代/西洋/都市 vs 非人情/传统/东洋/田舍"这样的图式具体展开的，呈现出明晰的经由对抗西洋而确立"优越日本"之思维路径。①

实际上，《草枕》全篇之眼，即是"我"之观（眼睛）：或在东洋文化比照下发现（指摘）西洋文化之不足，或对照"西洋"而努力确立"优越日本"。此外，夏目漱石是在历史和东西文化比较的双重维度下展开其美学讨论的，除了以东方"比照"西方、还有以古思今、以古代日本反思今日日本而寻求建构近代日本主体性之用意。

如第一章就颇费笔墨地在"古今东西"的立体坐标内展开诗歌之别的讨论，以叙事者"我"的视角，主张与西方/近代入世的诗歌相比，东方/古典诗歌摆脱了世俗人情、同情、爱和正义，"采菊东篱下，悠然见南山"，就让人忘却人世的痛苦，可以抛却一切利害得失、超然世外（《草枕》，第106—107页），从而在美学意义上肯定了东方/古典诗歌的价值，确立了东方/古典诗歌的"合法性"，即"正义"。

但是，需要指出的是，上述思考日本近代主体性抑或构建日本之"美"的主体始终是小说的主人公"我"，而"我"作为夏目漱石的代言人，是一个拥有强烈自我审美和主体意识的男性。小说的最后，自由奔放的女主人公那美脸上浮现"哀怜"的表情，成为一幅画，也是在身处第三者立场的"我"之（观照）眼中完成。即女性之美的发现，换言之，女性之美的管理者以及所有者是作为画家的男性。②

在上述视角下，我们看到了夏目漱石在《草枕》中，基于东方/古典/非人情审美的"观照"，而导向对西方/现代/人情美学之否定以及对"田舍"和

---

① 朴裕河：『ナショナル・アイデンとジェンダー：漱石・文学・近代』，東京：クレイン2007年，第97—128頁。

② 朴裕河：『ナショナル・アイデンとジェンダー：漱石・文学・近代』，第111頁。

"田舍"女性之"美"的"发现"。一方面，是对西方（男性）美学的质疑和否定，而在社会和国家层面表达出自己的意见；另一方面，是有意无意地完成了对内（女性）的驯服和占有。两方面均暗合了一种带有男性支配观念的近代民族国家话语和明治时代国民道德秩序的意味与可能，两方面巧妙地统一于"审美观照"方法论之下，充分表达了夏目漱石对日本近代主体性建构的关注、思考和不安。

第二，与第一个方面密切相关，藤尾之文所指《草枕》中的"伦理学"主要是以哲学和美学为学科基础的、面向个人道德内修的伦理学（ethics），而非政治伦理学抑或服务于国家道德论建设的伦理学。但实际上，《草枕》中美学所呈现的"伦理学"是在上述两个方面同时展开的，即一方面是个人美学/伦理学叙事，另一方面是国家美学/伦理学叙事，只不过一个是显性文本，另一个则相对隐蔽。①

亦如在本节起始部分所言，人情世界中的"美"，即"道义"（道德），有个人和国家之别，而"非人情"之美，即对"人情"进行"审美观照"而获得的"美"，也有个人和国家两个部分。这两个部分正对应上述《草枕》中"审美观照"内外两方面的内容和指向。

在这样的视野下，《草枕》绝非是一本纯文学的、"以美为唯一使命"的小说。小说中的"日俄战争"和"满洲"实际上已经宣告了所谓"非人

---

① 众所周知，日本近代语境中的"伦理学"的概念和范畴，不同于汉语中的"伦理学"，具有特定的指涉和具体的历史文化内涵。日本近代的"伦理学"起初作为以"个人"为关键词的理论性伦理学"ethics"而出现，其后与意图在道德层面整合国民的"国民道德论"潮流形成既对抗又融合的态势。日本近代伦理学（ethics）关注的"伦理问题"主要面向市民社会个人的行为，而作为近代国家的日本则迫切需要在道德伦理上确立新的国民意识和精神。随着日本近代国内外形势的变化，个人的话语受到压制，这两种伦理学最终被统一于"人类共同体之理法"（和辻哲郎）为代表的日本战前伦理学潮流之内。详见龚颖：《伦理学在日本近代的历史命运：1868—1945》，《道德与文明》2008年2月，第16—19页。

情"美学在本体论意义上的失败和不可能，与此同时，也宣告了"观照"美学（包括"非人情"理念）在方法论层面的成立。即那美脸上"哀怜"之表情，是以"堂弟久一"和"前夫野武士"奔赴"满洲"战场为契机而发生的，"哀怜"的表情并非（美）本身，而是画（美）生成的方法论：原本执着于自我、充满机辩的那美想到他者即将发生的"死亡"（实则是无意义的"生"），而产生出一种接近神（佛）的表情，即经由审美的"观照"，触及了对生命本质的观照和反思，这就是"生"的觉醒、"美"的自觉。经由这样"美"的"观照"和达成，一方面可视为创作者夏目漱石对日本追随西方列强发动殖民战争——以"人情私欲"的立场暴力占有——之"美学"的反抗，一方面也可视为对个体如何建构"生存"之"美学"的建言，且两方面共存于夏目漱石基于东方/古典美学之思考而创建独特日本近代文化的思想，即建构日本近代文化主体性的思考和努力。①

《草枕》原本是一个脱离人情的艺术美的世界。但是在小说中，脱俗洒脱的"我"也会突然板起严肃的面孔，以一个老师的身份开始"说教"起来：

> 所谓欢乐，均来自对物的执念，因此包含着一切痛苦。然而诗人和画家都能尽情咀嚼这个充满对立的世界的精华，彻底体会其中的雅趣。②

《草枕》发表后不久，夏目漱石应邀在东京美术学校的一次讲演中说道：

---

① 如正文所述，夏目漱石观照之立场绝非文学理论和审美的单纯表达，也是基于他内心真实而深刻的生命体验而生发的结果。在某种意义上，夏目漱石文学的重要品质即不惜一切代价，完全忠诚地去追求个人真实性和艺术纯粹的客观性。参见Ward，W. B.（1973）. The Authenticity of Natsume Sōseki. Monumenta Nipponica，28（4），pp.391–426.

② 夏目漱石著，陈德文译：《草枕》，上海译文出版社2014年，第60页。

我们将真正的意义传给后世，由此我们持有自己所从事的文艺工作并非无用事业的自觉，由此我们意识到我们不是孤单一人，而是社会整体精神的一部分的事实，由此我们觉悟到文艺和世道人心息息相关。……文艺工作者在这个意义上绝非无用的闲人，无论是写消极俳句的芭蕉，还是写豪放诗歌的立白，都绝非闲人。①

在演讲的结尾，夏目漱石似乎有些激动，他再次强调：

文艺家绝非闲人，所谓闲人是那些对世界没有贡献，那些无法解释生存方法，那些无法告诉大家生存意义的人。②

夏目漱石此处作为演讲者，以"教师→学生"的方式进行面对面的传道授业，告诉大家生存的意义，实践着教育的本义。这一行为可类比其以小说（《草枕》《虞美人草》等）审美和想象的方式向广大读者进行"教育"。因此，可以说，作为教师、作为作家以及作为演讲者的夏目漱石，在"说教"即启蒙的意味上实现了内在精神的同构。在夏目漱石眼中，美学即伦

---

① 夏目漱石：「文芸の哲学基礎」，『漱石全集』（第16卷），東京：岩波書店1995年，第117頁。

② 夏目漱石：「文芸の哲学基礎」，『漱石全集』（第16卷），東京：岩波書店1995年，第135頁。

理，即人道也。①

也正是在上述意义上，夏目漱石在《草枕》中呈现出的美学的确是一种兼及个体修养和国家道德的伦理学。也可以说，在美学和伦理学互动的立场上，立于"应无所住而生其心"观念之上的"观照"美学——伦理学②，一方面，指向日本国内物质文化单向的发展和私欲的泛滥，是为国民道德建设层面的思虑；另一方面，则指向对国家基于私欲而发动帝国侵略战争的反思，是为国家话语的建言。在方法论意义上，我们也由此窥见了夏目漱石建构在东方/古典vs西方/近代之框架下的文学创作方法和思想，这也是明治时代甚至日本近代整体文学（思想）的基本方法论和特色之一。

---

① 特别需要说明的是，《草枕》的美学思想有两个组成部分，一个是禅宗为代表的东方思想文化，一个是西方的近代美学思想。《草枕》在美学这一主题上即可看作这两种美学思想的对话集。换言之，作为夏目漱石早期代表作，刊行于1906年的《草枕》被认为是一部讨论艺术的小说，而《拉奥孔》出版于1766年，是德国启蒙思想家莱辛的美学名著，两者都以"诗与画的界限以及美与表情的关系"为中心展开美学的阐发。有趣的是，前者以或隐或显的方式多次引述后者的观点而立论，但两者在美学理念上呈现出意味深长的差别与统一：《拉奥孔》认为诗画有别，凸显诗的优越，寻求一个行动的希腊，而《草枕》主张诗画一致，肯定画的美学，看到一个静观的东方，从而形成了一种互文性和对话关系。上述事实至今被国内外学界所忽略，却关乎《草枕》美学的深层。关于这一问题，笔者力求摆脱传统的已经僵死的实证研究和影响研究模式，以互文性的视角已完成《诗与画的界限——从〈拉奥孔〉看〈草枕〉的美学》一文，大约两万余字，拟择期发表。

② 以超脱的姿态回归日常世俗，回归人间秩序，以美观照、回归生活和现实的自我（个体和国家），这样的思维方式和方法论正是禅宗"无住而生其心"的要旨和精神。《草枕》这部小说看似简单，但其美学和思想内涵丰富而复杂，反映了夏目漱石在创作上的过渡性以及成熟性，包含了夏目漱石在文学和社会、美学和伦理学、个人和国家之间的摇摆和不安。

日本古代文学中的河洛文化因素

——以潘岳影响为例①

杜聪聪

摘要：随着古代中日文化交流的展开，河洛文化对日本产生了深远的影响，这在日本古代文学文本中有诸多体现。以河洛文人潘岳为例，其作品通过《文选》对奈良、平安时代的汉诗、和歌创作产生了一定影响，其中以《秋兴赋》最受日本古代文人欢迎。同时，潘岳作为才华横溢的美男子，其"掷果盈车"的故事也不断被日本古代物语作品引述，并且在独特文化语境下发生了改变。通过对日本古代文学文本的比较分析，可窥探河洛文人对日本文学的影响方式。

关键词：河洛；日本文学；潘岳；影响

一、日本古代文学与河洛文化

日本平安时代，恒武天皇（737—806）下令模仿唐长安城修建平安京，

① 本文为2022年度河南省高校人文社会科学研究一般项目（2022-ZZJH-436）阶段性成果。

即后来的京都。至嵯峨天皇（786—842）时又参照唐朝两京制①，以朱雀大道为中轴，将平安京分为东西两京，即西京长安与东京洛阳。对此，日本古代文献亦多有记载，例如日本中世类书《拾芥抄》京城部记载："東京号洛陽城、西京号長安城。"②《帝王編年紀》记载："東京愛宕郡、又謂左京、唐名洛陽、西京葛野郡、又謂右京、唐名長安。"③ 由于西京长安地处湿地不适宜居住，逐渐人疏宅废。对此，10世纪末庆滋保胤所撰《池亭记》中有详细记载："予二十餘年以来歷見東西二京、西京人家漸稀、殆幾幽墟矣、人者有去無来。屋者有壞無造、其無処移徙、無憚賤貧者是居。……"④可见在平安京建京二百年之后的10世纪末，西京长安建筑已经基本荒废，成为一些无家可归者的聚集之地，后来的西京街道布满荆棘，不见人影，成为狐狸走兽出没之所，而东京洛阳则作为日本古代都城平安京的主体，进而作为日本都城延续了千余载。"洛陽"便成了"平安京"（京都）的雅称。

日本古代文学作品中的"洛陽"大都是京都的代名词。例如镰仓初期成书的《保元物语》中已常见类似的用法。

> 平氏敗北のうへは参洛を企つる者なり。今、叡岳の麓を過ぎて洛陽の巷に入るべし。⑤

这里的"参洛"指的是"到京都"的意思，由于京都相对于其他地方在政治上处于高位，所以古代日本京都之外的武士前往京都被称为"参

---

① 据《旧唐书·高宗本纪》记载，显庆二年（657）"丁卯，手诏改洛阳宫为东都，洛州官员阶品并准雍州"。
② 神宮司庁編：『古事類苑·宗教部』，東京：古事類苑刊行会1908年，第144頁。
③ 神宮司庁編：『古事類苑·宗教部』，第145頁。
④ 神宮司庁編：『古事類苑·宗教部』，第146頁。
⑤ 市古貞次校注：『平家物語』，東京：小学館2006年，第53頁。

洛""上洛"等。而这里的"洛陽の巷"也指京都的街巷。这种用法一直延续到近现代的作品，例如芥川龙之介的《罗生门》中描写京都荒废之状：

　　この二三年京都には、地震とか辻風とか火事とか饑饉とか云う災がつづいて起った。そこで洛中のさびれ方は一通りではない。①

甚至在现代日本京都文化生活中也能感受到这种洛阳余韵②，在街头巷尾经常可见与洛阳相关的表述。在日本古代文学作品中，除了"洛阳"之外还有由此衍生而来的"京洛""花洛""曲洛"等表述。古代文人甚至在诗文中还进一步将京都的山川与洛阳的实地景观对照，将京都的鸭川称为"洛川""洛水"等。

在中国，洛阳是千年帝都，也是古代中国重要的文化中心，在漫长的中日古代文化交流史中起了很大作用。例如，早在东汉时，倭国便遣使到洛阳：

　　建武中元二年，倭奴国奉贡朝贺，使人自称大夫，倭国之极南界也。光武赐以印绶。安帝永初元年，倭国王帅升等献生口百六十人，愿请见。③

魏晋至隋唐时期，活跃于河洛地区的文人才子创作的作品及相关故事在传入日本之后，成为日本文人创作的灵感与素材来源。同时，日本古代文人也通过诗文对河洛帝都形象进行想象与重构。这在作为日本文化重要载体的文学作品中有很多体现。日本古代文学作品吸收借鉴了大量汉籍故事，这些故事中也有不少与河洛相关的，其中有的源自文学作品，例如《荣花物语》

---

① 芥川龍之介：『羅生門・鼻・芋粥ほか』，東京：教育出版2003年，第116頁。
② 黄婕：《华夏之心——中日文化视域中的洛阳》，社会科学文献出版社2020年，第237页。
③ 《后汉书》，中华书局2017年，第831页。

《大镜》等取自白居易《上阳白发人》的"上阳人"故事；《太平记》等中的"石崇绿珠"故事等。另外还有许多与佛教历史相关的故事，如《今昔物语集》中收录的"白马寺建立""玄奘"故事等。同时，洛阳作为唐朝东都，也曾有许多日本遣唐使到访，《日本书纪》《滨松中纳言物语》等作品中对此也有许多记载。①

二、潘岳作品对日本古代诗歌创作的影响

潘岳是西晋著名文学家、政治家，同时也是著名的美男子。虽然潘岳并非出生于洛阳，但其活跃于当时的都城洛阳，所传故事如"桃花县令""金谷俊游"等也多与洛阳及河洛地区相关。潘岳作为文学家，造诣颇深，与陆机并称为"潘江陆海"。

在日本平安时代，潘岳的作品经常被日本文人引述，其中尤以《秋兴赋》最受欢迎。在此文中，潘岳借描写秋天的萧索肃杀景象来隐喻自己心中的苦闷，进而叙说欲归隐、超脱的人生感悟。日本平安时代许多咏秋的汉诗中都能看到此文影响的印记，例如嵯峨天皇在《河阳十咏》中咏道："岁月差驰徒逼迫，川皋变化遞盛衰。熙熙春心未伤尽，儵忽復逢秋气悲。"②在遣词、氛围烘托及人生思考上皆借鉴了潘岳的《秋兴赋》。平安时代中期的诗

---

① 《日本书纪》卷第二十六中记载齐明天皇五年（659）唐高宗于东京洛阳接见遣唐使，并问询了日本国情及虾夷族的事情。"五年七月丙子朔卯寅，遣小锦下坂合部連石布大山下津連吉祥，使於唐国。仍以陸奥蝦夷男女二人示唐天子。……十月十五日，乘駅入京。二十九日，馳到東京。天子在東京。三十日，天子問詢之……"《新唐书》中有："永徽初，其王孝德即位，改元曰白雉，献虎魄大如斗，碼碯若五升器。时新罗为高丽、百济所暴，高宗赐玺书，令出兵援新罗。未几孝德死，其子天丰财立。死，子天智立。明年，使者与虾蛦人偕朝。"

② 菅野禮行、德田武校注：『日本漢詩集』，東京：小学館2002年，第76頁。

人大江匡衡在《月下即事》中有"潘岳赋中应讽詠，宋生感处欲優遊"①，其中的"潘岳赋"即《秋兴赋》，作者还在诗中将自己"超脱"的心境与潘岳比照道："已到詩仙心事定，侍郎佳興過潘郎。"②类似的还有菅原道真的《寒早十首选三》、藤原敦信的《池水绕桥流》等。除了《秋兴赋》之外，《寡妇赋》中的诗句也经常被平安时代的汉诗借鉴，例如良岑安世在《奉和王昭君》中描写昭君出塞时的悲壮情景，咏道："魂情還漢闕，形影向胡場。"③此句在遣词及意境上参考了《寡妇赋》中的意象。除此之外，被日本文人参考过的还有《西征赋》《怀旧赋》等。这些平安时代的日本文人将潘岳作品中的构想、词句、意象吸收运用到景色描写与人生感叹上，提升了其作品的意境。

日本古代和歌创作历来就与汉诗相通，和歌中的很多意象、词句来源于汉诗。《文选》所收潘岳赋不仅是日本古代汉诗创作的范本，同时也是和歌创作灵感、素材的来源。《秋兴赋》影响了日本奈良时代的大伴家持等歌人的创作。④平安时代亦是如此，例如春宫权大夫公继在咏秋歌"寝覚めする長月の夜の床寒み今朝吹く風に霜や置くらん"一句中表达秋日寒夜，思绪万千，辗转于冷床而不能眠的苦闷情绪，这借鉴了《秋兴赋》中"宵耿介而不寐兮，独辗转于华省"一句的意象⑤。潘岳的诗赋对日本奈良、平安时代的文学创作皆产生了一定影响，尤其是日本咏秋题材的汉诗与和歌经常借鉴潘岳《秋兴赋》的意境。日本文人也经常将文采高超的人比作潘岳，例如

① 菅野禮行、德田武校注：『日本漢詩集』，第194頁。
② 菅野禮行、德田武校注：『日本漢詩集』，第189頁。
③ 菅野禮行、德田武校注：『日本漢詩集』，第70頁。
④ 参见清水明美在《大伴家持の「思恋」歌語獲得の方法としての漢語の受容》（《日本文学》1998年第1期）中的论述。
⑤ 藤原定家对此歌评道："昔の華省の秋思ひやられていとをかし"（此句使人联想到昔日潘岳的"宵耿介而不寐兮，独辗转于华省"，甚妙）。参见新编日本古典文学全集《新古今和歌集》"秋歌"下第519句的注释。

在《万叶集》卷十七中大伴池主评价大伴家持的才气："英霊星気，逸調過人。智水仁山，既韞琳瑯之光彩，潘江陸海，自坐詩書之廊廟。"①

潘岳作品的流行与《文选》在日本奈良及平安时代的流布密切相关。《文选》在飞鸟时代传到日本之后成为皇家贵族、文人士大夫的必读书籍，其中的文章也成了奈良、平安时代文学创作的范本，进而对日本文学甚至政治层面产生了深远影响。②作为文学家的潘岳，在奈良、平安时代的日本文人士大夫中具有相当的知名度，这自然是基于《文选》影响力而产生的结果。但是纵观日本文学作品中与潘岳相关的内容，潘岳故事的知名度要远高于其诗文。在下节中，笔者以潘岳故事为例，梳理其在日本古代物语作品中的流变，探讨其与日本文化及文学固有因素产生的"化学反应"。

三、潘岳故事在日本古代文学中的流变

在日本古代文学作品中，潘岳更多是作为才华横溢的美男子这样的文学形象被人们熟知的，而这一形象源自《晋书》中的记载：

> 岳美姿仪，辞藻绝丽，尤善为哀诔之文。少时常挟弹出洛阳道，妇人遇之者，皆连手萦绕，投之以果，遂满车而归。③

潘岳青年时代游学于洛阳太学，由于姿貌俊美，善作诗文而大受洛阳女性欢迎。后世所传潘岳故事也大都源于此，例如《世说新语·容止》中的

---

① 小岛宪之、木下正俊等校注：『万葉集』，東京：小学館2003年，第187頁。
② 赵季玉：《〈文选〉在日本古代的流传与影响》，《海南大学学报（人文社会科学版）》2020年第5期，第140頁。
③ 《晋书》，中华书局2012年，第1120頁。

"潘岳妙有姿容，好神情。少时挟弹出洛阳道，妇人遇者，莫不连手共萦之"。南北朝徐陵的《洛阳道》中有"潘郎车欲满，无奈掷花何"等。潘岳的这一故事也成了日本古代文学爱用的中国题材之一。日本古代文学中较早引入此故事的是平安时代中期的王朝物语《宇津保物语》，其第二部"藏开"篇中套用了上述《晋书》的内容：

> 大将、「なくて散りにし故郷の」といひて立ちたまへば、南のおとどより、柑子を一つ投げて、大将を打つ人あり。「待ち取るなるこそ」とて取りつ。さて出でたまへば、東の一、二の対より、橘と大いなる栗を投げだしたり。①

主人公藤原仲忠奉父亲藤原兼雅所托到一条殿请求女三宫移居三条殿。女三宫长期遭受兼雅冷落，但又无法割舍这份感情，因此并没有答应。但是在仲忠离开一条殿的时候，女御们纷纷朝藤原仲忠扔橘子以表达依然深爱藤原兼雅的意思。扔水果表达爱意的构想源自潘岳的故事，但是《宇津保物语》将《晋书》中的"果"改成了"柑子"与"橘と大いなる栗"（橘子大小的栗）。这可能是受到了日本和歌文学中"橘"意象的影响。《万叶集》《古今和歌集》中有大量吟咏橘的和歌。日本古代文人经常用"橘香"来隐喻昔日恋人，表达思恋之情。例如以下《古今和歌集》及《源氏物语》中的例子：

> （1）五月待つ花橘の香をかげば昔の人の袖の香ぞする②
> （2）たちはなの薫りし袖によそふれば変れる身とも思ほえぬ哉③

---

① 中野幸一校注：『うつほ物語（2）』，東京：小学館2003年，第508頁。
② 小沢正夫、松田成穂校注：『古今和歌集』，東京：小学館2004年，第78頁。
③ 阿部秋生、秋山虔等校注：『源氏物語（3）』，東京：小学館2006年，第186頁。

　　"橘""橘花"因具有特殊的清香而大受平安时代贵族的喜爱，在和歌物语中被用来比作故人的气味，进而表达一种思恋之情。当然，从数量上看，奈良时代的《万叶集》中虽有咏叹"橘果"的例子，但是在平安时代的作品中多为"橘花"而非橘果。由于"橘"在日本大致5月开花，进而演变成和歌的季语。潘岳故事显然也受到了和歌的影响，在平安时代后期的《唐物语》中，原来的"柑子""橘"变成了"橘の枝"。

　　　　車に乗りて道を行くに、道に会ひける女、思ひのあまりにや、橘
　　の枝を取りて、車の内に投げ入れけり。①

　　这也符合和歌作品的惯例，因为《万叶集》《古今和歌集》中的橘大多是"橘花"而非水果的"橘"。可见，《唐物语》第二十六话"潘安仁"虽然主要是对《晋书》的翻译，但是作者也吸收了日本文学独有的要素。《唐物语》是成书于平安时代末期的中国故事集，但是二十七则故事皆以一首和歌作为主题展开叙述，这与歌物语具有相似性。因此，其受到和歌文学的影响也在情理之中。这本中国故事集具有明显的汉学教科书性质，因此，在《唐物语》的流布之下，潘岳故事在平安及镰仓时期有了更大的普及。这一点在后来的作品中也能看到。

　　例如镰仓初期成书的《建礼门院右京大夫集》第70段"おりしたちばな"（橘香）中记述作者为了表达思恋之情，将一枝橘花包起来送给了心上人平资盛。

　　　　またしばし音せで、文のこまごまとありし返しに、どやらむ、い

---

　　①　池田利夫编：『唐物語』，東京：帝都印刷製本株式会社1972年，第91頁。

たく心乱れて、ただみえしたちばなを一枝包みてやりたりしに、「え こそ心えね」とて、①

而心上人的回信中则将自己与潘岳做对比，强调自己并不是潘郎那样的风流才子。

　　昔思ふにほひか何ぞ小車に入れしたぐひのわが身ならぬに②

此处的"小车に入れしたぐひ"（小车之人）代指潘岳，但是与《晋书》《宇津保物语》不同，此处使用的并非橘果，而是"橘花"，这一点明显是受《唐物语》的影响。由此我们可以从"果"→"橘果"→"橘花"的演变过程来窥探潘岳故事在日本古代物语文学中的演变脉络大致为《晋书》→《宇津保物语》→《唐物语》→《建礼门院右京大夫集》。虽然故事核心情节未发生变化，但其中也糅杂了和歌文学中的"橘"意象，这也是此故事日本化的特点。

以上例子中，除了《唐物语》是单独收录之外，其他的作品都是借鉴潘岳故事的构想，将其融入主线叙事中。同时也可看出平安至镰仓时代日本物语文学中的潘岳形象基本集中于"风流才子"这一点上，并未涉及其作为文学家、政治家的生平故事。经过一段时间的流布之后，潘岳故事不断出现于日本的汉诗文中，被更多文人所熟知，这导致在平安时代后期的王朝物语中，潘岳还游离于故事之外，作为"美男子"的代名词被使用。例如《滨松中纳言物语》中，主人公从唐土归国后在皇后面前评价唐国美男子的时候引

---

① 久保田淳校注：『建礼門院右京大夫集／とはずがたり』，東京：小学館2006年，第77頁。

② 久保田淳校注：『建礼門院右京大夫集／とはずがたり』，東京：小学館2006年，第77頁。

出了以下例子：

> 昔、河陽県にはべりけむ潘岳といひはべりける人などこそ、名
> を伝へはべり。隣なる女、これを思ひかけて、三年まで見はべりける
> を、潘岳はえ知らずはべりける。①

这段虽借用了潘岳之名，但是所述之人却是宋玉的故事。在宋玉《登徒
子好色赋》中，登徒子以宋玉貌美为由向楚王诬宋玉好色，劝楚王莫让宋玉
出入后宫。作为应对，宋玉反驳道：

> 天下之佳人，莫若楚国；楚国之丽者，莫若臣里；臣里之美者，莫
> 若臣东家之子。东家之子，增之一分则太长，减之一分则太短；著粉则
> 太白，施朱则太赤。眉如翠羽，肌如白雪，腰如束素，齿如含贝。嫣然
> 一笑，惑阳城，迷下蔡。然此女登墙窥臣三年，至今未许也。②

《唐物语》第七话中也收录了此故事。《登徒子好色赋》中的内容主要
是描述宋玉不为美色所动，而日本的《滨松中纳言物语》《唐物语》则着眼于
宋玉（潘岳）的美貌。在中国文学中，宋玉不但才华出众，而且也是有名的美男
子，在这一点上与潘岳十分相似。《滨松中纳言物语》的作者可能是将两人的
故事混同了，究其原因，可能是在这一时期 "潘岳" 基本被作为 "美男子"
的代名词来使用，其故事具体情节则显得不重要了。这与 "杨贵妃" "王昭
君" "上阳人" 等的用法相似。也正是因为这些中国故事在日本文学中有了
相当程度的熟知度，才会被抽象化变成某种特质的代名词来使用。

---

① 池田利夫校注：『浜松中納言物語』，東京：小学館2006年，第267頁。
② 《文选》，上海：国学整理社1935年，第493页。

四、结语

潘岳在河洛文化中留下了浓墨重彩的一笔。随着汉籍的东传，其诗赋作品也被传到了日本，并且对日本奈良、平安时代的创作产生了一定影响。潘岳作品的流行与《文选》在奈良、平安时代的流行密切相关。《文选》是日本古代皇家贵族、文人士大夫的必读之书，也是他们创作汉诗与和歌的范本，其所收潘岳《秋兴赋》成为日本文人创作咏秋诗歌的重要灵感来源。日本文人不但借鉴其华丽的辞藻，烘托秋天悲凉、萧索的氛围，而且也模仿潘岳来借此表达无常、超脱等志趣。除了作品的影响之外，潘岳"掷果盈车"的故事也常被平安时代王朝物语所引用、借鉴。此故事在日本古代特殊的文化语境中也发生了改变，例如在和歌的影响下，"掷果盈车"中的"果"经过一系列作品的引述最终定型为"橘花"。潘岳甚至游离于故事之外，作为"美男子"的代名词被使用。类似潘岳这样对日本古代文学产生深远影响，而且自身的故事也不断被文学作品传承的河洛人物还有许多，例如同一时代的石崇，以及盛唐诗人杜甫、白居易等。学界历来的研究多集中于他们作品的影响方面，而对个人故事在日本的流传演变的考证较少，这也是研究河洛乃至中国文化对日本文学影响的重要课题之一。

《小仓百人一首》恋歌中的比喻型意象研究

张建芳

摘要：《小仓百人一首》是一部在日本广为流传的和歌集，共有43首恋歌。考察恋歌中的比喻型意象，可以了解日本古代歌人对爱情的认知特征。统计发现，在描述男女之间的相思、离别时，共有23首恋歌利用了比喻型自然意象和人生意象，自然意象的出现频度远远高于人生意象。这些比喻型意象多为隐喻型意象，也有借喻型意象。在隐喻手法方面，歌人利用本体和喻体事物在功能、属性和构造上的相似性，主要采用实体隐喻，其次为空间隐喻和构造隐喻，展示了自己对恋人、恋情、人生等的独特理解，表达了对团聚的期待、对恋人的谴责和对将来的担忧等。

关键词：恋歌；隐喻；借喻；意象

针对日本和歌的创作手法，纪淑望在《古今和歌集序》中写道："和歌有六义：一曰风，二曰赋，三曰比，四曰兴，五曰雅，六曰颂。"[①]这一创作理念与《毛诗正义》中的"故诗有六义焉：一曰风，二曰赋，三曰比，四曰兴，五曰雅，六曰颂"的表述相同[②]。日本在创作和歌时沿用了中国汉诗的理

---

① 佐伯梅友：『古今和歌集』，東京：岩波書店1958年，第335頁。
② [清]阮元校刻：《十三经注疏》（上册），中华书局1980年，第271页。

念，十分重视"赋、比、兴"的运用。

据藤原定家的日记《明月记》记载，《小仓百人一首》由藤原定家于嘉祯元年（1235）选定。①《小仓百人一首》按照时代顺序收录了自天智天皇至顺德天皇的100位歌人的每人一首和歌，全部出自敕撰和歌集，在日本广为流传。这100首和歌的题材分为春歌、夏歌、秋歌、冬歌、恋歌、杂歌、羁旅歌和离别歌等8类。其中恋歌有43首，数量最多，这充分说明了恋歌在日本和歌中的地位。

那么，日本和歌在描述男女的相识、相思和离别时用到了哪些意象呢？"赋、比、兴"的使用情况又是怎样的呢？本文拟考察《小仓百人一首》中恋歌的比喻型意象的使用情况。

一、先行研究

"从《万叶集》始，恋歌就是和歌的灵魂，是永恒的主题。"②《小仓百人一首》中的恋歌自然受到了中外学者的充分关注。

第一，对于和歌内容的注释与解说。例如，李树果（1988）对《小仓百人一首》中的14首女性歌人的恋歌进行了分析与鉴赏③。胡菊红（2014）结合李树果的分析，又分析了4首由男性站在女性立场吟咏的恋歌④。何艺娇

---

① 中洌正堯：『新詳説国語便覧』，東京：東京書籍2002年，第172页。
② 郑堡垒：《和歌〈小仓百人一首〉赏析》，《日语学习与研究》1992年第4期，第42页。
③ 李树果：《〈小仓百人一首〉中的女性恋歌》，《日语学习与研究》1988年第4期，第46—50页。
④ 胡菊红：《〈小仓百人一首〉咏恋女歌》，吉林大学2014年硕士论文。

（2016）分析了《小仓百人一首》的恋歌中的感伤情怀①。

第二，对于和歌意象的分析与比较。中国学者严绍璗（1987）指出："歌人们都是通过自然界的景物，如春花、秋叶、明月、风雪，来寄托表现自己缠绵的情思。作者运用积极细密的联想与体察，在心理上产生一种'移情作用'……使物我交融于一体。"②在研究《小仓百人一首》的意象时，我国学者主要分析了"雪""月""花""风""山"等意象。例如：铁军（2007）从多层次、多视角研究了《百人一首》的山情结③；胡以男、杨永良（2011）将唐诗与《小仓百人一首》中的咏月诗歌题材进行了对比④。

第三，对于和歌的修辞与意象关系的研究。日本学者嶋冈晨（1997）分析了日本的短歌的意象与比喻之间的关系⑤。加藤治郎（2005）认为，"和歌是修辞的王国，优秀的诗歌是隐喻的世界"⑥。我国学者张继文（2007）分析了隐喻在日语短歌中的运用及其意象⑦。马宁（2020）从隐喻的角度分析了《小仓百人一首》中的女性恋歌⑧。

综上所述，对于《小仓百人一首》恋歌中的比喻型意象尚无宏观研究，歌人的比喻型和歌创作的具体特征也未受到普遍关注。因此，从认知语言学

---

① 何艺娇：《日本古代女性恋歌中的感伤情怀》，《集宁师范学院学报》2016年第3期，第30—33页。

② 严绍璗：《中日古代文学关系史稿》，湖南文艺出版社1987年，第195页。

③ 铁军：《〈百人一首〉的山情结》，《日语学习与研究》2007年第1期，第59—64页。

④ 胡以男、杨永良：《论"唐诗"与〈小仓百人一首〉中的咏月诗歌——以爱情、季节与羁旅诗歌为主》，《山东外语教学》2011年第1期，第73—77页。

⑤ 嶋冈晨：『短歌の技法——イメージ・比喻』，東京：飯塚書店1997年，第11—14頁。

⑥ 加藤治郎：『短歌レトリック入門』，名古屋：日本風媒社2005年。

⑦ 张继文：《隐喻在日语短歌中的运用及其意象认知》，《外语研究》2007年第4期，第57页。

⑧ 马宁：《〈小仓百人一首〉女性恋歌中的隐喻研究》，《青年文学家》2020年第32期，第124—125页。

的角度对比喻及比喻型意象进行分析，将人们的认知过程与意义概念联系起来，是研究古代歌人的认知方法及思维模式的一个有效途径和视角。本文拟利用认知语言学的相关理论，结合类似认知、认知联想、认知推理和语境背景，考察恋歌中的比喻型意象，以了解日本古代歌人对爱情的认知特征。

二、《小仓百人一首》恋歌中的比喻型意象

在恋歌中，男女的相识、相思和离别等都是和歌表现的重点，而人类的情思则是十分抽象的情感。山梨正明（1988）认为："人们为了把某事物以更加具体、生动的形式加以理解，而将其喻为其他的较具体、形象的物体，通过喻体所具有的具体属性、功能、构造等特性，进行理解和认知。"[①]据统计，43首恋歌中共有23首恋歌出现了比喻型意象。由此可见，在说明火热的恋情和缠绵的闺怨时，古代歌人充分借助了修辞手法。陈植锷（1990）从内容上将意象分为自然意象、人生意象和神话意象；从表现功能上将比喻型意象分为明喻型意象、暗喻型意象、借喻型意象、转喻型意象、连喻型意象和曲喻型意象。[②]本文拟结合陈植锷的分类方法，对恋歌中的比喻型意象展开详细分析。

（一）"期待团聚"的和歌中的比喻型意象

以下11首恋歌主要描写相思之情，其中有多个比喻型自然意象和人生意象，体现了歌人对团聚的期待。

---

① 山梨正明：『比喩と理解』，東京：東京大学出版会1988年，第15頁。
② 陈植锷：《诗歌意象论》，中国社会科学出版社1990年，第144—146页。

1.雉尾

柿本人麻吕的和歌描述了"走婚制"下的日本女性在秋夜等待恋人相会的情景。

あしびきの　山鳥の尾の　しだり尾の　長長し夜を　ひとりかも寝む（3・柿本人麻呂）

译：野雉深山里，尾垂与地连。漫漫秋夜冷，只恐又独眠。①

这首短歌出自《拾遗和歌集》。吉本隆明（2006）认为"比喻可分为语义比喻和意象比喻，所谓语义比喻是指两个词语意义有联系，意象比喻是指意象的类似性相关联的比喻"②。在这首短歌中，歌人柿本人麻吕以"雉尾"喻"黑夜"，借用野雉长长的翎尾描写了夜晚的漫长。本体为"夜"（黑夜），喻体为"山鳥の尾、しだり尾"（雉尾、垂尾），喻底为"長長し"（长长的），三者同现，十分形象，容易引起共鸣。雄雉羽色华丽、尾羽长，雌雉羽色暗淡、尾羽也较短。歌人基于雄雉尾羽的特性，从空间隐喻的角度，将其用于时间上，用来表述时间的漫长。

加藤周一认为："在日常世界里，强烈震撼感情的因素，就是男女关系，男女关系的中心就是'寝'。"③日本古代实行"通い婚"（走婚、访妻婚），婚后夫妻并不住在一起，而由男方去女方家与妻子相会，因而，古代的女性更多以等待的形象出现。通过歌人生动的比喻，深夜女子独眠的孤单凄苦形象跃然纸上，韵味悠长。

---

① 刘德润：《小仓百人一首——日本古典和歌赏析》，外语教学与研究出版社2007年，第10页。

② 吉本隆明：『詩とは何か』，東京：日本思想社，2006年。

③ 加藤周一：《日本文学史序说》（上），外语教学与研究出版社2011年，第93页。

2.深潭

　　筑波嶺の　峰より落つる　みなの川　恋ぞつもりて　淵となりぬる（13・陽成院）

　　译：仰望筑波岭，飞泉落九天。相思积岁月，早已化深潭。[1]

　　该歌出自《后撰和歌集》。濑户贤一（2005）指出："隐喻意义一般都由具体向抽象映射。"[2]在这首短歌中，阳成院以"深潭"喻"相思之情"。借用潭水的特性，从空间隐喻的角度，将其用于抽象的情感表达上，用来描述深深的思恋之情。歌中的本体为"恋"（思恋），喻体为"淵"（深潭），喻底为"つもりて"（聚积），三者同现，恋情的热情奔放得以凸显，该隐喻的传情效果极佳。水无乃川由筑波山顶飞泻而下，河水在山下形成了一泓深潭。阳成院将无形的思恋之情，用深邃的潭水来表现，该隐喻形象生动。这与李白《赠汪伦》中的"桃花潭水深千尺，不及汪伦送我情"的意境有异曲同工之妙。这首和歌在对客观世界的认知方面与唐诗存在着共性。

3.波浪、岩石

　　住の江の　岸による波　よるさへや　夢の通ひ路　人目よくらむ（18・藤原敏行朝臣）

　　译：浪涌住江岸，更深夜静时。相逢唯梦里，犹恐被人知。[3]

　　本歌出自《古今和歌集》。在这首恋歌中，藤原敏行用"波浪"喻指

---

①　刘德润：《小仓百人一首——日本古典和歌赏析》，第43页。
②　濑户贤一：『よくわかる比喩』，東京：研究社2005年，第100页。
③　刘德润：《小仓百人一首——日本古典和歌赏析》，第58页。

处于相思中的"自己"。歌人借用波浪涌向岸边的特征，来表达"自己"试图靠近女方的强烈情感。夜晚，歌人想与恋人相会，但因畏惧人言而不敢前去。歌中出现了喻体"波"（波浪），而比喻的本体"自己"却没有出现。本歌中的"波浪"属于借喻型意象。

　　　　風をいたみ　岩うつ波の　おのれのみ　砕けて物を　思ふころかな（48・源重之）
　　　　译：风急波浪涌，溅溅撞山岩。抱恨堪回首，痴心碎君前。[①]

　　此歌出自《词花和歌集》。歌人源重之以"波浪"喻单相思的"自己"，以"岩石"喻"恋人"。歌人从实体隐喻的角度，通过波浪在风的作用下撞向岩石后变为飞沫的物理现象，表述处于单相思中之人的痴心。歌中有两个比喻型意象，第一个为追求者一方的隐喻型意象，喻体为"波"（波浪），本体为"おのれ"（自己），喻底为"砕けて"（撞碎），三者在歌中同现。借助自然界的现象，该隐喻突出了歌人强烈的痴情。第二个是被追求者一方的借喻型意象，歌中喻体为"岩"（岩石）。歌中没有出现本体和喻底，但是，我们利用岩石的坚硬及其在风与海浪面前屹立不动的特性，基于常识与推理可以做出认知，歌人借助"岩石"试图描述自己的"恋人"十分冰冷、不为所动。

　　4.河水

　　　　みかの原　わきて流れる　いづみ川　いつ見きとてか　恋しかるらむ（27・中納言兼輔）

---

　　① 刘德润：《小仓百人一首——日本古典和歌赏析》，第149页。

译：泉河波浪涌，流水分瓶原。何日曾相见，依依惹梦牵。①

本歌出自《新古今和歌集》。歌人中纳言兼辅以"河水"喻"恋情"，借用泉河在瓶原被分成两股水流这一现象，从实体隐喻的角度，暗喻恋人遇阻被分开的无情现实。歌中的本体为"恋"（思恋），喻体为"いづみ川"（泉河），喻底为"わきて流れる"（分流），三者同现。在写景的同时，该隐喻型意象凸显了歌人强烈的思恋与无奈之情。

　　瀬を早み　岩にせかるる　滝川の　われても末に　逢はむとぞ思ふ（77・崇徳院）

　　译：急流岩上碎，无奈两离分。早晚终相会，忧思情欲深。②

此歌出自《词花和歌集》。歌人以"河流"喻"恋情"，描写了急流被岩石阻隔后分成了两股的情景。在歌中，歌人运用了借喻型意象"河流"，喻体为"滝川"（急流），喻底为"われても末に逢はむ"（即便分离最终也会重逢）。基于这一发现，歌人将之与恋情联系在一起，表示恋爱中的男女遇到了阻力，无奈分手。但是，基于流水最终还将汇入大河的特征，紧接着描述了受阻的男女亦会再次重逢、相聚。我们通过推理和联想的方式，可以深化自己对于和歌本体"恋情"的认知。

5.篝火

　　みかきもり　衛士の焚く火の　夜は燃え　昼は消えつつ　物をこそ思へ（49・大中臣能宣）

---

① 刘德润：《小仓百人一首——日本古典和歌赏析》，第85页。
② 刘德润：《小仓百人一首——日本古典和歌赏析》，第240页。

　　译：卫士焚篝火，晨宵灭复燃。相思魂杳杳，长夜摧心肝。[1]

　　该歌出自《词花和歌集》，描写了相思的煎熬。在歌中，歌人大中臣能宣以"篝火"喻"恋情"，将篝火的特性映射至心中的思念之情上。这首短歌以实体隐喻的形式，描述了歌人的思念之情。本体为"物をこそ思へ"（思恋），喻体为"衛士の焚く火"（卫士燃起的篝火），喻底为"夜は燃え、昼は消え"（夜晚燃起、白天熄灭）。该隐喻形式的三个要素齐全，用熊熊燃烧的篝火描述了因相思引起的日夜煎熬。毛峰林（2014）认为"隐喻性是中日诗歌语篇的共性，隐喻含义与社会文化背景信息密切关联，其解读依赖于相关的社会文化语境"[2]。在古代，每当夜幕降临，卫士就生起篝火，这表明自己的相思之情也是日复一日、从不间断。篝火熊熊燃烧，就如同心中的情感，难以自持、十分强烈。篝火在天明之时会熄灭，表明自己由于整夜思念而不眠不休，至黎明之时已身心俱疲、难以为继。

　　6.礁石

　　わが袖は　潮干に見えぬ　沖の石の　人こそ知らぬ　乾く間もなし（92・二条院讃岐）
　　译：两袖无干处，谁知此恨长。滔滔潮落后，礁石水中藏。[3]

　　该歌出自《千载和歌集》，女性歌人二条院议岐基于自身的发现，运用独特的联想与比喻，以"礁石"喻"恋情"。这首短歌以实体借喻的形式，描述了歌人内心的情感。歌中的借喻型意象喻体为"沖の石"（礁石），喻

　　① 刘德润：《小仓百人一首——日本古典和歌赏析》，第152页。
　　② 毛峰林：《社会文化语境下的日本和歌俳句隐喻含义解读——兼与汉诗对比》，《日语学习与研究》2014年第3期，第1—6页。
　　③ 刘德润：《小仓百人一首——日本古典和歌赏析》，第287页。

底为"人こそ知らぬ"（不为人知），本体"恋情"在歌中没有出现。礁石隐藏在波涛下，即便海水退潮后也不会露出水面，这一特性恰如深藏于心的思念一般，不为人所知。"该短歌得到了中宫宜秋门院的女官们的好评，议岐之后被叫作'礁石议岐'。"①基于歌人的"衣袖湿漉漉，不曾干过"这一事实，可以知道歌人的衣袖是由相思之泪沾湿，歌人经常以泪洗面。

7.艾草

かくとだに　えやはいぶきの　さしも草　さしも知らじな　燃ゆる思ひを（51・藤原実方朝臣）

译：伊吹艾草茂，无语苦相思。情笃心欲焚，问君知不知。②

本歌出自《后拾遗和歌集》。歌人用"艾草"比喻"恋情"。这首短歌以实体隐喻的形式，描述了歌人的痴情。本体为"思ひ"（思念），喻体为"さしも草"（艾草），喻底为"燃ゆる"（燃烧）。这首和歌用枯干易燃的艾草描述了歌人对恋人无法控制的相思。王寅指出"当代认知科学普遍认为，隐喻在本质上不是一种修辞现象，而是一种认知活动"③。这首和歌将艾草的易燃特性映射至相思之情上，同时结合古人在针灸时会使用艾草，将针灸时的热度与火热的心结合在一起，表明了歌人的一腔痴情。

8.信夫绢

陸奥の　しのぶもぢずり　誰ゆゑに　乱れそめにし　我ならなくに　（14・河原左大臣）

① 長谷川孝士：『百人一首』，東京：くもん出版1987年，第155頁。
② 刘德润：《小仓百人一首——日本古典和歌赏析》，第159页。
③ 王寅：《认知语言学》，上海外语教育出版社2007年，第406页。

译：纷纷心绪乱，皱似信夫绢。若不与卿识，为谁泪珠潸。①

　　此歌出自《古今和歌集》。歌人将自己纷乱的"心情"用"信夫绢"上杂乱的花纹直观表现了出来。陆奥信夫绢是一种纺织品，其花纹缭乱、颜色浓淡不均。本歌使用了借喻型意象，歌中出现了喻体"しのぶもぢずり"（信夫绢）和喻底"乱れ"（乱），没有出现本体"心情"，通过"信夫绢"的花纹的"缭乱"来指代内心的"纷乱"，用视觉意象来表明自己对心爱之人的一片痴心。

　　9.卤水

　　来ぬ人を　まつほの浦の　夕なぎに　焼くや藻塩の　身もこがれつつ（97・権中納言定家）
　　译：思君终不见，浪静海黄昏。卤水釜中沸，侬心亦似焚。②

　　本歌出自《新敕撰和歌集》。歌人将自己的"思恋"喻为翻滚的"卤水"。歌人藤原定家以女性的视角描写了等候恋人的情景。歌中用静态的海面来反衬内心的波动。歌中的隐喻型意象为"藻塩"（卤水），用翻滚的卤水来表现苦苦等待恋人时内心的焦灼，这一比喻十分贴切。歌人运用实体隐喻，在歌中本体"身"（内心）、喻体"藻塩"（卤水）和喻底"こがれ"（思恋）三者共同出现，突出了女子黄昏时刻焦急万分的内心世界。

　　总之，在描写相思之情的和歌中，歌人借助比喻型自然意象和人生意象，表现了自己对黑夜、思念之情和恋人等的独特理解。

---

① 刘德润：《小仓百人一首——日本古典和歌赏析》，第46页。
② 刘德润：《小仓百人一首——日本古典和歌赏析》，第302页。

（二）"谴责恋人"的和歌中的比喻型意象

在指责负心的恋人的和歌中，歌人借助的比喻型自然意象为月亮、波浪、芦苇，使用的比喻型人生意象为门缝。

1.月亮

今来むと　いひしばかりに　長月の　有明けの月を　待ち出でつ
るかな（21・素性法師）

译：夜夜盼君到，不知秋已深。相约定不忘，又待月西沉。①

本歌出自《古今和歌集》。素性法师以女子的口吻创作了这首闺怨恋歌，描写了忠于爱情的女性的悲哀。在深秋九月的漫漫长夜，女子苦苦等候自己的恋人，恋人却总也不来。歌中仅有喻体"有明けの月"（黎明的残月）。农历十六以后的月亮很晚才升起来，而恋人也是总不来与自己相会。歌人基于二者之间的相似性，利用借喻型意象"月亮"，将月亮的特征映射至人类身上，描写"恋人"的冷淡。

ありあけの　つれなく見えし　別れより　暁ばかり　憂きものは
なし（30・壬生忠岑）

译：仰看无情月，依依悲欲绝。断肠唯此时，拂晓与君别。②

这首短歌出自《古今和歌集》，描述了歌人对无情女子的怨恨。在日本古代的访妻婚中，男子夜里去女方家幽会，在天亮之时需要离开。歌人将无情的"女子"喻为天亮时分的"月亮"，体现了其对恋人的难舍难分。歌中

---

① 刘德润：《小仓百人一首——日本古典和歌赏析》，第67页。
② 刘德润：《小仓百人一首——日本古典和歌赏析》，第94页。

的残月为借喻型意象，歌人用晓月的寒冷描写女子的无情。在歌中出现了喻体"ありあけ"（黎明的残月）和喻底"つれなく"（冷淡），对于本体的理解则需结合日本的恋爱习俗和文化进行推理和认知。

　　嘆けとて　月やは物を　思はする　かこち顔なる　わが涙かな
（86・西行法師）
　　译：见月应长叹，忧思起万端。蟾光何罪有，令我泪涟涟。①

　　本歌出自《千载和歌集》。歌人西行法师望月流泪，以"月亮"喻"恋人"，自己虽为出家人，但是内心的情感却依然难以抛却。在歌中，歌人将月亮与恋人联系在一起，以拟人化的手法描写了月亮，这一表现手法十分含蓄，给人留有无限的想象空间。虽然歌中仅出现了借喻型意象"月"（月亮），缺少本体和喻底，但是我们依据歌中"自己的泪水"和月亮让自己叹息等信息进行推理，就可知歌人在望月时应该是想起了自己的人生过往，悲伤之情油然而生。

　　2.波浪

　　契りきな　かたみに袖を　しぼりつつ　すゑの松山　波越さじと
は（42・清原元輔）
　　译：可记湿双袖，同心发誓言。滔滔滚海浪，哪得过松山。②

　　此歌出自《后拾遗和歌集》。歌人将自己的"誓言"喻为翻滚的"波浪"。松山紧临大海，但是海浪却不能翻过它。基于松山的地理位置特征，

---

① 刘德润：《小仓百人一首——日本古典和歌赏析》，第267页。
② 刘德润：《小仓百人一首——日本古典和歌赏析》，第131页。

"末の松山"用来表示男女之间山盟海誓的爱情坚不可摧。歌人在这首短歌中，谴责了变心的女子。歌人运用实体隐喻，将海浪与誓言联系在一起。在这首短歌中，本体"契り"（誓言）、喻体"波"（波浪）和喻底"松山越さじ"（不越过松山），三者共同出现，表现了歌人对爱情的执着，这一隐喻具有很强的感染力。

音に聞く　高師の浜の　あだ波は　かけじや袖の　ぬれもこそすれ（72・祐子内親王家の紀伊）

译：高师海浪美，远近人皆知。来去难留住，唯沾衣袖湿。①

该短歌出自《金叶和歌集》，女性歌人认为甜言蜜语不可信，表达了自己的怨恨。将自己的"恋人"喻为高师的"波浪"。海浪翻滚而来，翻滚而去，汹涌磅礴且行踪不定。利用此特征，描述自己的恋人犹如海浪，虽然感情强烈但十分轻浮，在爱情上不专一，这一隐喻十分新颖、贴切。歌人将海浪与负心的恋人联系在一起。在歌中出现了喻体"高師の浜のあだ波"（高师海滨的波浪）和喻底"かけじや"（不沾湿），"波浪"为借喻型意象。歌中虽缺少本体"恋人"，但结合"泪水沾湿衣袖"等表述，可知这是被抛弃的女子的真情流露。

3.门缝

夜もすがら　物思ふころは　明けやらで　閨のひまさへ　つれなかりけり（85・俊惠法師）

译：夜夜相思苦，迢迢天难明。深闺门上缝，黯黯亦无情。②

①　刘德润：《小仓百人一首——日本古典和歌赏析》，第224页。
②　刘德润：《小仓百人一首——日本古典和歌赏析》，第264页。

本歌出自《千载和歌集》。歌人俊惠法师用女性的口吻写了这首恋歌。单相思的女子整晚在焦灼地等候恋人到来，因门缝没有透过来光亮而指责门缝无情。在歌中，歌人将门缝与恋人联系在一起，以拟人化的手法描写了门缝，表现手法十分独到。歌中出现了喻体"閨のひま"（门缝），喻底为"つれなし"（冷淡），以"门缝"的狭窄喻"恋人"的薄情。依据歌中提到的"夜もすがら"（一夜未眠）等信息，结合日本古代的婚姻制度"访妻婚"等进行推理，可知女子迁怒门缝的原因。

4.芦苇

難波潟　短き葦の　ふしの間も　逢はでこの世を　過ぐしてよとや（19・伊勢）

译：短短芦苇节，难波满海滩。相逢无片刻，只叹命将残。①

此歌出自《新古今和歌集》。伊势从女性歌人的视角，借助隐喻表达中的芦苇意象，以"芦苇"喻"人生"。歌人回忆了自己被人抛弃的遭遇，描写了古代女子的闺怨。歌人基于芦苇节与节间隔较短的特性，从空间隐喻的角度，将其用于时间上，用来表述人生的短暂。其中，本体为"この世"（人世），喻体为"葦のふしの間"（芦苇节），喻底为"短き"（短），三者同现，十分形象，容易认知。

总之，在谴责恋人时，歌人将恋人喻为"月亮"、"波浪"和"门缝"，表达恋人的冷淡、无情和用情不专等特征，用"芦苇"来哀叹人生的短暂。

---

① 刘德润：《小仓百人一首——日本古典和歌赏析》，第61页。

（三）"担忧恋情"的和歌中的比喻型意象

下面的恋歌描写了歌人对恋情的担忧，同样借助了比喻型自然意象和人生意象。

1.海峡

由良の門を　渡る舟人　かぢを絶え　ゆくへも知らぬ　恋の道かな（46·曾禰好忠）

译：欲渡由良峡，舟楫无影踪。飘飘何处去，如陷恋情中。[①]

本歌出自《新古今和歌集》。歌人以"由良海峡"喻"恋爱之路"。由良海峡的海浪汹涌，船夫丢失了船桨，船儿不知会漂向何方。歌人之所以将"由良海峡"喻为前途迷茫的恋爱之路，是利用了两者之间的相似性。歌中的隐喻为构造隐喻。该隐喻的本体为"恋の道"（恋爱之路），喻体为"由良の門"（由良海峡），喻底为"ゆくへも知らぬ"（不知所踪）。我们通过推理和联想，结合海面的特征，则可加深对抽象的本体"恋爱之路"的理解和认知。

2.山风

憂かりける　人を初瀬の　山おろしよ　はげしかれとは　祈らぬものを（74·源俊頼朝臣）

译：神前空祷告，怨尔仍无情。初瀬山峰下，偏遭凛冽风。[②]

该歌出自《千载和歌集》。歌人以"山风"喻"恋人"，描写了失恋者

---

① 刘德润：《小仓百人一首——日本古典和歌赏析》，第143页。
② 刘德润：《小仓百人一首——日本古典和歌赏析》，第231页。

痛切而复杂的心理。初濑山上供奉着观音，"参拜长谷寺是平安时代女性的信仰"①。歌人从"祈祷神灵亦难从愿"的歌题出发创作了这首短歌。该隐喻为实体隐喻，本体为"憂かりける人"（对我冷淡的人），喻体为"山おろし"（山风），喻底为"はげしかれ"（激烈、强烈）。歌人将自己的恋人喻为凛冽无情的寒风，利用了两者之间"冰冷"的相似性。

3.翠竹

有馬山　猪名の笹原　風吹けば　いでそよ人を　忘れやはする
（58・大弐三位）

译：有马山麓下，青青竹满原。千竿风瑟瑟，我岂忘君颜。②

该歌出自《后拾遗和歌集》。女性歌人大弐三位以实体隐喻的方式用"翠竹"喻"恋人"。有马山的猪名川两岸的竹林，在风的吹动下，发出了窸窸窣窣的声音。恋人就如同翠竹一般，对自己的爱情不够坚定。歌人在表明自己决心的同时，也谴责了对方的薄情。歌中出现了本体"人"（男子）和喻体"笹"（细竹），虽缺少喻底，但是我们参照歌中"决不相忘"等信息进行推理，可知歌人对男子忠贞的爱和坚定的信念。

4.芦根

難波江の　葦のかりねの　ひとよゆゑ　みをつくしてや　恋ひわたるべき（88・皇嘉門院別当）

译：难波苇节短，一夜虽尽欢。但愿情长久，委身无怨言。③

---

① 国語教育プロジェクト：『新国語便覧』（増補三訂版），東京：文英堂2004年，第32頁。

② 刘德润：《小仓百人一首——日本古典和歌赏析》，第181页。

③ 刘德润：《小仓百人一首——日本古典和歌赏析》，第274页。

此歌出自《千载和歌集》。女性歌人从"咏旅宿相逢之恋的心情"的歌题出发，以"芦根"喻"春宵"。歌中的难波江芦苇丛生，诗歌的意象十分容易认知。在隐喻方面，本体为"ひとよ"（一夜），喻体为"葦のかりねのひとよ"（一节芦根），喻底没有出现。芦根节与节的间距很短。本歌从空间隐喻的角度，借助隐喻型意象芦根，比喻良宵苦短。在歌中，歌人描写了古代女子在天亮之时忠贞不渝的誓言。这种对于男性和未来的担忧则是所有日本古代女性的共同宿命。

5.黑发

长からむ　心も知らず　黒髪の　乱れて今朝は　物をこそ思へ
（80·待贤门院堀河）

译：但愿情长久，君心妾不如。朝来黑发乱，万绪动忧思。①

这首短歌出自《千载和歌集》，是在男女幽会之后女方所写的一首赠答歌。针对男方的表白，女方表达了自己的不安。在歌中，歌人运用了实体隐喻。该隐喻的本体为"物をこそ思へ"（思恋），喻体为"黒髪"（黑发），喻底为"乱れて"（乱）。女性歌人以"黑发"喻"思恋"，通过视觉上头发的"乱"来指代内心的"纷乱"，表明自己对心爱之人和恋情的怀疑。借助"黑发"这个隐喻型意象，可加深对女性矛盾内心世界的理解。

总之，在描写对恋情的担忧的和歌中，歌人借助隐喻型自然意象和人生意象，表现了自己对人生、恋人和恋情等的深刻理解。

---

① 刘德润：《小仓百人一首——日本古典和歌赏析》，第249页。

三、结语

在《小仓百人一首》中，约半数恋歌使用了比喻型自然意象和人生意象。歌中出现的比喻型自然意象包括雉尾、深潭、波浪、岩石、河水、篝火、礁石、艾草、月亮、芦苇、芦根、海峡、山风、翠竹等，比喻型人生意象包括绢布、卤水、门缝、黑发等，自然意象的出现频度远远高于人生意象。恋歌中出现最多的是隐喻型自然意象，其次为借喻型自然意象。借助这些比喻型意象，结合当时的风俗习惯和文化特征，我们可以理解古代歌人对爱情的认知方式。整体而言，23首恋歌使用比喻型意象重点描写了孤枕难眠时的漫漫长夜、深不可测的思念之情、不敢与恋人相聚的自己、与恋人无奈分离的现实、绵绵不绝的相思之情、深藏不露的思恋、难以自持的相思、焦灼纷乱的内心、冷淡薄情的恋人、坚贞不渝的爱恋、轻浮负心的男子、短暂的人生、前途迷茫的恋爱之路、短暂的相逢等等。这些比喻型恋歌借助草、木、山、水、风、月等自然界的比喻型意象，以及与人类的社会活动相关的比喻型意象，利用事物之间的相似性，表现了歌人对爱情的独特理解。

夏目漱石的画与诗简论

——以题画诗为中心

何兰英

摘要： 1912年至1916年春，夏目漱石创作了39首汉诗，题画诗居多，因此漱石汉诗创作的这一时期也被称为题画诗时代，呈现出诗画一致的风格。本文选取其中4首题画诗为考察对象，拟在绘画分析和汉诗解读的基础上，结合漱石的意境和心境，指出题画诗所具有的诗画一律之特色。

关键词： 题画诗；绘画；诗画一律

狭义的题画诗是指题写在画上的诗，以绘画艺术为题咏对象，由画而生感触，达到诗与画在画面上相呼应、相补充的艺术效果。广义的题画诗是指诗缘画而作，可题写于画上，也可不题写于画上，但诗的内容涉及画面，用诗来表达画所不能表现的意蕴，诗与画相互补充。其历史可追溯到苏轼对王维的评价："诗中有画，画中有诗。"即"诗画一致"。这可以说是对题画诗最恰当的总结。夏目漱石自幼受到中国文化的影响，喜欢汉诗与南画，其中王维的诗画对夏目漱石产生了较大影响。夏目漱石一生共创作208首汉诗，大致分为初期习作时代、松山熊本时代、修缮寺大患时代、画赞时代、《明暗》时代等五个阶段①。夏目漱石在闲暇之余也创作了很多绘画，且画作有很多值得研究之处，从中可以看出夏目漱石的艺术修养，对中西美术的吸收，也可看到夏目漱石的心境。目前专门针对题画诗或者绘画进行的研究有范淑文的《漱石の題画詩における色彩の一考察—王維の受容を考えながら—》（漱石题画诗中之色彩之探讨：王维之影响）、《夏目漱石の南画—王維の投影—》（夏目漱石之南画：王维之投影）、《王維の文人画世界の痕跡—漱石の題画詩を例として—》（王维文人画之痕迹：以漱石题画诗为例），崔璨的《画里棹轻舟：夏目漱石晚期画与汉诗》等。范淑文从汉诗的色彩、绘画的特征等角度，将夏目漱石的诗画与王维的诗画进行对比研究。夏目漱石的诗画受到王维的影响。二人都向往隐居生活，但选择的手段不同，前者的隐居生活是空想，而后者是亲身体验，并创作了《辋川集》。崔璨是从夏目漱石的文学理论出发，即"F+f"理论，赏析题画时期漱石的绘画作品，以及该理论对文艺创作的影响。综上，先行研究者并没有从夏目漱石的汉诗本身以及审美方面分析题画诗的诗画一律特色。

　　夏目漱石题画时代的汉诗有39首，之所以被称为"题画时代"，是因为这一时期的汉诗富于画趣，且在画上题诗的作品较多。②其中题自画有12首，③即画上题诗之作，但目前笔者手中掌握的资料只有4首汉诗有对应的画（汉诗出自《漱石全集》第十八卷，绘画出自国家图书馆收藏的《漱石书画集》）。经历过大患难的漱石创作汉诗之余时常作画，并于画作上题诗，以此表达对隐居生活的向往之情。因此，本文以这4首题画诗为中心，从文本细读与审美的角度，逐字逐句解读画中的汉诗，从美术视角赏析绘画，分析夏目漱石汉诗中的诗画一律特色。

---

① 斉藤順二：『夏目漱石漢詩考』，東京：教育出版センター1984年，第26頁。
② 中村宏：『漱石漢詩の世界』，東京：第一書房1983年，第169頁。
③ 和田利男：『漱石の漢詩』，東京：文藝春秋2016年，第50頁。

一、漱石的美术世界

夏目漱石曾写道："我的儿童时代，家里有五六十幅画。有的在客厅里看到过，有的在堆房里看到过，有的是趁晒它、防蛀虫的时候看看这个看看那个地看到许多幅，而且常以蹲在挂起来的画幅之前默默欣赏为乐。即便现在，与其看那些色彩零乱的戏剧，莫如看自己中意的画心情舒畅得多。"[①]后来，他在少年时代进入私塾研习汉学，接触了中国的传统书画作品，后于伦敦留学期间（1900年9月—1902年12月），参观了大量的美术展览，接触了西洋美术。

漱石对美术作品有着强烈且独特的见解，而且他对于艺术作品的评论态度也十分严厉。夏目漱石曾在《文展与艺术》（1912年间于朝日新闻连载，共12期）中，撰文评论当时备受瞩目的"文部省美术展览会"中的多件作品。如对木岛樱谷的《寒月》图（1912年，东京市立美术馆）的评价是："去年，木岛樱谷氏展览了许多鹿图，荣获二等奖。无论是那只鹿的颜色，还是眼神，现在回想起来都感觉很糟糕。今年的《寒月》也让人不快，这种感觉绝不次于那只鹿。"[②]（笔者译）1912年10月，漱石撰写了第六回文部省美术展览会的评论《文展与艺术》，他在序文中写道"所谓艺术，就是开始于自我表现，终结于自我表现"（笔者译）。

夏目漱石留学回国之后，于1903年11月左右开始习作水彩画，有《盆栽图》（描画的是吊兰）、《书架图》、《松图》、《牛津大学图》等作品。1913年秋他开始习作水墨画，有《藜与黑猫图》《山水图》《竹图》《菊图》等作品。习作绘画之外，漱石开始把文学创作与美术结合起来，常常在

---

① 夏目漱石著，李正伦、李华译：《十夜之梦——夏目漱石随笔集》，华东师范大学出版社2008年，第197页。

② 古田亮：『 特講　漱石の美術世界 』，東京：岩波書店2014年，第147頁。原文出自夏目漱石的《文展与艺术》（八）。

创作的文学作品中设定一些与美术相关的场景。比如《我是猫》中苦沙弥热衷于作水彩画，而美学家迷亭建议他对自然写生；《草枕》的主人公一个青年画家为了躲避俗世的忧烦，寻求"非人情"的美的世界，来到了一个偏远的山村，其间穿插着大量的"我"关于艺术论和美学观的独白，并比较了东西方艺术的差异；《三四郎》中原口是一位绘画老师，经常写生，参观美术展览会；《心》里决定结束生命的先生，则引用了渡边华山在死前画下最后一幅巨作《黄粱一炊图》来表现自己的心境；等等。夏目漱石把自己的美术观充分地与小说创作相结合。

除了小说之外，夏目漱石也喜作汉诗。1912年至1916年春，夏目漱石的文学创作带有浓厚的文人气息，他创作了大量的汉诗，并于画上题诗，把汉诗创作与美术结合，呈现出诗画一致的风格。

二、题画诗的意境世界

苏轼在《东坡题跋·书摩诘〈蓝关烟雨图〉》中称："味摩诘之诗，诗中有画；观摩诘之画，画中有诗。""摩诘"指的是王维，中国古代著名的诗人画家，也是中国南画之祖。夏目漱石在手札、小说中多次提及王维，并对其诗作称赞有加。因此，一些先行研究者认为夏目漱石的汉诗与绘画中有王维的影子，但笔者认为其实不然，夏目漱石的诗画有其独特的意境。

四首题画诗中的画都是水彩画。第一幅图是《山上有山图》，这幅画作于1912年11月。山体颜色呈深绿色，重峦叠嶂，低矮的山峦采用了披麻皴画法，由参差松软的条形墨线组成，而紧接着的山峦采用了荷叶皴画法，皴笔从峰头向下屈曲纷披，形如荷叶的筋脉，山的线条总体柔和。离渔夫远的柳树采用了点叶法，枝干树叶清晰可见，而离渔夫近的柳树，只能看见翠绿的颜色。白色代表了鹅群，不知渔夫在小舟上忙于何事。层峦叠嶂，柳树成荫，只有渔夫一人悠然自得，仿佛一片桃花源。但仅仅赏析这幅画作，还是不能完整把握漱石创作时的心境，画上题诗：

山上有山路不通，柳陰多柳水西東。

扁舟尽日孤村岸，幾度鵞群訪釣翁。①

"山上有山路不通"描述的是山周围的景物，吉川幸次郎解释"山上有山"是"出"的隐语②，但笔者认为这里只是字面意思。"山上有山"说明山峦层叠，且"路不通"，一种与世隔绝的状态。正如画中所画，背靠群山。"柳"经常出现于古诗中，古人送别多用"折柳"，表示离人的难言难分之情；婉约词派的代表人物柳永是以柳言愁的高手，常使用柳来表达诗人的哀愁。但在这里只是单纯衬托了山多的景象，柳树成片，河流的东西两岸都长满了柳树，是一片绿意盎然的景色，远离了城市的喧嚣，在这里享受自然的气息。

扁舟行驶到河流的尽头，就能看到岸边有一间孤零零的房屋。"村"的原意是村庄，一般有几户人家，但是这里的"孤"字点明了只有一户人家，从下句可以看出这就是"釣翁"的家。"幾度"意为好几次，鹅群好几次都来看望钓翁，打探钓翁是否有什么收获，好一番惬意的景象。

汉诗描述的是有山有水、扁舟孤村、鹅群钓翁的隐居生活，这与画作所表达的思想是一致的。汉诗中的"幾度鵞群訪釣翁"弥补了画卷所无法表现的意境。画中鹅群与钓翁相隔一段距离，只看到钓翁一人在渔船上，是为静态，而汉诗中的"訪"字是一个动态的场景，描述了钓翁与鹅群的融洽生活，画作的静态之景与汉诗的动态之景相互补充，相互融合，深化了漱石对自然的喜爱之情。

---

① 夏目漱石：『漱石全集』（第十八卷），東京：岩波書店1995年，第298頁。
② 吉川幸次郎：『漱石詩注』，東京：岩波書店1967年，第99頁。

如果说第一幅图很明显地传达出漱石对桃源生活的喜爱之情，那接下来的第二幅图可以说有点晦涩难懂，从画面上难以看出漱石的真情。此图是《崖临山水图》，创作于1914年。山体采用了牛毛皴，线条细若盘丝，厚若牛毛，反复叠加，密而不乱。这幅画以山峦为中心，山峰层峦叠嶂，崖间老松，只有两人在山间小路上交流，与群山形成了对比，相比第一幅画，这幅作品画面感相对较弱，反映出画者内心的压抑之情。见题诗：

> 厓臨碧水老松愚，路過危橋仄径迂。
> 佇立筇頭雲起処，半空遥見古浮図。[1]

"厓"有山边与悬崖的意思，在这里应该是第一种，山被碧水围绕，山边有松树，而且是老松，"愚"与"老"相呼应，说明松树树龄极长，仍伫立于山边。沿着山边的路向前走，有一座危桥，看样子少有人走动，走过危桥，便是曲曲折折的小路。"筇"指的是竹子、竹杖，在这里是用竹子做的手杖之意。握着手杖久久地站立着，见到山边的云缓缓流动的姿态，这时于半空中看见了"浮图"。无论是汉语还是日语，浮图都有两层意思。在宋代王安石的《游褒禅山记》中，"浮图"指的是和尚；而在《魏书·释老志》中有："自洛中構白馬寺，盛飾佛圖，畫跡甚妙，為四方式。凡宮塔制度，猶依天竺舊狀而重構之，從一級至三、五、七、九。世人相承，謂之'浮圖'，或云'佛圖'。"在这里笔者认为"浮圖"应该是佛塔的意思。正如图中所画，半山腰有一座塔，距离画中人很远，从画中人的角度来看就是"半空"的状态。

整体来看，这首诗没有上一首那么优美的风景，通过"厓""老松""危橋""仄径迂""佇立""遥見"等，表面上是描写通往佛塔之路

---

① 夏目漱石：『漱石全集』（第十八卷），東京：岩波書店1995年，第307頁。

的艰难，实则是夏目漱石表达了参禅的艰辛，而画面中只见两人于小路上交谈，因为塔隐约现于山峦中，若不仔细欣赏，可能会忽略其存在，也很难理解漱石的真实意图。

第三幅图是《闲来放鹤图》，山体采用了披麻皴画法，形状像披散的麻，错落交搭，长而平缓。相比前两幅图，这幅图更有"人气"，山间有几户人家，有一座塔，是一处和谐的隐居之地。草亭前松树林立，枝干光滑，树叶采用了梧桐点画法，松树下成对的仙鹤，于草屋前停留，想必不是一般的百姓，留有遐想的空间。这幅图的画意与第一幅一致，渔夫与隐者、鹅群与仙鹤、柳树与松树，都是画者所向往的隐居生活。而且画中题诗：

起卧乾坤一草亭，眼中只有四山青。

闲来放鹤长松下，又上虚堂读易经。①

"乾坤"最早出自《易经》，原指《易经》八卦上的两个卦名，即乾（纯阳）、坤（纯阴）两卦。后借指天地、阴阳、男女、夫妇、日月等，在这里指的是天地。"起卧"意为起床与就寝，喻指日常生活。前半句意为在偌大的天地间，生活在一座草亭里，四周全是青山映入眼帘，也只有这青山陪伴着自己。一方面可以看出这是远离城市的隐逸生活，另一方面又折射出一种孤独感。

"鹤"多指丹顶鹤，它以周身洁白闻名，无论何时，丹顶鹤都会把自己清洁得没有污垢，总是高傲地仰天放歌。"鹤鸣之士"一词形容君子的高尚品德，因此，鹤喻指人性中纯洁、孤傲的一面。"长松"是这"四山"的主角，松作为岁寒三友（松、竹、梅）之一而闻名，《论语·子罕》中，孔子曾赞松曰："岁寒，然后知松柏之后凋。"松逐渐具有"贞""君子""师帅"等

---

① 夏目漱石：『漱石全集』（第十八卷），東京：岩波書店1995年，第310頁。

高尚人格的寓意，象征着坚韧不拔、不屈不挠的大雅君子。

"堂"指建于高台基之上的厅房。古时，整幢房子建筑在一个高出地面的台基上，前面是堂，通常是行吉凶大礼的地方，不住人，堂后面是室，住人。"堂"后来泛指客厅。上句诗很明确地说了起居于草亭，因此没有正式的堂与室，即"虚堂"。《易经》被称为"诸经之首，大道之源"，其内容涉及广泛，是阐述天地世间万象变化的经典，是博大精深的辩证法哲学书，包括《连山》《归藏》《周易》三部易书。《易经》蕴含着朴素深刻的自然法则与和谐辩证思想，从整体的角度去认识和把握世界，把人与自然看作一个互相感应的有机整体，即"天人合一"。

画中的题诗，补足了静态画面所不能传达的信息，即草亭内的主人正悠闲地阅读着《易经》。这首诗描写了诗人生活于一间草亭，以群山、仙鹤以及《易经》为伴的逍遥生活，通过《易经》学习自然法则，身临其境，于大自然中寻求平衡，寻求心灵的慰藉。画面中能看见草亭主人的隐居生活，但不能真正明白追求的是何种生活，通过题诗点明"又上虚堂读易经"，这就明确了所向往的是回归自然，与大自然融为一体的生活。

第四幅图是《孤客入石门图》，创作于1914年11月。图中山体质地坚硬、棱角分明，采用了斧劈皴画法，山体的运笔多顿挫曲折，有如刀砍斧劈。险绝的山道左临大河，右面山崖，岩石长期受到侵蚀，形成了一道石门，一位骑驴之人缓慢地行驶于山道，他是前面房屋的主人，还是访客呢？暂不得知。只见他独自一人，不急不慢，似乎很享受这番旅途。

> 碧落孤雲尽，虚明鸟道通。
> 遲遲驢背客，独入石門中。[1]

---

[1] 夏目漱石：『漱石全集』（第十八卷），東京：岩波書店1995年，第317頁。

这是题在画上的诗。唐代白居易的《长恨歌》中有："排云驭气奔如电，升天入地求之遍。上穷碧落下黄泉，两处茫茫皆不见。"这里的"碧落"代指天空。另外，道教认为东方最高的天有碧霞遍布，故称为"碧落"。"虚明"指的是清澈明亮，陶渊明言，"凉风起将夕，夜景湛虚明"。杜甫诗："仲夏苦夜短，开轩纳微凉。虚明见纤毫，羽虫亦飞扬。"此处乃是实指，即傍晚日落之余光。因此，后面的"鳥道通"指的就是日落之光为群飞之鸟照亮归家之路，并与地面上骑驴之人形成比照。对于"鳥道"的解读，吉川幸次郎认为是鸟飞的道，[①]但这里应该不仅仅单指鸟飞的道。"鳥道"原指只有飞鸟能经过的小路，比喻险绝的狭隘山道，李白在《蜀道难》中称"西当太白有鸟道，可以横绝峨眉巅"。孤云都已散去，天空变得清澈明亮，险绝的狭隘山道也变得清晰可见。

"遲遲"，缓慢的动作，一方面描述了驴的速度缓慢，另一方面暗示了客的从容不迫。客独自一人骑着驴慢慢地穿过石门，带有一丝孤独的色彩。驴，英俊不及高头马，稳健不如俯首牛，这里的客为什么骑驴，而不是骑马或者骑牛呢？在诗中，驴可代指贫士的坐骑，比如杜甫自嘲"骑驴十三载，旅食京华春"，白居易也说"日暮独归愁未尽，泥深同出借骑驴"。另外，驴也可代指隐士的坐骑，比如韩翃在诗中劝阻朋友不要去隐居时说道："劝君不得学渊明，且策驴车辞五柳。"卢延让在《寄友》中称"每过私第邀看鹤，长著公裳送上驴"。在这首诗中，不单指贫士或隐士，应该指两者的结合。

清澈的天空、险绝的山道、矗立的石门，诗中仅仅描写了这些深山中的自然景物，虽然可以看出这是对骑驴之客的一个写照，但无法得知这位客所去何方。而绘画中却似乎能给出答案，他有一个目的地，即前方的小屋。但诗与画都没有明确这是骑驴之客的归宿，还是他人的归宿，这给赏画者留下

---

① 吉川幸次郎：『漱石詩注』，東京：岩波書店1967年，第109頁。

了思考的余地。

这四首汉诗可谓是"非人情"的诗，描写的都是远离俗世的隐居生活，正如夏目漱石在《草枕》中所说："我所想要的诗，可不是那种挑逗世俗情感的玩意儿。而是抛却了俗念、多少能令人远离红尘的诗。"①每首汉诗都以群山为背景，由近及远，每句都可作画。这四首题画诗中的诗情与画境是相互补充的，画面中不能表现的景象，于题诗中点明，即汉诗的动态性与绘画的静态性的结合。这四幅水彩画并非写生，乃是"写心"，即虚构图。夏目漱石向往隐居生活，但不能像王维、陶渊明那般移居深山，在小说《草枕》中也表明了此态度。因此，这些诗也是空想之作。夏目漱石通过诗与画的结合，创造了一个时间与空间相统一的自然乡，表现出他本人于其中追求自然的真理，并企图达到"天人合一"的状态。

三、诗画一律的特色

夏目漱石于1906年发表了《草枕》，这部作品被称为艺术性小说，也可以说这部作品表达了漱石对诗画关系的认知，表现在了晚期的题画诗中。主人公青年画家为了逃离格格不入的现实世界，来到"非人情"的小山村旅游作画。在文中，作者大量阐述了对诗与画关系的看法，也表明这次的旅途就是探究绘画之旅。作者在文中肯定了艺术家的价值，说道："诗人这一伟大的天职就应运而生了，画家这一光荣的使命就从天而降了。所有的艺术家之所以尊贵，就因为他们能使人世间变得悠闲从容，能使人的内心变得丰饶充实的缘故。"②的确，从上述夏目漱石的四首题画诗中可以看出来，画中的悠

---

① 夏目漱石著，徐建雄译：《草枕》，浙江文艺出版社2019年，第16页。
② 同上，第11页。

闲风景与惬意的隐居生活，让读者体会到了人世间的另一番美好景象。

在《草枕》第六章中，作者将绘画大致分为两类，即世俗的画作与非世俗的画作。前者将眼前所见之景原原本本地描绘出来，在画布上活灵活现地展示，这可以理解为写生；后者是在此基础之上把自己感受到的物象与自己所感受到的情绪结合起来，生动形象地描绘于画布之上，这可理解为是对心绪的写生，即"心画"。另外，作者也提到自己追求的绘画效果，即：

> 色彩、形状、格调安排妥帖之后，一望之下，内心便会生出发现了自我一般的欣喜："啊，原来在这儿呐！"就跟寻找失散多年的孩子似的，跑遍了全国六十余州，日思夜想，寤寐不忘，于十字街头猝然相遇，电光石火，欣喜若狂，"啊，原来在这儿呐！"——必须要像这样才成。①

上述的四幅水彩画正是如此，色彩、形状、格调十分和谐，表达了漱石向往隐居生活的心境，这正是漱石发现自我的一种流露。

对于诗与画的关系，夏目漱石在《草枕》中说道："我以为，如果诗适宜于表现某种情绪，那么该情绪不必借助于受时间限制的、依次展开的情节，只需满足具有单纯空间特性的绘画要素，就也能用语言将其描绘出来了。"②如此，漱石认为诗画是一致的，诗只要满足了绘画要素，也能用语言描绘出来，即通过动静结合，展现汉诗的动态美与绘画的静态美。接下来，漱石在文中写了六句诗，即："青春二三月，愁随芳草长。闲花落空庭，素琴横虚堂。蟏蛸挂不动，篆烟绕竹梁。"③这六句诗，每一句都能成画，诗的动态美中暗含着绘画的静态美，呈现出诗画一律的风格。

这四首汉诗很好地阐释了诗画一律的艺术境界。夏目漱石经历修缮寺

---

① 夏目漱石著，徐建雄译：《草枕》，浙江文艺出版社2019年，第71页。
② 同上，第72页。
③ 同上，第73页。

大患之后，更深刻地领悟到生命的意义，那便是融入自然，回归本真。漱石把心中所向往的"自然乡"通过绘画表达出来，这是对漱石心绪的写生，即"心画"。夏目漱石的夫人夏目镜子在《我的先生夏目漱石》中也说道："他逃避痛苦的方法就是画画，因此与其说他是写生，倒不如说他是在将自己脑子里的东西随手画出来。所以，他的画，不管是风景也好，还是人物也好，全都是远离现实的充满想象力的作品。"①上文中的四幅图所画之景，不是对现实的写生，而是充满想象的画面，都脱离了都市。画中之人在山中垂钓、求禅、放鹤、读《易经》，回归大自然，寻求心灵的一片安宁。静态的绘画所不能传达的感情，便于题诗中动态地流露。

夏目漱石在《旅宿》中说："我能够对着画架，拿着调色板而作画，然而不能成为画家。只有像现在这样来到不知名的山村，把五尺瘦躯埋在迟迟欲暮的春色中，才能具有真艺术家的态度。一度进入这境界，美的天下就归我所有。"②这与夏目漱石所说的世俗的绘画是一致的，但是作者并没有局限于对现实的写生，而是把自己所看所感生动形象地表达出来，即上述四首题画诗。现实中存在这种优美的自然环境，并且这也是隐士所追求的生活，通过绘画，夏目漱石把理想的状态呈现了出来。但这并不是漱石亲身体验山村生活之后创作的，而是在这期间他参观了很多美术展览会，以及去各处旅行，寻找创作灵感，并把对美术的认知运用到小说创作及汉诗之中。正如夏目漱石在《文展与艺术》中所说："所谓艺术，就是开始于自我表现，终结于自我表现。"这与《草枕》中作者追求的绘画效果是一致的。这四幅画通过诗画的结合，生动形象地呈现了夏目漱石心中的"自然乡"，诠释了诗画一致的特色。漱石在《文艺的哲学基础》的演讲中说道："想通过自然物之间的关系实现美学情操的人，要么成为专业的山水画家，要么成为喜欢吟

---

① 夏目镜子口述，松冈让整理，唐辛子译：《我的先生夏目漱石》，社会科学文献出版社2019年，第266页。

② 夏目漱石著，丰子恺译：《旅宿》，江苏凤凰文艺出版社2018年，第166—167页。

咏天地景物的中国诗人或日本俳人。"①夏目漱石虽不是专业的山水画家，也不是专业的诗人，然而他借助自然物之间的关系，于题画诗中实现了诗画一律。

四、余论

冈仓天心在《日本美术史》中说道："西方绘画与雕刻并进，东方绘画与书法同行。因而西方绘画注重阴影表现，而东方绘画则以线条之粗细为表现。古人云，能书者亦能画。故笔力为东方绘画之基本，贯穿古今。"②夏目漱石的题画诗贯彻了东方美术的"诗画一致"理念，以水彩的形式展现，力求达到"艺术就是自我表现"的境界。津田青枫曾评价漱石的绘画"既不是绝妙的水彩画，也不是南画"（笔者译）③，虽然夏目漱石的绘画与汉诗不能称为精湛，但形成了诗画一律的特色。

---

① 夏目漱石著，林星宇译：《文艺的哲学基础》，古吴轩出版社2020年，第36页。

② 神林恒道著，杨冰译：《"美学"事始——近代日本"美学"的诞生》，武汉大学出版社2011年，第23页。

③ 原文"妙な水彩画とも南画ともつかぬ画"，出自《夏目漱石遗墨集》的《漱石の拙》篇章。

东亚汉学与中国学

汉文与亚洲

——冈本监辅的轨迹与意图^①

[日]斋藤希史 著　边明江 译

就近世日本的汉文而言，其普遍性主要体现在理念方面，而非实用方面。当然，也存在日本人与朝鲜通信使以及清末文人之间的交流等少数例外。换言之，正是由于以理念上的普遍性为背景，汉文才具备一定的权威。即便存在各种各样的偏差，儒家道德实际上仍然构成了近世日本的普遍价值，以汉文著成的四书五经被尊为正典，汉文的权威地位也因此而稳固。而且，在近世日本担当统治职责的士族阶级自幼就学习汉文的读写，由此将儒家道德化于身内，与此同时，不少士人或者沉浸于超脱俗世的私人世界，或者醉心于风流潇洒的世界，以此与汉文构成的世界相亲近，并将其视为自身的世界。

近代以降，日本开始加入西洋世界的行列，作为理念的儒家逐渐让位于

---

① 译者说明：本文原文题为《近代日本のアジア主義と漢文・岡本監輔の場合》，原载日本中国社会文化学会主办《中国：社会与文化》第28号（2013年），后改题为《漢文とアジア　岡本監輔の軌跡と企て》，收录于品田悦一与斋藤希史合著《「国書」の起源：近代日本の古典編成》（新曜社2019年），译者据此版本翻译，并已得到斋藤希史教授授权，又蒙斋藤教授亲自审读译文，谨致谢忱。

科学与哲学，以士族为核心而重新调整的明治时代知识分子与统治阶层争先吸收西洋学问，努力构筑新的普遍性。在这一意义上，汉文失掉了权威。

然而，至少作为文体的汉文所具备的功能并未丧失。对于明治时代的知识分子与统治阶层而言，汉语、汉文构成了他们的知识底蕴。在翻译西洋书籍时，他们大多选用汉文训读体，诸多学术用语被译成汉语的原因之一，在于汉文乃是一种具有知识权威的文体。

此外，近代日本的汉文还获得了一种此前不曾具备的功能，即作为整个东亚之语言的汉文（東アジアの領域言語としての漢文）。在号称旨在抵抗西洋列强侵略东亚的"同文同种"这一口号之下，汉文作为所谓东亚之纽带的象征物而派上了新的用场。

本文聚焦于冈本监辅（韦庵，1839—1904）这一让人颇感兴趣的人物，在当时的亚细亚主义潮流的背景下，尝试廓清汉文在十九世纪末至二十世纪初的作用。[①]

一、冈本监辅与亚洲

冈本监辅幼名为文平，天保十年（1839）出生于阿波藩。根据德岛县立图书馆藏《冈本氏自传》所述[②]，冈本"家中世世从事农业，同时兼修医业，仅能维持日常生活"，"即便如此，颇嗜读书，耕耘之间亦不释卷，将书置于怀中"。十五岁时，拜阿波藩儒者岩本赘庵为师，开始正式修习汉学，但

---

① 关于冈本监辅，阿波学会与冈本韦庵调查研究委员会编《阿波学会五十周年纪念之投向亚洲的视野：冈本韦庵》（阿波学会、冈本韦庵调查研究委员会2004年）收录了综合性的资料介绍与研究。——原注

② 冈本韦庵铜像建设委员会编《冈本氏自传·穷北日志》，德岛县教育委员会等，1964年。——原注

不久就因反感汲汲于诗文的学术方式而离开。《自传》的开篇写道，"余自幼有四方之志，欲成持一家之说之人物"，由此可见，相较于诗文，冈本的志向主要在于经世。此外，他还满怀热情地阅读了《日本外史》等著作。可以说，冈本属于幕末维新时期典型的志士。

不久之后，冈本知道在日本北方有一个叫萨哈林的大岛①，颇感兴趣。文久元年（1861），二十二岁时，冈本离开江户，后来通过阅读间宫林藏《北虾夷图说》等增加了对于库页岛的了解，终于在文久三年从新潟渡船到北海道，继而到达库页岛。这期间，冈本曾回到北海道函馆过冬，庆应元年（1865）四月到十一月，他再次上岛，足迹遍及全岛，甚至在岛北部的库艾格达岬建起天照大神的神社。他于第二年回到北海道，听闻幕府正与俄国就库页岛问题进行交涉，于是向箱馆奉行递交自己关于开发北方土地的建议书，返回江户与京都后继续运动。然而，由于之后幕府与俄国签订的《桦太杂居条约》未能解决领土问题，冈本不得不失落地返回家乡。

庆应三年（1867）一月，冈本离开故乡前往京都，与山东一郎（直砥，1839—1907）结成"北门社"，旨在推进开发北方土地，随后于明治元年（1868）与山东一郎被明治政府太政官委任为函馆裁判所的权判事。到达北海道后，被委以开发库页岛全岛的重任，六月到达库页岛，设置官署。他在库页岛与俄国人进行交涉，但在面对俄国人的武力时束手无策，而且也没有得到明治政府的任何援助，于是在明治三年（1870）辞去官职，此后辗转在神奈川县政府与长崎县师范学校等处工作。至此，冈本监辅的前半生大概可以概括为：修习汉学，尝试开发北方土地并遭遇挫折。

而使其后半生经历有所不同的契机在于1874年（明治七年）的中国之行。冈本从这一年开始在陆军省参谋局工作，是年八月，他以官职身份取道

---

① 即今库页岛。原文中多作"桦太（岛）"，是日本的叫法，除下文中日文条约名中的"桦太"之外，译者在译成中文时根据国内通行译法，译为库页岛。——译者注

天津进入中国，游历山东后于十一月回国。^①当时正值日本出兵中国台湾，日本与清政府的关系十分紧张，但是翻阅他的旅行记录《烟台日志》^②可知，他当时认为相较于台湾，日本应该更优先考虑开发北方土地。此外，他最感兴趣的基本上都是他在中国土地上的实地见闻。冈本的中国行中渗透了多少陆军省的意图，暂时还不清楚。但是正如佐田白茅编《名誉新志》第八号（1876年5月）刊载的《冈本监辅支那^③游历之纪事》一文所示，"君既跋涉北地而归，雄心勃勃，有髀肉之叹，乃欲游支那。明治七年之秋，航行于天津，观察山东之地。偶有台院之警，未能游观如意^④，故游登州府蓬莱县蓬莱阁等处而还"，由此可知，对于冈本自身而言，这次中国之行大概正是他的夙愿。

1875年（明治八年）5月，冈本再次游历中国，翌年1月归国，在中国逗留长达九个月。从北京到盛京（今沈阳），继而再访山东，巡游泰山、曲阜，其间还曾与孔子后裔会面。继而从开封至洛阳，南下襄阳、武昌、

① 《冈本韦庵先生的家系与年谱》（收录于《冈本氏自传·穷北日志》）认为冈本游历中国是在明治八年，但是根据冈本监辅《汉文自传》（收录于同书中）、冈本《西游锦囊》（《东洋新报》第2号，1876年8月）、《冈本监辅支那游历之纪事》（佐田白茅编《名誉新志》第8号，1876年5月）与韦庵会编《冈本韦庵先生略传》（韦庵会1912年）等材料，本文将冈本游历中国的年份定于明治七年。参照《阿波学会五十周年纪念之投向亚洲的视野：冈本韦庵》第五章。——原注

② 参照有马卓也《冈本韦庵〈烟台日志〉翻刻与译注》（德岛大学《语言文化研究》第4号，1997年）。——原注

③ 凡原文提及的标题名或引文中的"支那"，为保存历史原貌，译文中均未做改动。——译者注

④ 或指冈本需要不时处理公务，所以无法尽兴游览。"台院"原指御史台的一部分，这里或许用以指代冈本当时工作的日本陆军省。——译者注

九江，到达南京、上海，这是一段漫长的旅程。^①当时距离《中日修好条规》的签订（1871）仅历数年^②，对于当时的日本人而言，中国还停留于书籍之上，实际上还是未知的土地。

耐人寻味的是，热心于考察未知之地的冈本在中国的游历，几乎可以说是汉诗文中故地旧迹的巡礼。他通过汉文笔谈的方式与当地的文人积极交流。当然，在当时而言，笔谈与其说是在不得已之时被用来代替会话的替代品，不如说是文人同道之间极为正统的交际手段。或许正因为如此，冈本才会在面对蜂拥而至的中国人时拒斥道^③，"有知文章者可笔谈，你辈无学人不足与谈，可速去，吾观无学人如粪土"^④，他向这些此前几乎从未见过外国人的中国围观者表示，他仅与会写文章者进行交流。这一系列中国之行的经验，对冈本产生了巨大的影响。

二、《东洋新报》的创刊

1876年（明治九年）7月，冈本监辅创办汉文杂志《东洋新报》。从创刊号至第四号，杂志开篇都刊载有如下"题言"——

---

① 依照《西游锦囊》，参考《冈本监辅支那游历之纪事》。《汉文自传》中记载："九年二月再赴支那，观北方诸省，次年一月归国。"但是其中二月出发的说法或许是记忆有误或笔误。又，根据有马卓也、真铜正宏披露的冈本《支那游记》（有马卓也、真铜正宏《冈本韦庵〈支那游记〉翻刻与译注（之一）（之二）（之三）》〔分别刊载于《德岛大学国语国文学》第8、9、10号〕，以及《冈本韦庵〈支那游记〉翻刻（之一）（之二）（之三）》〔德岛大学《语言文化研究》第3、4、5号，1996、1997、1998年〕），与《冈本监辅支那游历之纪事》相对照，可以推测为这一时期的游记。——原注
② 日本称为《日清修好条约》。——译者注
③ 《冈本韦庵〈支那游记〉翻刻（之一）》，11月7日，"墨笔原文"。——原注
④ 原文即汉文。以下凡引用原文为汉文者，皆加注予以说明，其余未做说明的引文皆由译者翻译。——译者注

　　我明治天皇陛下，践万世一统之宝祚，举七百余年之坠典，玄鉴深远，光临区宇。自明治维新以降，于今九年，国仍五圻七道之旧，奠神器于东京，增置北海道，恢弘规模，废藩为县，不私其地。自华士族至平民，一视同仁，无论种类，定律为政，上下协治。改正朔，易服色，唯善所在，务在日新。教育大行，英俊辈出，官省使察府县之间，无不得其人。问台蕃于支那，所以除西陲之毒，取千岛于俄罗斯，所以绝北顾之患。禁白露之卖奴，则远人歆风，认高丽之自主，则顽民革面。凡其良法美政，纲举目张，行见丰功伟烈，震耀五土，而英法诸国之所以号称文明者，皆萃于我东方君子国也。维新以降之事，其公报则有史官编辑详焉，私报则有新闻杂志等，委曲详密，无所不备。吾侪小儒，岂得容喙于其间乎？顾者其行文多系国字，其于宣扬圣德，示之遐迹，未尝无遗憾。因创一新闻，汇我邦现今公私之事，海外诸国之异闻及各人论说诗赋等，译以汉文，名曰《东洋新报》。将自明治九年七月始，逐日录出，与亚细亚洲内同好之士共之。四方君子有志于斯民者，幸赐一评，毋以余之不文而附之覆瓿。其有异闻新说，亦幸毋吝明教，当谨录以传也。

　　神武天皇纪元二千五百三十六年　明治九年七月中旬　名东县冈本监辅撰[①]

　　冈本的尊皇思想一以贯之，这段"题言"也充分显示了这一点。值得注意的是，尊皇思想与作为"亚细亚洲内同好之士"之间交流方式的汉文紧密相关。当然，对于冈本而言，汉诗文是他从小就已经掌握的表达方式。而

---

　　① 原文即汉文。引文中的标点为译者所加，主要依照的是论文作者斋藤希史为原文添加的句读，下同。——译者注

且正如赖山阳《日本外史》所示，幕末时期的汉文是儒家伦理与尊皇思想的主要传播媒介。从"题言"可知，尊皇思想与明治维新相结合，成为支撑日本可以与西洋对抗的新文明（或新伦理）的支柱。在这一意义上，以冈本之见，汉文不单是亚洲范围内共通的书面语言，而是具有更丰富的特质。

《东洋新报》的"凡例"中又有如下记载——

> 一　此编译以汉文者，欲使我同文国老措大顽如余者，察宇内之形势，悉当世之时务，所谓当仁不让师之意，多见其不知量也。名曰东洋，亦为此耳。①

在这里，汉文并非阅读古典的手段，而被认为是促使"同文国"的"老措大"即老书生们了解当今世界情势的途径。《东洋新报》由记述日本国内事情的"内报"与记述海外事情的"外报"，以及"论说""文苑杂识"等部分构成。除"文苑杂识"之外，基本上都是由冈本译成汉文，或者由其将在中国发行的报纸上的报道进行简要概括。

关于冈本创办《东洋新报》经纬的具体资料尚未发现，然而冈本的两次中国之行是创刊的重要契机，这大概是毋庸置疑的。1876年8月发行的《东洋新报》第二号以及翌月的第三号中有"西游锦囊"一栏，整理收录了冈本第二次中国行中与不少中国文人的诗文赠答，由此可以想见当时的盛况。冈本在库页岛探险时，应该很难有这样的机会吧，所以对于他而言，中国行使他获得了实现大"志"的契机。"西游锦囊"的开头有一段冈本自己的说明，其文如下②——

---

① 原文即汉文。——译者注
② 《东洋新报》第2号，1876年8月。——原注

余之欲游清国以讲合纵之说也久矣。明治七年秋，始航上海，抵北京，会我大臣争台湾事，清人危疑，故不得广接其人而皈矣。明年五月，再赴彼国，六月入京，观万里长城，七月抵盛京，经辽阳，到岫岩。八月自营子航烟台、天津，再入京。九月又经天津，抵济南，登泰山，过邹鲁。十一月，行开封嵩洛，经汝州南阳，出武昌。十二月，下江，历南京、杨州，以达上海。此行沿道接名士颇多，终日笔谈，情均胶漆，无复猜疑存乎其间。盖我之于清，人同种，书同文，故其交际自然如此之般也。窃谓使余住各省城数十日，从容论交，则其通彼此之情，未尝无少补于两国也。恨余行程有期，不暇留连交欢，以吐露蕴奥也。顷者汇彼国名流赠余之诗，凡若干首，命曰"西游锦囊"。词多溢美，余耻非其人，然欲使世知清人亲我之如彼也。苟有志切当世，学通宇内者，去游彼土，淹留岁月，开诚布公，互相应酬。则其于变化彼之积习，振兴彼之国势，殆无难为者。而所以修邻好，御外侮者，亦必在于此矣。是余录此篇之微意云。①

亚洲诸国联合起来以防范西洋列强的侵略，这一"合纵之说"对于曾经踏遍库页岛，与俄国对峙的冈本来说，大概是极为自然的想法吧。同时，大概也可以想见，之所以会产生此种想法，原因之一在于东亚诸国将儒家道德视为共通之伦理，这不仅是冈本自己，也是当时许多人的认识。而此种共通之伦理的具体呈露，正是源于冈本在中国行中"终日笔谈，情均胶漆，无复猜疑存乎其间"的直接经验。

在当时，无论中日韩哪一国的知识分子，无论其技巧之巧拙，都精通于书写汉文（文言文），因此笔谈这一手段并不像我们今天想象的那样不便。正是书面语言，而非口头语言，才使得简洁地以文章相交成为可能，诗歌赠

---

① 原文即汉文。——译者注

答亦是如此。近世的朝鲜通信使与在长崎的清朝商人自不待言。明治以后，访日的清朝官吏、文人也遗留下不少与日本知识分子的笔谈记录。日本人在踏上中国与朝鲜的土地时，希望与他们进行笔谈的人也颇多，这从当时的许多游记中都可以知晓。笔谈作为汉字圈内才有的交流手段，其有效性超乎想象。例如，冈本在曲阜与孔子后裔孔庆镗相会之时，有如下笔谈：①

> 庆镗揖余而致一房，遣使公府，使余待其归。笔谈移时，其子出代父亦笔谈。庆镗接余曰，贵国王云云。余曰，我邦皇统，一姓连绵，然中国自古易姓者多，是非圣人所欲。至千秋后，君临中国者，以为至圣裔，敝国之评也。今接中国人，虽不可漫语，以理推焉，其说必有验。庆镗闻此言，微笑为礼，又向其子曰，自今以后，中国为政，唐虞而来列帝王裔者于上议院，列天下知道者于下议院，合众协同，而可跻斯民于仁寿之域。古语所谓咨询于乡士庶民之法也。而讲洋学防耶稣，以圣学而可发愤，如我邦文化日盛。此国姑息，徒慢圣人国，何其迂乎？请少察焉。其子大感为礼，指余曰大人，自谦称晚生。已置酒相款，而设午餐，情意恳到。②

在这样的场合写下的汉文，基本上都是定型的套语，这是难以避免的。日本人写下的汉文，多有所谓"和习"（日式表达）。冈本自己所作汉文的风格也是如此，并非完全专注于修辞层面，更多是一任其气势而下笔。《东洋新报》的报道中也包含了不少在日本常用的汉语，包括作为译语的汉语，甚至可以说它们接近笔谈中的汉文。当然，正如《支那游记》中能够看到全面推敲的痕迹③，冈本在这里也有一种强烈的修整文章的意识，但是他同时也

① 《冈本韦庵〈支那游记〉翻刻（之一）》，10月29日，"墨书原文"。——原注
② 原文即汉文。——译者注
③ 参照《冈本韦庵〈支那游记〉翻刻（之一）（之二）（之三）》。——原注

意识到汉文的即时通用性。

《东洋新报》第四号（1876年10月）上刊载了秋月新（新太郎）给冈本的赠诗以及冈本的评语，因其可以反映出冈本如何看待汉诗文，所以将其抄录如下：

　　读《东洋新报》似冈本氏

　　我观今世半庸奴，也有先生是丈夫。北海风涛诗胆壮，西天云月酒心孤。文坛一自张坚阵，笔战岂难摧腐儒。佗日驾骀挂冠去，椿山许入社盟无。

　　冈本监辅曰：秋月少佐文笔雄健，千言立辨，非余辈所企及，而其推余如此，余何以当之。方今文运之盛，其先达诸彦，有名于文坛者，指不暇屈。而余辈后生敢修此业，不自揣之甚也，岂笔战云乎？然余从来恶修浮华之辞，不欲拘拘文法，常自谓文章无补乎国家，虽驾韩欧而上之，无所用也。此或少佐之所以过许余与？[1]

此外，在"西游锦囊"末尾所附冈本的诗中有如下诗句：[2]

　　我生南海滨，抗志在四边。读书领大略，经纶眇前贤。孔颜忧世意，管乐济时功。空谈无所用，咄哉仰苍穹。一旦抛笔砚，单身赴穷北。周游三万里，慷慨思报国。畸迹人怪异，呼为狂夫魁。叨荣尝有日，何知非其才。小人訾我拙，君子笑我迂。肮脏从成性，权门懒奔趋。竭来三五载，结茅椿山傍。林泉多逸兴，誓将与世忘。独往柔桑下，缅想卧龙公。豪气除不得，朗吟吐长虹。避贤信长策，犹病死无

---

[1] 原文即汉文。——译者注
[2] 《东洋新报》第3号，1876年8月。——原注

闻。拟持杞人说，敢干圣哲君。只当尽吾分，何暇及身图。死所且无择，毁誉岂足虞。经营十数亩，嘉树杂兰芷。不识百年后，幽赏属谁子。皎皎池边月，宛宛树头花。千秋同一观，此心又何加。人生如朝露，大千亦劫空。争似此心乐，与天一无穷。居贫知官贵，行远怀室安。常情徒自累，葆真岂不难。殷勤同好者，为我惠德音。德音在怀抱，不啻万黄金。①

总而言之，我们也可以将冈本的汉诗文视为幕末明治时期常见的志士汉诗。像这样的志士的汉诗文，以往学者大多是从其与民权运动在创作心情方面的连续性的角度加以论述的，②在东亚视角下展开的研究还不多。通过聚焦于中国行与笔谈，以此为契机，我们或许可以从这些汉诗文中看出志士感情之外的新意。

另一点需要注意的是，《东洋新报》是作为将日本的情况广泛传播到中国的媒介而被策划刊行的。"内报"中将类似于杂报的报道都译成汉文，其分量多于"外报"与"论说"。冈本在实地考察中了解到，中国人对于日本的认识并不多，因此他批判中国的夜郎自大，但是他也意识到，既然中国人确实对日本认知不够，那么就有必要采取一些对策。在这一意义上，"内报"栏也具有介绍日本情况的一面。

对于视线不得不由日本北方转向整个亚洲的冈本而言，《东洋新报》的刊行不仅是一个具有重要意义的事业，同时，1876年（明治九年）前后也是报刊等媒介诞生的时期，因此其历史意义也不容忽视。通过将笔谈这一存在于个体间的交流呈现于活字印刷的定期刊行物上，向世人展示作为交流之发源地，并兼具万世一系之正统性与文明开化之先进性的日本，这是近代以前

---

① 原文即汉文。——译者注
② 参照色川大吉《明治的文化》（岩波书店1970年）中"汉诗文学与变革思想"部分。——原注

的汉文不曾具有的新功能。

三、出版活动与作文教育

1878年（明治十一年）12月10日，《东洋新报》刊行至第四十七号后废刊。但是冈本自己的著述活动倒是颇为活跃，他在1879年出版了《万国史记》二十卷与《要言类纂》六卷。冈本在《万国史记》中将东西方史书中的相关资料进行搜集整理后译成汉文①，就其结构上的主要特征而言，正如"万国总说""亚细亚总说""大日本记""支那记""印度记"等篇章名所示，其叙述始于日本以及亚洲，随后是欧洲与南北美洲，以大洋洲收尾，明显表现出亚洲（尤其日本）中心主义的倾向。虽然1876年由文部省刊行的《巴来万国史》（*Peter Parley's Universal History on the Basic of Geography*）也是从亚洲讲起，但在书中亚洲是作为创世与大洪水之地而被提及的，原文中基督教的历史观也渗透在译本中。两年前，文部省发行的师范学校编《万国史略》是从"汉土"开始叙述的，没有提及日本。两本书都是以训读体的汉字片假名相交的文体写成，都是为了学校课程而编纂的。

与此相比，冈本的《万国史记》则试图以明治日本的观点纵观整个世界的历史。虽然是以汉文著成，但是也附有读音顺序符号、送假名与振假名等，对于受过一定教育的人来说，阅读起来并不困难。正如记录库页岛探险的《穷北日记》（1871）是以带训点的汉文写成的一样，《万国史记》也以汉文写成，这反映出作为著述体裁之一的汉文在当时仍然具有最高权威。而且副岛种臣、重野安绎、中村正直与冈千仞等著名人物纷纷为该书作序（皆

---

① 据《冈本韦庵先生的家系与年谱》记载，"三宅舞村的弟弟三宅宪章由法文进行翻译，并将译稿提供给冈本，冈本再将其改汉文"。——原注

为汉文），也可以证明此点。

另一方面，该书的盗版广泛流布于中国，这一现象也值得留意。该书刊行大约二十年后，访问中国的内藤湖南在天津与陈锦涛、蒋国亮会面，蒋氏表示，"贵国书籍，翻作中文，此乃大为有益之事，既可以开中国之文明，而贵国又可以得其利。如近日之《万国史记》、《中国通史》，中国人买此书者甚多"①。据估测，实际的部数大概在三十万部左右。②冈本在1899年（明治三十二年）前后与吾妻兵治等人筹划设立善邻协会与善邻译书馆③，以在中国出版汉译书籍作为主要业务，大概也是由于预见到了中国人如此巨大的需求。

虽然在1879年，冈本尚未提出在中国出版售卖书籍的计划，不过毫无疑问的是，他是明确认识到汉文在东亚范围内的共通性的，所以《万国史记》在中国的广泛传播正合冈本之意。虽然在中国出版的版本中存在"大日本"被改为"日本"，"支那"被替换为"中国"等情况，但是整体而言，基本沿袭了日本的版本。

《要言类纂》一书从各种汉籍中抄录文章，分为"事天""立志""蓄德""明伦""居家""处世""知人""莅官""为政""司宪""议兵""卫生""励业"等十三类，冈本在跋文中自述说："自幼好读书，自经史至诸子百家注疏语录之类，无不涉猎网罗，有会心者，从而抄之，增损删定，汇为一书，命曰'要言'。窃谓，汉学之要，尽在此矣。"④由此可

---

① 参照内藤湖南《燕山楚水》中译本，收录于王青译《两个日本汉学家的中国行记》，光明日报出版社1999年，第35页。——译者注

② 狭间直树《关于初期亚细亚主义的历史考察：第六章 关于善邻协会 冈本监辅的情况》，《东亚》第416号，2002年。——原注

③ 参照狭间直树编《善邻协会、善邻译书馆相关资料——德岛县立图书馆藏〈冈本韦庵先生文书〉所收》（东方学资料丛刊第10册，京都大学人文科学研究所汉字信息研究中心2002年）。——原注

④ 原文即汉文。——译者注

知，汉学之于冈本，并没有停留于书本之上，而是意味着现实之世上的有用之物。对于他而言，汉学绝非可以被洋学替代之物。

这一年内另有一件事值得特书。1877年（明治十年）东京大学设立，两年之后，东京大学实行学科改正，在这一过程中，在文学部与预备门实施了重视作文的教学计划，而被任命为负责人的正是冈本。

1879年（明治十二年）9月18日，东京大学文学部将以前的第一学科即史学、哲学、政治学科改为哲学、政治学及理财学科。本应以东西兼修为主旨的史学一科，因为缺乏能够任教的教员，学生数量也少，所以用外国教员亦可授课的理财学将其替代。[①]和汉文学科原本在文学部设立之初是作为第二学科而设置的，关于设立的理由，东京大学综理加藤弘之如是说明，"在日本称为学士者，若仅通英文，对于国文茫然无所知，则不可谓文运之精英"[②]。加藤弘之的意思是，虽然当时是不得不以欧美学术为主流的时代，但既然东京大学是培养日本"学士"的机构，那么"对于国文茫然无所知"就是不可接受的。1879年的学科改正中，除了增加理财学之外，还"将以前和汉文学课程全部改为和文学与汉文学，尤其侧重于汉文作文，又在第四年开设毕业论文课"[③]，这一改动中大概也有这种补正意识存在。在修改后的文学部规则中，不仅是和汉文学，即便在哲学、政治学及理财学中，汉文作文也成为必修课。

同一时期的东京大学预备门也采取了同样的方针，1879年9月26日，冈本监辅"被任命为和汉文章删润主任"[④]。同年10月，东京大学发布规定，强调

---

① 《东京帝国大学五十年史》上册，东京帝国大学1932年，第690页。——原注
② 1877年9月3日，加藤弘之所递交申请书。——原注
③ 《东京帝国大学五十年史》上册，东京帝国大学，1932年，第692页。——原注
④ 《东京帝国大学五十年史》上册，第918页。——原注

文章之重要性。①

此外，根据冈本《汉文自传》的记载，冈本自1877年8月成为"东京大学文学部雇员"，同年12月28日，东京大学尊重冈本本人的意愿，允许其辞职，但在同日冈本又记录说，"本部校长"委托其担任作文校正一职。如果记述无误的话，冈本在教学计划改正之前，一直是教授作文的教员。

中村正直曾让学生将英文翻译为汉文，将其作为文学部汉文作文教育的一部分。冈本不懂英语，所以他既不想也不能做这样的事情，不过在如下一点上，《东洋新报》与《万国史记》是一致的，即不是将汉文作为古典语，而是作为描述东西事象时皆可使用的书面语言。夯实日语文章的基础，以及获得可与英文对抗的普遍性，这两个侧面存在于东京大学的汉文作文教育中，而冈本正是作为汉文作文教育负责人出现的。

四、亚细亚主义与汉文

如上所述，以冈本监辅为核心线索，可以从一个与以往稍有不同的角度来看待日本近代初期的汉文的状态。在善邻协会成立以前，冈本也曾与思斋会、斯文学会等旨在儒学复兴的社团产生关联。冈本先后任教于东京大学预

---

① 原文中此处并未展开论述，为使文意更为清晰，特将原文中提及的东京大学相关规定翻译如下："文章之于学识，犹如语言之于意义。先有语言，然后才能使己意达于他人；先有文章，然后才能将自己之学识公之于世。……从事于学问者，一日不可忽略之，其意颇明，自不待言。更何况对于欲采欧美之学而化用于我国者而言，不可不首先熟练国文。曩预备门创设之日，修正国书之课程至今，未见文章进步之效，甚为遗憾。由此，今特于国书教员中设置一文章校正主任，专门督奖文章之业。庶几学生自奋，不仅汲汲于讲读，亦兼而对文章孜孜励精，以与学识并进，最终达成学士之美称。"转引与翻译自品田悦一、斋藤希史《"国书"的起源——近代日本的古典编成》，新曜社2019年，第49页。——译者注

备门以及第一高等中学，随后又成为德岛县普通中学的校长。1896年（明治二十九年）7月，当时在台湾总督府任民政长官的村上义雄因做过德岛县知事，想充分利用冈本的丰富经验，于是任命其为台湾总督府国语学校教授，冈本于翌年归国。[①]从1900年（明治三十三年）到第二年，冈本第三次踏上中国土地，在上海商务印书馆出版《西学探源》《铁鞭》《孝经颂义》等著作。其后又在1901—1902年间就职于北京警务学堂。毫无疑问，冈本是一个以汉文为武器而在东亚取得"事业成功"的人物。

汉文与所谓"亚细亚主义"相结合，自然也就不难想象。冈本的汉文中不仅包孕着尊皇思想，同时汉文也属于整个亚洲，包含着可与西洋对抗的伦理。那么我们来看看以汉文写成的，被称作"初期亚细亚主义"团体的兴亚会与亚细亚协会的机关杂志（报告）的内容吧。冈本与兴亚会的关系暂时不明，但是他在1884年加入亚细亚协会，负责机关杂志的编辑工作。

兴亚会成立于1880年（明治十三年）2月，以长冈护美为会长。但是因其主旨与会则都是由曾根俊虎准备的，实际上的筹划者可以说是曾根。[②]需要注意的是，因为兴亚会的目的之一在于创设中国语学校，所以几乎同时，兴亚会开设了"支那语学校"。这是近代日本第一所民间筹办的中国语学校，而且也促进了日本国内的中国语教育的发展。[③]《兴亚公报》第一辑刊载的重野安绎的演说中，提出"余等虽然阅读汉籍数十年，但因为变则，语言不通。去年与清客王紫诠游览东京，王氏暂居敝寓，日夜相接，然不能互相通晓对方之语言。至此愈觉正则之要，即便能够笔谈，两情相接之蕴奥，非语言不

---

① 根据《冈本韦庵先生的家系与年谱》。——原注
② 狭间直树《关于初期亚细亚主义的历史考察：第二章 关于兴亚会 其创立与活动》，《东亚》第412号，2001年。——原注
③ 参照鳟泽彰夫《兴亚会的中国语教育》，收录于《兴亚会报告·亚细亚协会报告》第一卷，不二出版1993年。——原注

能尽述"①。兴亚会等意在嘉奖的是这样的语言学校，它们主张根据"正则"
（以中国发音直接读）而非"变则"（以日语进行训读）进行学习。

此外必须注意的是，兴亚会也开始考虑，不仅仅将中国语（清朝的官话）作为增进互相交流的方法，同时也想将其作为亚洲的共同语言。在当时，有人认为即便兴亚会的学校教授中国的官话，亚洲的语言也仍然多歧，所以这种做法是没有意义的。针对此种论调，广部精在刊载于《兴亚会报告》第十二集（1880年11月）的《官话论》一文中加以反驳，将中国的官话比拟为西洋的英语，举出"十八省虽有土话，中人以上，无不通官话者"，"满洲蒙古士民，各学官话，常交汉人"等例证，又提出越南与朝鲜也多有精通中国官话者，"亚细亚东部无一不通官话之国，则谓之亚洲通话，亦非虚语"。②也就是说，在东亚范围内，几乎没有哪个国家是不通行中国官话的，所以将其作为亚洲的通用语并非虚妄。广部精对近代日本的中国语教育做出了重要贡献，自不必说。

广部所谓"通话"即作为口头语言的中国语，但是另一方面，《兴亚会报告》也是自此号（第十二号）起，文体转变为以汉文为主，其编辑也由广部担任。上文中广部的论说以汉文写成，其原因也在于此。在《兴亚会报告》第十二集卷首的"本局告白"栏中，关于文体的改变，有如下宣言：

一　本报告向用和文录事，而外邦未能尽通，则非所以传本会之意也。因议今后改用汉文，以广便亚洲各国士人之览，非敢有所区别也。③

根据"本会记事"栏所载1880年10月20日的会议记录，广部提出应该使用汉文而非和文，关新吾、渡边洪基等表示赞同。由此，我们大概可以看出

① 《兴亚会报告·亚细亚协会报告》第一卷收录。——原注
② 本段内引用的广部精三段文字，原文均为汉文。——译者注
③ 原文即汉文。——译者注

当时的某种共识，即书面语言以汉文、口头语言以清朝官话作为亚洲的共通语。广部的观点大概是，后者暂且难以一蹴而就，但是前者却可以立即实现。此外，也正是从这一号开始，每一期的最后都会附有以下一段汉文："启者，此集所编事体，于行文措辞句读训点之中，不无错误。切望内外君子高明指示为幸。"①

但是，尝试将杂志全部内容以汉文著成的努力，仅仅在两期之后即告终结。自1881年1月发行的第十四集起，和文记事以"和文杂报"的形式复活，汉文文章中也在读音顺序符号之外增加了送假名等。卷首的"本局敬白"中，原先的"因议今后改用汉文"改为"因议今后改兼用和汉文"。继而在新设的"和文杂报"栏的开始处刊载了以下文字：

> 本报原拟专用汉文录事，有说者曰，此报诸事，有专为我人者，有专为汉人者，又有为须彼此同知者，其欲令汉畅通，及须同知道者，当译汉文，若专为我人者，而译汉文，反使我人难解，则徒劳无功耳。云云。今专为我人者，仍用和文录报，读者谅之。②

面向日本人的记事无须将和文译为汉文，虽然这究竟是谁的意见暂不清楚，但是广部承续《东洋新报》式做法的努力，在中途不得不妥协。不知是否与此有关，在第十五集（1881年3月）第一篇记事《林可桐癫病原委》中，广部是以官话写成的。③但是《兴亚会报告》中的其他文章不是以官话写

---

① 原文即汉文。——译者注
② 原文即汉文。——译者注
③ 狭间直树在《关于初期亚细亚主义的历史考察：第二章 关于兴亚会 其创立与活动》一文中似乎认为，杂志文章作者不敢区分作为"通话"的汉文与官话而展开讨论，编辑将"和文杂报"栏归入"地域版"等，这些都可以视为广部的尝试遭遇挫折，但是笔者认为还需要进一步分析。——原注

成的。

1883年1月，兴亚会"以更名的形式改组"为亚细亚协会[1]，其机关杂志《亚细亚协会报告》中，应使用汉文作为东亚的通用语这一方针得到继承。在其卷首的"例言"中有如下内容：[2]

　　一　本报原期与亚细亚全洲互通消息，求广大益，奈此语言文字，各邦各殊，遽难遍知，幸我国与清韩素称同文，是编中不单用国文，而辄用汉文者，亟于互通彼此情事，亦行远自迩之意也。[3]

《亚细亚协会报告》的文章大多以汉文写成，从第九篇（1883年10月）开始，"国文通报"（"和文通报"）栏也消失了，杂志全部是汉文文章，编辑为吾妻兵治。第十五篇（1884年9月）因吾妻氏生病而由冈本监辅接手，第十六篇（1884年12月）则再次由吾妻氏主持。吾妻与冈本都是普通会员，但是加入协会后马上就负责杂志的编辑工作，大概是因为编辑制度中存在一些纠葛，但是具体为何事则暂不明了。此后，在1885年7月15日的会议上，确定了以下方针（《亚细亚协会报告》第十八篇）：

　　一　自今改报告书编辑体例，其要均示亚洲人士者，汉文记之；或事系清韩，只要示日本人者，日文记之；又事系日本而要示清韩人者，尚用汉文。

　　一　报告书中系汉文记事者，自今必先经在东京清国公使馆员添

---

① 狭间直树《关于初期亚细亚主义的历史考察：第三章 关于亚细亚协会》（《东亚》第414号，2001年）。——原注

② 《兴亚会报告·亚细亚协会报告》第二卷，不二出版1993年。——原注

③ 原文即汉文。——译者注

削，然后付剞劂，颁寄会员。①

由此可知，《亚细亚协会报告》一度全以汉文著成，但也许是因为在编辑过程中有人提出意见，导致编辑方针发生了变化，即刊载的文章主要面向日本人时以日文书写，面向中国人或朝鲜人时则以汉文书写，这与《兴亚会报告》的情况相同。至于请清朝公使馆员对汉文文章进行添削后再予刊行，这大概是因为担心如果文章中包含文法错误等，会报乃至协会的信用度会有所降低。无论如何，我们可以了解到，关于是否应以汉文在机关杂志上发表文章，在会员间存在多种意见，编辑过程也颇为迂回曲折。

五、同文与同化

无论是冈本还是广部，在他们将汉文设定为亚洲共通的书面语言的背后，都暗含了一种与西洋对抗以及与亚洲各国协作的意图。在亚细亚主义的流行之中，汉文在近代东亚被赋予了新的价值。另一方面，幕末维新时期汉文所特有的尊皇思想也融入作为反欧化主义的亚细亚主义思潮之中，向忠君爱国的伦理倾斜。如果像广部一样将清朝官话作为东亚共通语，虽然可以摆脱这种思想与伦理倾向，但是就实际而言，无论《兴亚会报告》还是《亚细亚协会报告》，都不可能直接使用官话，仍然还是依赖汉文。广部自己的写作也没有展示出从汉文向官话转变的过程。

恰好在同一时期，《邮便报知新闻》从1884年（明治十七年）6月26日开始，分三次刊载社说《期待我汉学诸大家，为何不向支那、朝鲜施展其力》，作者在文中提倡汉文在近代东亚应该具有新功能。虽然没有署名，但

---

① 原文即汉文。——译者注

很可能是出于尾崎行雄（1858—1954）之手。[1]

> 我始与朝鲜、支那通交之时，两国之文明超过我国，自不待言，然而当今文野之地已变，我为东洋之先进国，支那、朝鲜则远远落后于我国。……当此之时，进而诱导两国打破其顽习陋俗，开拓其知识，以此报答其一千六百年间之长恩，此亦不可不谓本邦之利益，余辈希望本邦支那学士担此重任也。

尾崎的意思是，与古时的立场相反，日本在近代已成为文明国，所以指导中国与朝鲜等后进国正是"支那学士"的责任。而冈本等人正是以此为天职的。但是尾崎对于"支那学士"即汉学者也有相当辛辣的讽刺。例如下文：

> 夫支那、朝鲜之固陋未开化，此乃世人所熟知之处。而本邦之汉学者虽然落后于时势之发展，然与支那、朝鲜人之顽愚固陋相比，乃先进先觉之士，其议论见识必然远在支那、朝鲜人之上。本邦之汉学者若欲与时势相并驱，自然不可不降于洋学者之辕门，向支那、朝鲜施展力量，可谓不劳即可成为毅然之先觉先进。

虽然如此，但是以下具体提案，冈本早就已经实践过了。

> 我支那学士，或向彼新闻社投稿论说文，或将泰西日进之思想汉译而输入彼国，或与其士大夫相交，纵谈天下之形势，以诱导之，使其速

---

① 参照斋藤希史《天然自由的文体》（收录于新日本古典文学大系明治编5《海外见闻集》，岩波书店2009年）。——原注

速由迷梦中清醒，使其意识到，支那、朝鲜未曾有如泰西之良史，未曾有与泰西之政治、法律与经济学相关之良书，我支那学士若从今与洋学者相计，将此等书籍汉译，输入支那、朝鲜，其益甚大，本邦亦可由此实现宿愿，偿还千余年来在知识学艺上所受支那、朝鲜之恩情。

此篇社说虽然似乎与冈本之说表面上相同，但却存在着根本性的差异。对于尾崎而言，汉文不过是一种传播手段，不过因其在"诱导"中国与朝鲜这一方面有效，所以提倡使用汉文。而对于冈本而言，汉文与其说是传播手段，不如说是一种与自己的伦理、思想乃至存在本质无法分离的表达方式。冈本之所以能够意识到汉文是一种可以有效联结东亚各国的手段，是基于他在中国的实地经验。正如《西游锦囊》中所述："终日笔谈，情均胶漆，无复猜疑存乎其间。盖我之于清，人同种，书同文，故其交际自然如此之殷也。"其中"文"与"种"被视为同列，共同分享了一种自我认知。

在这一意义上，冈本的汉文已经不再如尾崎所揶揄的那样以中国为典范，但也并非广部的官话论所展示的那样仅由现实的功能主义所支撑。归根到底，作为明治日本之臣民的语言的汉文，是一种与自我意识密切关联的表达方式，冈本在中国所感受到的那种能够共享的快乐，促成了他的认识。一边巡礼式地访问汉诗文中的故地旧迹，一边与当地的文人进行笔谈，在这一过程中，他强烈感受到了所谓"同文"。

因此，冈本在说"同文"的时候，经常伴随着同化的欲望。"同文"既是与相异者的对抗，同时也包含着根据相同之物而形塑疆域的欲望，二者互为表里。无论是尊皇思想还是亚细亚主义，都促成了同化所带来的疆域的形成。冈本自身的"同文"意识，与日本帝国将东亚纳入自身以扩大疆域的道路是一致的。

汉文在近代日本变得疆域化（亦即帝国化），这是汉文在近代以前所不曾有过的作用。当然，由于翻译语的大量生产与训读体的广泛使用，功能化

（脱域化）也在同步推进。作为书面语言的汉文，在近代语言阶层的流动过程中不断解体。但仿佛是对于此种解体的反动，汉文同时也作为近代东亚的同化语言而再次被回收。

本文着眼于冈本监辅这一人物，他使用汉文而展开活动，通过这一考察，我们看到汉文展现出的多种面相。关于汉文在近代日本的命运，仍然存在诸多值得论述之处。

谈宾贡科之有无

张哲俊

摘要：宾贡科之有无，是争议颇多的问题。中国史籍无明文记载宾贡科之事，因此学者多否定宾贡科。但中国史料之中并非完全没有记载，后唐时期就有相关的记载。从这些记载来看，所谓的宾贡科不是以考试内容加以区别，而是以宾贡进士的名额来限定的。

关键词：宾贡；身份；名额

中国文学传播东亚的过程之中，中国各朝的科举曾是推进中国古代文学传播的重要渠道。东亚各国多有士子到中国参加科举是事实，尤其是韩国各朝士子更是有很多人参加中国的科举，与中国的文人往来，这无疑促进了中国文学的传播。韩国史料记载崔致远曾参加唐代宾贡科的科举，除了崔致远之外还有不少新罗文人也都参加了宾贡科的考试。目前学术界关于宾贡科的科举有两种看法，一种看法是认为唐代确实存在过为外国人举办的科举考试，一种看法认为唐代根本就没有举办过所谓的宾贡科。有关宾贡科的设立，最初载于韩国的古代文献，高丽崔瀣（1287—1340）在《送奉使李中父还朝序》（元顺帝元统元年，1333）中记载：

进士取人，本盛于唐，长庆初有金云卿者，始以新罗宾贡题名杜师礼榜，由此至天佑终，凡登宾贡科者五十有八人，五代梁唐又三十有二。①

这是最早有关唐代宾贡科的记载。《东人之文序》也称："在昔新罗全盛时，恒遣子弟于唐，置宿卫院以隶业焉。兹唐进士有宾贡科，榜无阙名。"②此后朝鲜也有类似的记载，如安鼎福《东史纲目》，朴容大、赵得九《重补文献备考》。我国金毓黻《渤海国志长编》等也有类似记载。由于古代文献明确记载了宾贡科，目前学者多持这种看法。从这段文字来看，所谓的宾贡科就是给外国人特设的科举考试，既然是给外国人特设的，就与唐人自己的科举不同。崔瀣云：

然所谓宾贡科者，每自别试，附名榜尾，不得与诸人齿，所除多卑冗，或便放归。③

崔瀣所记甚为明确，丝毫没有含糊之处。此后有宾贡科的记载多从崔瀣的记载，由此形成了唐设宾贡科的说法。从崔瀣的记载来看，所谓的宾贡科是指为外国人特设的科举考试，考试内容与中国人有别。从历史记载来看，参加过唐代科举的异域人有新罗、渤海、大食、波斯④等。但也有学者指出唐

---

① 崔瀣：《送奉使李中父还朝序》，《东文选》卷八四，韩国民族文化刊行会1994年，第346页。
② 《高丽名贤集》第二册，韩国成均馆大学大东文化研究院1986年，第413页。
③ 崔瀣：《送奉使李中父还朝序》，《东文选》卷八四，韩国民族文化刊行会1994年，第163页。
④ ［后蜀］何光远：《鉴诫录·斥李珣》卷四："宾贡李珣，字德润，本蜀中土生波斯也。少小苦心，屡称宾贡，所吟诗句，往往动人。尹校书鹗者，锦城烟月之士，与李生常为善友，遽因戏遂嘲之。李生文章扫地而尽诗曰：'异域从来重武强，李波斯强学文章。假饶折得东堂桂，深恐薰来也不香。'"（《文渊阁四库全书》第1035册，台湾商务印书馆1986年，第887页）

代并没有设立宾贡科，主要根据是唐代各类史料没有记载所谓的宾贡科，韩国崔瀣的记载是在几百年之后，究竟有多大的可靠性值得怀疑，对此，中外学者也多有争议。

由于唐代的文献上几乎没有关于宾贡科的记载，有学者认为所谓的宾贡只是参加科举之人的一种身份而已。"宾贡"一词在先秦时期已经出现，但那时的宾贡是指朝贡之意，与科举考试无关。隋唐设立科举以来，异域人也来参加科举考试，由此即指异域人参加唐代科举之事。有学者以为这时的宾贡就是指参加科举士子的身份，以"宾贡"二字来区别中土人的士子与异域人的士子：

> 或问高丽风俗好。曰："终带蛮夷之风。后来遣子弟入辟雍，及第而归者甚多。尝见先人同年小录中有'宾贡'者，即其所贡之士也。（'宾贡'二字，更须订证）。当时宣赐币帛之外，又赐介甫《新经》三十本，盛以黑函，黄帕其外，得者皆宝藏之。"①

朱子的这段话说得明白，所谓宾贡就是指举子的身份。《宋史》亦有类似的记载："士人以族望相高，柳、崔、金、李四姓为贵种。无宦者，以世族子为内侍六卫。岁十二月朔，王坐紫门小殿注官，外官则付国相。有国子监、四门学，学者六千人。贡士三等，王城曰土贡，郡邑曰乡贡，他国人曰宾贡。间岁试于所属，再试于学，所取不过三四十人，然后王亲试以诗、赋、论三题，谓之帘前重试。亦有制科宏词之目，然特文具而已。士尚声律，少通经。"②《宋史》的记载与朱熹的记载相同，即所谓的外国人举子曰宾贡。"宾贡"二字根本就没有科举科类的意义。

---

① ［宋］黎靖德编，王星贤点校：《朱子语类》卷第一百三十三，中华书局1986年，第3191页。
② ［元］脱脱等：《宋史·高丽传》，中华书局1985年，第14053页。

关于宾贡科的记载，中国文献确实极少记载，但也不是完全失于记载。后唐明宗时期举行的科考，曾出现过审卷不精的事件。当时的主考官是张文宝。张文宝判析试卷不够精当，受到停发一季俸禄的处罚。有关张文宝主持考试之事，史料有记载："天成中，复为中书舍人、翰林学士，累迁尚书右丞承旨。时右散骑常侍张文宝知贡举，所放进士，中书有覆落者，乃请下学士院作诗赋为贡举格，学士窦梦徵、张砺等所作不工，乃命（李）愚为之，愚笑曰：'年少举进士登科，盖偶然尔。后生可畏，来者未可量，假令予复就礼部试，未必不落第，安能与英俊为准格？'闻者多其知体。后迁刑部尚书分司洛阳，卒，年七十馀。"①尽管出现此类事件，张文宝还是一位雅淡好文之士，《旧五代史》有传："张文宝，昭宗朝谏议大夫颢之子也。文宝初依河中朱友谦为从事。庄宗即位于魏州，以文宝知制诰，历中书舍人、刑部侍郎、左散骑常侍、知贡举，迁吏部侍郎。文宝性雅淡稽古。"②"张文宝，永州人，博学有文。从子仲达以诗一轴示文宝，自炫《鹭丝诗》最为得意，云：'沧浪最深处，鲈鱼初得时。'文宝云：'更宜雕琢。'仲达云：'如何雕琢？'文宝云：'诗固佳矣，但鹭丝脚太长尔。'仲达赧服。"③从这些记载来看，张文宝自己是雕琢文辞的文人，但在他主持考试的时候却出现判卷不严的现象，因此他受到了处罚。

下面是一则奏文，主要写的是张文宝主持的长兴二年科举考试不精的问题。其中亦透露了宾贡的信息。

奉敕：新及第进士所试杂文，委中书门下细览详覆，方具奏闻，不得辄徇人情，有黩事体。中书于今年四月二十九日帖贡院，准元敕指

---

① ［宋］欧阳修：《新五代史·李愚传》，中华书局1974年，第638页。
② ［宋］薛居正等：《旧五代史·张文宝传》，中华书局1976年，第905页。
③ ［宋］王辟之撰，吕友仁点校：《渑水燕谈录·谈谑》，中华书局1981年，第125页。

挥，中书商量，具详覆者。李飞赋内三处犯韵，李谷一处犯韵，兼诗内错书“青”字写“清”字，并以词翰可嘉，望特恕此误。……其卢价等七人望许令将来就试，仍放再取文解。高策赋内于字韵内使“依”字，疑其海外音讹，文意稍可，望特恕此。其郑朴赋内言“肱股”，诗中“十千”字犯韵，又言“玉珠”。其郑朴许令将来就试，亦放取解。仍自此宾贡，每年祇放一人，仍须事艺精奇。张文宝试士不得精当，望罚一季俸。[①]

这是《详覆进士杂文奏（长兴二年，中书门下覆奏）》，载于宋代《册府元龟》，亦载于《唐文拾遗》卷五十八。此文的内容主要是陈述及第进士文中的犯韵问题，此文中有两个问题是要加以注意的：一是“仍自此宾贡，每年祇放一人”，一是“疑其海外音讹”一句。从这些记载来看，可以说反映了如下问题：

首先，《详覆进士杂文奏》中所说的“宾贡”，是否可能也是指举子的身份呢？从上下文来判断，认为是域外举子的身份应当没有问题。既然谈到身份问题，就要弄清楚文中提到的进士的身份。仅从《详覆进士杂文奏》中还看不出宾贡科录取了几个人。《详覆进士杂文奏》主要谈的是举子文中用韵不当的问题，那么提到的人名有十几个，他们是李飞、李毂、樊吉、夏侯珙、吴沺、王德柔、卢价、孙澄、李象、杨文龟、师均、杨仁远、王谷、高策、郑朴。这些人并不都是域外人，有的是汉人。上述人大多在文献中已经找不到他们的生平记载，但也不是全找不到他们的生平。例如，文中记载的师均就不是域外人，他是河南人。《河南通志》记载：“师均，内黄

① ［宋］王钦若等编纂，周勋初等校订：《册府元龟·贡举部（四）·条制第四》，凤凰出版社2006年，第7412—7413页。

人，后唐长兴二年第，仕至永兴节度副使。"①《河南通志》的师均与《详覆进士杂文奏》中提到的师均是同一人，《河南通志》记载的师均也是在后唐长兴二年考中进士的。此外《旧五代史》与《新五代史》中都有不少与卢价相关的记载。卢价在后唐曾任多种官职，"壬子，以侍御史卢价为户部员外郎、知制诰"②，"壬寅，以户部员外郎、知制诰卢价为虞部郎中、知制诰"③，"辛未，以工部侍郎卢价为礼部侍郎"④，"以礼部侍郎卢价为刑部侍郎"⑤，"以刑部侍郎卢价为兵部侍郎"⑥，"兵部侍郎卢价为卤簿使"⑦，"辛卯，以前西京副留守卢价为太子宾客"⑧，"丁酉，以太子宾客卢价为礼部尚书致仕"⑨，"二年二月，刑部尚书卢价奏"⑩。在长兴二年的进士之中，卢价恐怕是官运非常好的人之一。此外李毂的记载也不少，还有李象（刑部员外郎）、王德柔（县令）等人的记载。其他人不见记载。由此

---

① 《河南通志·选举二·进士》，《文渊阁四库全书》第536册，台湾商务印书馆1986年，第609页。

② ［宋］薛居正等：《旧五代史·晋书四·高祖纪》，中华书局1976年，第1029页。

③ ［宋］薛居正等：《旧五代史·晋书五·高祖纪》，中华书局1976年，第1047页。

④ ［宋］薛居正等：《旧五代史·晋书十·少帝纪》，中华书局1976年，第1112页。

⑤ ［宋］薛居正等：《旧五代史·晋书十·少帝纪》，中华书局1976年，第1116页。

⑥ ［宋］薛居正等：《旧五代史·汉书三·隐帝纪上》，中华书局1976年，第1344页。

⑦ ［宋］薛居正等：《旧五代史·汉书三·隐帝纪上》，中华书局1976年，第1345页。

⑧ ［宋］薛居正等：《旧五代史·周书四·太祖纪》，中华书局1976年，第1497页。

⑨ ［宋］薛居正等：《旧五代史·周书七·世宗纪》，中华书局1976年，第1548页。

⑩ ［宋］薛居正等：《旧五代史·刑法志》，中华书局1976年，第1962页。

来看，卢价、李毂等人亦非域外人。

从文中记载来看，此次科举中以宾贡身份参加考试的是高策。高策的赋中有犯韵的部分，以为这是"海外音讹"，也就是说高策是海外人，而非汉人。因为是海外人，"於"与"依"两字用韵有所不当，两个字本来就不同韵。文中的高策为何许人不详，高策同名者甚多。五代十国时期亦有名为高策者①。但不似文中的高策。尽管不知道高策是何许人，但有一点是明确的，高策一定是域外举子，因而他的赋中才会有韵用错的地方。高策是宾贡进士，但没有记载高策是何处人。但从名字来看可能是新罗人或渤海人。郑朴也是域外人，中国历史上还有名为郑朴的人，但史籍之中没有能够找到后唐郑朴的文献记载。长兴二年究竟有多少域外人考中进士，是一个未知数。但从叙述的语句来看，宾贡科的人数相对不算少。除了《册府元龟》的记载之外，《旧五代史》亦记载了高策等人参加科举之事，但未及"仍自宾贡，每年祗放一人"的记载。但《旧五代史》却记载了宾贡者的名字："壬子，中书门下奏：'详覆到礼部送今年及第进士李飞、樊吉、夏侯珙、吴泇、王德柔、李谷等六人，望放及第。其卢价等七人及宾贡郑朴，望许令将来就试。知贡举张文宝试士不得精当，望罚一季俸。'从之。"②这一段记载与《详覆进士杂文奏》记载的是同一次科举。《旧五代史》的记载明确指出宾贡者是郑朴。将《详覆进士杂文奏》与《旧五代史》的记载结合起来看，那么长兴二年的科举中宾贡举及第者至少有二人，就是高策与郑朴。《旧五代史》称郑朴为宾贡，此处的宾贡显然就是指郑朴的身份。《详覆进士杂文奏》一文论及高策与郑朴的赋时，是放在全文的最后部分，两个人的位置是连着的。

---

① 《十六国春秋·北燕录三·高策》："高策，辽东新昌人也，仕跋散骑常侍有功，封新昌侯，子育为弘建德令。"（《文渊阁四库全书》第463册，台湾商务印书馆1986年，第1103页）

② ［宋］薛居正等：《旧五代史·唐书十七·明宗纪》，中华书局1976年，第566页。

从这个位置判断,与崔瀣所说扩印"附名榜尾"是吻合的。当然《详覆进士杂文奏》中的名单顺序未必就是最后实际放榜的顺序,但是放榜顺序也不是随意安排的,顺序是成绩的高下标志。《详覆进士杂文奏》必然也遵从了放榜的顺序。

其次,从文中的记载来看,看不出汉人举子与域外举子的试题有何区别。汉人与海外人在科场中所作的都是赋。由此来看,宾贡科的科试内容不同于汉人考题的说法是不正确的。高策的赋里有不合韵的部分,但没有作为另类处理,完全是夹杂在汉人科举的赋中一起来评论,指出用韵的不合适。但因高策是海外人,就没有特别追究,故有"望特恕此"一句。在此看不出高策的试题与其他汉人有任何不同之处,对高策赋的要求与其他汉人没有什么不同。汉人的赋中也有犯韵之处。如果与其他汉人作品的评价有所不同的话,就是以为高策是海外人,因而汉字的发音有误。从此文的记载来看,没有迹象表明为宾贡举子另设了试题。文中云:"今后举人词赋属对,并须要切,或有犯韵及诸杂违格,不得放及第。仍望付翰林,别撰律诗、赋各一首,具体式一一晓示将来,举人合作者,即与及第。"①词赋是中外举子都要考的科目,文中所说的各种进士文中的问题,也都是赋中的用韵问题。在指出海外举子文中的问题时是用韵问题,中国人的诗赋也是相同问题。

其三,宾贡是一种域外人参加科举的制度。从上文的文献中应当如何理解所谓的宾贡科呢?从上文的记载来看,所谓的宾贡科不只是参加科举人的身份,同时也是考试制度。这个考试制度不是以考试内容区别一般科举与宾贡科,而是以固定的名额来限定宾贡科的。也就是说宾贡科是指专门给外国人或域外人的科举名额。由此来看宾贡科是存在的,只是不像崔瀣所说的那样,以考试内容加以区别。宾贡在文中不只是指域外进士的身份,同时还

---

① [宋]王钦若等编纂,周勋初等校订:《册府元龟·贡举部(四)·条制第四》,凤凰出版社2006年,第7412页。

规定了宾贡进士的人数。文中没有提及宾贡科一说，但是宾贡"每年祗放一人"的说法，显然不是偶然而设、随意而说，这是宾贡进士的制度化。如果是制度化的宾贡考试，那么就可以认为已经设立了所谓的宾贡科。《详覆进士杂文奏》中所述的参加宾贡的人，原本是有两个。但录取宾贡的人数较多，出现了水平低下、文辞不精的现象。因此提出从此之后宾贡"每年祗放一人"的措施，以此革除量多而滥的弊端。当然，一次科举录取两个宾贡进士，也是旧例。崔致远在《与礼部裴尚书瓒状》中云："然至故靖恭崔侍郎主贡之年，宾荐及第者二人，以渤海乌昭度为上。"①此次科举在咸通十三年（872），宾贡及第者是乌昭度与新罗的李同二人。在《详覆进士杂文奏》中也是两人，可见宾贡录取二人，②也是唐朝先例。而且这里还传达出一个信息，宾贡录取人数常常是有名额限制的。后唐长兴二年的科举，宾贡录取二人也是依照唐朝旧制实行的。

不过宾贡只取一人，亦非始于后唐，早在宾贡初始之时，就有过类似的记载。最初的宾贡进士是新罗的金云卿，《宋太宗皇帝实录校注》记载："太宗崇儒术，四夷若高丽、百济、新罗、高昌、吐蕃遣子弟入学。中宗诏：蕃王及可汗子孙，愿入学者附国子学读书。登科记：长庆元年（821）辛丑，宾贡一人金云卿。"③这段记载在长庆元年举行的科举考试之中，宾贡举子只有金云卿一人及第。长庆元年宾贡进士只有一人，这可能是只有金云卿一人成绩优秀，考中进士，但也有可能是宾贡的名额只定为一人，正如《详覆进士杂文奏》所记，因为"每年祗放一人"，所以只有金云卿一人中进士。从《详覆进士杂文奏》的记载来看，名额只定为一人的可能比较大，这

---

① 《崔文昌侯全集》之《孤云先生文集》卷一，韩国成均馆大学1972年，第66—67页。

② 参见党银平：《唐代有'无宾科'新论》，《社会科学战线》2002年第1期。

③ ［宋］钱若水修，范学辉校注：《宋太宗皇帝实录校注》卷七十八，中华书局2012年，第730页。

个名额就是专为宾贡进士而设的。《宋太宗皇帝实录校注》的这段记载应当比较可靠。《新唐书》也有类似的记载："及太宗即位，益崇儒术。乃于门下别置弘文馆，又增置书、律学，进士加读经、史一部。十三年，东宫置崇文馆。自天下初定，增筑学舍至千二百区，虽七营飞骑，亦置生，遣博士为授经。四夷若高丽、百济、新罗、高昌、吐蕃，相继遣子弟入学，遂至八千余人。"①《新唐书》没有写到金云卿中进士之事，但是两种文献的内容有很多是相同的。由此来看，所谓的宾贡科不是以科举试题内容加以区别，也不只是以举士的身份进行区别，最重要的是以宾贡进士的名额来限定。宾贡进士的名额不是恒久不变，但每次科举都是有规定的。

那么《详覆进士杂文奏》记载的科举与唐代的科举是怎样的一种关系呢？从文献的角度来说，此文是后唐的文献，用后唐的文献证明中晚唐的科举是有问题的。但是后唐的科举制度也不是空穴来风，多是承继了晚唐时期的科举制度。《详覆进士杂文奏》的科举是在931年，即后唐明宗长兴二年。从时间上说与晚唐不远，这条文献应当是可靠的。那么《详覆进士杂文奏》记载的科举时间与崔致远中进士的时间相距也不远，崔致远中进士应当是在865年。这样推算，崔致远中进士与《详覆进士杂文奏》记载的科举时间相差只有66年。从这条文献来看，唐代已经设立宾贡科的可能性是存在的，后唐的科举是沿用了唐代的科举，在选举制方面没有多少新的措施。后唐的选举更多是沿用科举旧制，甚至连以三根烛为限的旧制，也是在长兴二年恢复的。

十一月，工部尚书、权知贡举窦贞固奏："进士考试杂文及与诸科举人入策，历代已来，皆以三条烛尽为限，长兴二年，改令昼试。伏以悬科取士，有国常规，沿革之道虽殊，公共之情难失。若使就试两廊之

---

① ［宋］欧阳修等：《新唐书·选举志上》，中华书局1975年，第1163页。

下，挥毫短景之中，视晷刻而惟畏稽迟，演词藻而难求妍丽，未见观光之美，但同款答之由，既非师古之规，恐失取人之道。今欲考试之时，准旧例以三条烛为限。其进士并诸色举贡人等，有怀藏书册入院者，旧例扶出，不令就试，近年以来，虽见怀藏，多是容纵。今欲振举弛紊，明辨臧否，冀在必行，庶为定式。"①

长兴二年正是《详覆进士杂文奏》记载的科举那一年。由此来看，《详覆进士杂文奏》记载的宾贡科举，其实也是沿用了旧制。但是这种宾贡科的旧制究竟始于何时，现今无考，不过在崔致远时期已经设立了宾贡科的可能性是不能否定的。当然这只是一种可能性，《详覆进士杂文奏》毕竟不是晚唐时的文献。

---

① ［宋］薛居正等：《旧五代史·选举志》，中华书局1976年，第1981页。

昭和前期的两种"中国儒家思想"研究
——小岛祐马与武内义雄

刘 萍

摘要： 昭和前期的"中国儒家思想研究"，在近代日本中国学史上发挥了承前启后的作用。作为京都学派的二代传人，小岛祐马、武内义雄以"儒家思想"为中心展开研究，在文献考证学、近代社会科学和学术批判精神诸层面，实现了近代日本中国学的超越与发展，为战后的日本中国学研究开拓出新的方向。

关键词： 昭和前期；中国思想；小岛祐马；武内义雄

引 言

在近代日本中国学发展史上，京都学派的"初代"学者狩野直喜（1868—1947）、内藤湖南（1866—1934）无疑是最具代表性的，其共同开创的有关中国古典学的研究，构建了二十世纪初蔚为壮观的"支那学"（sinology）图景，而其所任职的京都帝国大学（今京都大学），也在他们的努力下，培育出一批年轻的学人。这些在创刊于1920年的中国学研究刊物

《支那学》上大显身手的"二代支那学人"①，至昭和前半已成为近代日本中国学的中坚，其中以"中国儒学思想"为核心进行研究的小岛祐马（1881—1966）和武内义雄（1886—1966），在第二次世界大战前日本中国学界堪称翘楚。

一、小岛祐马及其"中国思想研究"

（一）小岛祐马其人

小岛祐马行年略历兹录如下②：

明治 十四年（1881）12月3日

出生于高知县吾川郡春野村（今高知市春野町）弘冈上1213番地。

历经高知县立第一中学、第五高等学校。

四十年（1907）7月　京都帝国大学法科大学毕业　毕业后旋即赴中国游

四十五年（1912）7月　京都帝国大学文科大学哲学科（中国哲学史专攻）毕业

大正 元年（1912）9月　应聘京都府立第一中学

七年（1918）9月　同志社大学法学部教授

九年（1920）4月　京都帝国大学经济学部讲师，讲授"东洋经济思想史"

十年（1921）12月　第三高等学校讲师

---

① 《支那学》由小岛祐马、本田成之、青木正儿三人创刊于大正九年（1920），成为京都大学支那学机关刊物，出至昭和二十二年（1947）第21卷第五号宣布停刊。子安宣邦《日本近代思想批判》，岩波书店2003年，第115页。

② 小岛祐马略历摘录自《小岛祐马博士文库目录》，高知大学附属图书馆编集发行，1987年。

十一年（1922）8月　京都帝国大学文学部助教授

十四年（1925）10月　留学法国

昭和　三年（1928）4月　自法国留学归国

六年（1931）3月　京都帝国大学文学部教授　主持"中国哲学史讲座"

6月　获颁文学博士学位（申请学位论文题目为《中国古代社会研究》）

十一年（1936）10月　京都帝国大学文学部长

十三年（1938）7月　关于帝国大学总长任命权问题 出任京大代表委员

十四年（1939）8月　兼任京都帝国大学人文科学研究所长

十六年（1941）12月　依愿退职 自此归乡居住

十七年（1942）10月　京都帝国大学名誉教授

二十四年（1949）1月　日本学士院会员

四十年（1965）4月　授勋二等瑞宝章

四十一年（1966）11月　10日住院高知市西内病院，诊为胆囊破裂造成的腹膜炎

18日医治无效去世

四十一年（1966）11月19日　升爵从三位

从以上"略历"可知下述事实：

第一，小岛祐马的学术生涯经历过几次"跳跃性转身"。从最初的法学部到经济学，最终定着于文学部，这种丰富多样的学历、职历背景，在近代日本中国学家中并不多见，不断尝试与探索，多元交织的学养因素，必有所体现于日后的学术研究中。

第二，自1922年至1941年，小岛祐马任职京都帝国大学文学部二十年，在中国哲学研究领域，以"中国古代社会研究"为肇始，由此生成并不断发展出其独具特色的有关中国哲学思想的"社会思想史"研究。

第三，学术兼职与社会声誉显示出小岛祐马的学术贡献与地位。在其学术盛年，担任了京都帝国大学文学部长，并大致于同期接替狩野直喜，兼任

京都帝国大学人文科学研究所长。退休后成为京都帝国大学名誉教授、日本学士院会员。生前身后两次获颁天皇授予的名誉勋章。

（二）小岛祐马的"中国研究"论著述要

小岛祐马一生撰写论文七十余篇，其中90%为中国学研究。另有汉籍文献翻刻书5部，单行本著作12部（含再版、重版）。[①]下面三部关于中国古代思想研究的单行本著述，最能反映小岛祐马的学术特色。

1.《古代中国研究》弘文堂书房，昭和十八年（1943）

该著有再版和重版本：昭和四十三年（1968）筑摩书房版，昭和六十三年（1988）平凡社版（收入平凡社东洋文库）。

《古代中国研究》是小岛祐马在其生前同意刊行的唯一一部自选论文集。虽题名为《古代中国研究》，但正如小岛祐马本人所言，"并非网罗所有关于古代中国的研究，而实应以《古代支那管窥》命名之"。其所言之"古代"，亦"非与中世、近世相对而言之上古"，而是与现代中国相对而言的"过去的中国"。[②]

小岛祐马从之前发表的论文中，精心挑选出七篇，收入该部著作（论文集）中，它们分别是：

《中国古代的祭祀与礼乐》
［原题《中国古代的祭祀》，《伦理学》第十五册，昭和十六年（1941）12月］
《分野说与古代中国人的信仰》
［《东方学报》京都第六册，昭和十一年（1936）2月］

---

①　「小島祐馬博士著作目録」，『東方学』第60辑，1980年第200—202頁。
②　小島祐馬：『古代中国研究』例言，弘文堂书房1943年。

《论中国刑罚之起源》

[《东方学报》京都第十二册，昭和十六年（1941）9月]

《释富·原商》

[《东亚经济研究》第二十卷第三号，昭和十一年（1936）8月]

《中国文字训诂中的矛盾统一》

[《朝勇博士还历纪念哲学论文集》，昭和六年（1931）9月]

《中国学术的固定性与汉代以后的社会》

[《东亚经济研究》第十六卷第一号，昭和七年（1932）2月]

《中国古代的社会经济思想》

[岩波讲座《东洋思潮》，昭和十一年（1936）11月][①]

　　这些文章的初刊时间，除《释富》外，皆发表在昭和六年（1931）至昭和十六年（1941），正是小岛祐马升任京都帝国大学文学部教授，继而担任文学部长并至退休期间，可以说是他的学术全盛期。从所选论文篇章内容看，确实并非关于古代中国的系统性申论，却足以揭示出小岛祐马的学问精髓，他给自己设定的研究诉求非常明确，目的在于解明"过去的中国社会及过去的中国文化的本质"[②]。而最后《中国古代的社会经济思想》一文，几乎占据了全著（353页）的近半（160页）篇幅，更可视为小岛祐马"中国古代社会"研究的重中之重。

　　对于这部《古代中国研究》，吉川幸次郎（1904—1980）曾在《支那学》十一卷一号（弘文堂1943年）上撰文指出："《古代中国研究》一书的问世，值得庆贺之处有两点。其一，提供了值得信赖的关于中国人精神生活面貌以及支撑在其后的社会生活面貌的记述。其二，该书对于支那学学者之

---

① 小岛祐马：『古代中国研究』目次，弘文堂书房1943年。
② 小岛祐马：『古代中国研究』例言，弘文堂书房1943年。

外的一般文化科学研究者而言，也为他们提供了关于中国古代研究的值得信赖和理解的记述。以这种令非专业学者易于理解的方式进行的书写，在支那学学者中，尚无人出其右。"

2.《中国的政治思想》哈佛·燕京·同志社（东方文化讲座第一辑）东方文化讲座委员会，昭和三十一年（1956）

在这部著作的"小引"（序言）中，小岛祐马言明了撰著此书的核心诉求。"所谓中国的政治思想，不是指现代中国的政治思想，而是指中国固有的政治思想，即古代的政治思想。自古以来，中国政治思想有很多派别，异说并立，不可尽述。其中最显著的思想，即在过去两千多年间的中国一直成为实际政治中心指导理念的儒家思想，是本著主要概述的对象。同时亦将言及作为儒家别派的法家政治思想，在实际政治层面如何造成儒家思想的变形。"①

3.《中国思想史》创文社，昭和四十三年（1968）

该著有再版本：KKベストセラーズ，2017年

这部著作是根据小岛祐马在京都帝国大学文学部的同名课程讲义编辑而成的，再现了小岛祐马一贯明快的叙述风格和犀利的思想分析，其中甚至不乏"充满新鲜刺激"的大胆假说②。在划分中国思想的历史分期时，小岛祐马既未采用习见的三分法，亦未因袭其师狩野直喜（1868—1947）的划分方式，而是以西汉末为界，将中国古代思想史断然分为"前"和"后"两大时期，认为从"后期"的东汉开始至清代，"中国古代思想没有发生根本性的变化，在形式上大体在是反刍着西汉以前的思想"③。这一分期理论一直支撑着小岛祐马的中国思想研究。

---

① 小岛祐马：《中国的政治思想》，哈佛·燕京·同志社（东方文化讲座第一辑）1956年，第1页。

② 池田秀三：『中国古典学のかたち』，研文出版2014年，第290頁。

③ 小岛祐馬：『中国思想史』，KKベストセラーズ2017年，第228頁。

这部《中国思想史》还有一个重要的特点在于其社会思想史研究的立场，即把中国思想放置于中国的政治、经济、法律、道德等社会学科发展史上加以考量，在与社会状况的关系中考察中国思想。这一社会思想史的立场与方法是小岛学说贯彻始终的特色，战后日本的中国思想史研究基本采取了社会思想史的研究立场，这与小岛祐马不无关系，甚至可以说这一新的研究道路的开拓始于小岛祐马。

（三）小岛祐马的"社会思想史"试炼——古代中国社会经济思想研究

《社会经济思想（中国思想）》初载于昭和十一年（《东洋思潮》1936年11月），后于昭和十八年收入《古代中国研究》（弘文堂书房 1943年）一书。这是一部概说性文章，虽为普及性的讲座读物，但称得上是一部上乘之作。在这篇文章中，小岛祐马深入浅出，对古代中国以儒家为首同时兼及墨、农、道、法诸家的社会经济思想，予以平实易懂的介绍与精致独特的阐发，在"社会科学式的中国思想概说"中，称得上"出类拔萃"。①

在这篇长文中，小岛祐马根据社会阶层的分属之不同，对儒家的经济思想进行了划分，总结出"寡欲"与"均分"两大特性主张：

> 简而言之，儒家经济思想的原初内容可以归结为寡欲和均分。所谓寡欲在于限制人的欲望，主要表现为对支配阶级的要求；而均分则为分配之平均，根本上说是面向庶人阶层的政策。②

对上述两个向度上呈现出的儒家经济思想表现，小岛祐马分别予以

① 岛田虔次：『桑原隲藏全集』第二卷，岩波书店1968年。
② 小岛祐馬：『中国思想：社会经济思想』，岩波書店1936年，第42页。

说明。

首先，论及"寡欲"说发生的内在机理：

> 儒家以道德政治为理想，故视经济生活为道德生活的从属物，因而倘若经济欲望加之于道德生活中，则应予以最低限度的限制。这对以道德完善为要务的支配阶级来说，尤其应予以强化要求。[①]

同时进一步分析了儒家何以要对统治阶层的经济欲望作如此强化限制的原因：

> 儒家歌颂的封建社会立足于农耕经济，统治阶级依赖于农民而存在。在这样的社会状况下，统治阶层乃至工商业者的奢侈将陷农民于穷乏，从而导致经济组织的崩坏。然而，孔孟时代的儒家对于经济欲望的限制，仅止于支配阶级，并未言及工商业者，这是因为当时的工商业者尚未在社会上显现出实力。秦汉以后为维护封建的经济组织，则必须要极力排斥工商业者，因而，其后儒家在经济上的口号即发展成为"重农轻商，禁奢侈、劝节用"。[②]

小岛祐马"寡欲"说的成立是基于对中国古代重农思想的认知，而重农说毫无疑问是符合中国古代经济思想发展面貌的。冯友兰在分析中国古代汉民族经济背景时就曾指出："农业生产被认为是立国之本，而商业则被看成是立国之末端，因为经济生产主要靠农业，而商业只关系到产品的交换。商品的交换终究要以生产为前提，在一个以农业为基础的国家里，农产品是

---

① 同上。
② 小岛祐马：『中国思想：社会经济思想』，岩波书店1936年，第44页。

主要的产品，因此在中国历史上，各种社会、经济的理论和政策都重农轻商。"①立足于中国古代社会的这一特定经济形态，儒家对统治阶层的经济欲望作"寡欲"的思想规制，这无疑是属于小岛祐马的独特阐释。

其次，关于面向庶民阶层而实施的社会政策之"均分"说。

小岛祐马将儒家经济思想的社会政策归之为三个方面——土地均分政策、物价平准政策和救恤政策。其中关于土地均分政策，着墨颇多。

小岛祐马认为："儒家的社会政策以土地均分政策为其核心内容。土地的均分政策中，井田制最为理想。"他举儒家学派中最早倡言井田制的孟子为例，以支持己说。

> 《孟子·滕文公上》有云："方里而井，井九百亩，其中为公田。八家皆私百亩，同养公田。公事毕，然后敢治私事。"据其所言可知，以一里即九百亩为一井田，作九等分，当中百亩为公田，其余八百亩为私田八家均分。八家各自耕种自己私田百亩，收获归己；共同耕种公田，收获充作租税。孟子视此井田制为周初遗制，然考之《孟子》及其他资料，却不能发现周代已实施井田制的确证。私以为，孟子概基于当时流传之原始遗制或传说，得其端绪并加以删削修饰而倡其言。

关于井田制是否为周代旧制以及是否如孟子所言说之形式，中国学者也多有论述。郭沫若对前者持肯定态度，对后者则有保留，认为《孟子》所述之井田制或仅为"一乌托邦式理想制度"。②但郭著初次发表的时间是在1952年，以时间先后而论，小岛祐马的论说要先于郭说十六年，这无疑显示出小岛祐马敏锐的问题意识和学术洞察力。更重要的是，小岛祐马意在强调，孟

---

① 冯友兰：《中国哲学简史》，新世界出版社2004年，第16页。
② 郭沫若：《奴隶制时代》，中国人民大学出版社2005年，第22页。

子所倡言之井田制使"死徙无出乡，乡田同井。出入相友，守望相助，疾病相扶持，则百姓亲睦"（《孟子·滕文公上》），也即"同井八家彼此相助相亲，以之而成社会生活之单位"，①实为推行并实现"王道"的重要社会经济基础。

小岛祐马进一步梳理了中国古代思想史上有关土地分配等农业经济思想的论说，并一一加以评述，如指出汉代董仲舒的"限田论"允许人民私有土地，同时规定私有的最高限度，勿使超越以缓和富者兼并之弊，是做到了"师法井田之真意"，在人民对其土地的所有上，使"富者不逾界，贫弱之家足"，而北魏"均田制"、唐代"班田制"则皆着眼于国家的税收稳定而令农民定居其田，"完全与井田精神相左"。②

在对井田制均分思想的深入挖掘中，小岛祐马注意到一种将井田制与宗法制相结合的论说主张，此即清代龚自珍的"农宗说"。"从根本上讲，龚自珍农宗说之立论，乃以中国固有的家族制度宗法制为经，以儒家古来理想之井田制为纬。"③农宗之宗即指宗法，是自古以来支配着中国古代社会组织的家族制度。龚自珍认为，并非只有天子、卿大夫有宗，农亦有宗。古代社会生活组织、制度皆起源于农宗。④小岛祐马对龚自珍农宗说的经济思想尤为推重，特撰文加以介绍，并作出客观评价：

> 总之，在理想与现实矛盾的不断努力调和中，龚自珍苦心孤诣构想出一种实质上平等而形式上有别的社会组织形态。从分配政策的角度来看农宗说，虽有不充分不彻底之嫌，但同时于另一面也反映出他对中国

---

① 小岛祐马：『中国思想：社会经济思想』，岩波书店1936年，第46页。
② 小岛祐马：『中国思想：社会经济思想』，岩波书店1936年，第49页。
③ 同上，第53页。
④ 龚自珍：《定盦文集》卷上，朝华出版社2017年，第57页。

固有惯习的考量，但对于后世社会政策的制定，不无可借鉴之处。[①]

在土地均分政策之外，小岛祐马还总结了另外两项隶属于儒家经济思想的社会政策——物价平准政策（平抑物价）和救恤政策，基本上属概而言之，且所据文献来源主要采自《周礼》，但亦不乏独特的思考视角。如对儒家的物价平准策的分析：

> 对商人如此用意周到的政策，实在是以汉武帝以后的社会为对象所思考的产物。在周代无法想象会有如此发达的商业形态。与《周礼》似是而非的平准法见于《管子》，是法家从国家收入政策出发的物价平准策，与《周礼》以人民生活安定为目标的物价平准策毫不见容。[②]

小岛祐马的儒家社会经济思想研究是一个系统工程，与其中国思想史分期理论的总体考量相一致。他十分注意在中国古代历史、思想史的发展变迁中，对儒家社会经济思想加以思忖把握。比如在分析儒家以"重农轻商、禁奢侈、劝节用"的口号，对统治阶层实施"寡欲"，限制其经济欲望时，小岛祐马特别指出，孔孟时代本无重农轻商之说，秦汉以后方始确立。"但是，其后的社会情势未见大的变化，与之相伴的便是，经济思想亦未获得超越之前的发展而传衍到后面的时代。"[③]从中不难看到其所主张的中国思想史"后期"反刍"前期"的理论的再度登场。

---

① 小岛祐马：「龚自珍の農宗説」，『経済論叢』十一卷一号，1920年8月。
② 小岛祐马：『中国思想：社会経済思想』，岩波書店1936年，第56頁。
③ 同上，第44頁。

二、武内义雄及其"中国思想"研究

（一）武内义雄其人

武内义雄字谊卿，号述庵，明治十九年（1886）6月9日出生于日本三重县内部村小古曾（今四日市市）愿誓寺。①武内义雄的学术生涯可以说始自其负笈求学于京都帝国大学之时。明治四十三年（1910），武内义雄从京都帝国大学文科大学哲学科毕业为其日后从事的中国哲学思想研究打下了最初的学术根基。

在成长为一名杰出的近代日本中国学家的道路上，武内义雄经历了其职业生涯中的许多重要时期。②

大正三年（1914）9月至大正八年（1919）4月，武内义雄在大阪府立图书馆担任"司书"（图书管理员），在此期间，武内义雄完成了最初的学术积累，为其日后开展的有关《老子》《论语》的研究，积累了大量日本古写本资料。

大正八年（1919）4月至大正九年（1920）12月，武内义雄受怀德堂委托留学中国。怀德堂为18世纪日本汉学家中井履轩兄弟以大阪商人为对象开办的儒学私塾，后大阪《朝日新闻》的西村时彦得大阪财界资助，再度将其复兴。大阪府立图书馆丰富的汉籍收藏亦得益于西村时彦的倡言。武内义雄正是以此前的"司书"工作为契机，获得了留学中国的机会，留学归国后亦成为怀德堂讲师。

大正十二年（1923）4月，武内义雄赴仙台就任东北帝国大学法文学

---

① 据金谷治记，武内义雄父亲武内义渊为真宗高田派著名学问僧（江上波夫：《东洋学系谱》，大修馆书店1992年，第250页）。武内义雄本人的第一份工作也是在"真宗劝学院"供职四年（1910—1914），并曾在佛教大学兼职多年。不能不说这种家系渊源在其学问养成中有着潜移默化的影响。

② 「武内義雄博士略歴」，『東方学』第58辑，1979年7月20日，第205—206頁。

部教授，主持"支那学讲座"，此后23年间辛苦耕耘，直至昭和二十一年（1946）5月"退官"（退休）。武内义雄为开创东北帝国大学的中国哲学研究并使之在日本中国学界享有盛誉，付出了巨大的努力。1948年，获得东北大学授予的名誉教授称号，可谓实至名归。

在东北帝国大学（东北大学）任职间及退休后，武内义雄也收获了个人学术生涯的方方面面的成果和荣誉。作为执掌教鞭的教授，武内义雄从1923年受聘之时起便主持"支那学讲座"，1940年又开设了"支那学第二讲座"。任教同时担任过的校内兼职有：大学附属图书馆馆长（1924.7—1929.9）、大学评议员（1932.1）、法文学部长（1933.1—1934.10）。此外，武内义雄还应邀担任了许多社会兼职：国宝保存会委员（1936.11）、日本学术振兴会学术部第二常置委员（1937.1）、昭和十四年度文部省视学委员（1939.5）、帝国学士院会员（1942.5）、学术研究会议委员（1944.4）。因其学术影响力及社会影响力，武内义雄获得天皇颁发的二等瑞宝章（1943.9）、二等旭日重光章（1964.11），并获得"文化功劳者"表彰（1960.11）。

（二）武内义雄的学问领域

在昭和前期的日本中国学家中，武内义雄以研究中国哲学思想而著称。武内义雄一生著述甚丰，均收录于《武内义雄全集》。以单行本刊行的著作有十部，从中可大致窥见其学问面貌，兹罗列如下：

《老子原始》	弘文堂	大正十五年（1926）
《老子之研究》	改造社	昭和二年（1927）
《老子与庄子》	岩波书店	昭和五年（1930）
《论语译注》	岩波书店	昭和八年（1933）
《诸子概说》	弘文堂	昭和十年（1935）

《中国思想史》　　　岩波书店　昭和十一年（1936）

《论语之研究》　　　岩波书店　昭和十四年（1939）

《儒教之精神》　　　岩波书店　昭和十四年（1939）

《易与中庸之研究》　岩波书店　昭和十八年（1943）

《中国学研究法》　　岩波书店　昭和二十四年（1949）

从上列书目可知，作为近代日本中国学领域著名的中国哲学研究家，武内义雄的学问领域广涉诸子，其中尤以对道家、儒家的研究颇见功力。

武内义雄最早开始的是对老子的研究，这部《老子原始》也是他为获得京都大学博士学位提交的论文。在这部著作中，武内义雄对作为人物的老子和作为文献的《老子》分别进行了绵密细致的分析考证，得出了与历来的通说完全不同的结论：认为老子不是早于孔子的前辈，而是在时代上介于孔子和孟子之间的人物；《老子》也并非老子一人一时之作，其中掺入了纵横家、兵家等诸家思想。这部著作的问世，在日本中国学界的道家思想研究领域开创了原典实证批判的先河，被视为具有划时代意义的著述。[①]对昭和前期日本中国哲学思想研究的影响至深且巨，如津田左右吉就紧随其后于1927年刊出了《道家思想的展开》，与武内义雄一道构筑起此时期关于道家思想研究的蔚为壮观的学术景象。

有关《论语》与儒学的研究，是武内义雄学术体系的另一大支柱。这一领域的研究，最早可追溯至大正十年（1921）前后武内义雄从中国留学归来任职于怀德堂时期。最初的成品是出版于昭和八年（1933）的《论语译注》。他在倾注长年的心血进行译注的过程中，积淀了关于《论语》与儒家思想的深入思考。最终《论语之研究》作为《论语译注》的"副产品"同时

---

① 金谷治：「先學を話せる：武内义雄博士」，『東方学』第58辑，1979年7月20日，第194頁。

又是这条儒家思想研究脉络上的主打之作，于昭和十四年（1939）刊出了。
在这部著作中，武内义雄"原典批判"的近代考证学方法及渗透于其中的文
化主张继续得到体现，通过对《论语》及"儒教精神"的解读与阐释，其思
想史式的中国哲学思想研究手法和理念也得到进一步彰显，而这一点恰与采
用社会思想史视角研究中国思想的小岛祐马彼此呼应。

（三）武内义雄的《论语》及"儒家思想"研究之特色

论及武内义雄在近代日本中国学史上的地位，可谓前承具开山之功的
狩野直喜、内藤湖南，将其学术发扬光大，同时又将中国学研究与日本思想
文化研究有机地加以整合，为战后日本中国学的发达，启示了新的路径。其
《论语》及"儒家思想"研究之特色可做如下归述。

1."原典批评"的近代解释学立场

武内义雄作为狩野直喜与内藤湖南的弟子，从其两位师长处得到了丰
厚的学术滋养与启迪。对此武内义雄感触颇深，他曾撰文表示，在京都大学
受教期间，聆听狩野直喜、内藤湖南两先生的讲座，受到非常大的启发。具
体到以考证学的"古典解释"立场来究明《论语》原始文本的实相，在武内
义雄的这一学术设想中，更直接折射出"狩野中国学"的影像。狩野直喜在
中国哲学思想史的研究中将其定义为"中国古典学或古典学研究的历史"。
在狩野直喜看来，"研究中国哲学史即站在以中国的古典研究为中心的立
场上，阐明中国古典的接受方式及其在解释方面的内容与形式上的诸种变
化"①。狩野直喜之所谓"古典学"，是以汉唐训诂学和清代考据学为主，同
时兼及宋明性理学的中国传统经学与诸子学之学问。在近代日本中国学形成
之初，狩野直喜力倡重视考据之学，以抗拒此前日本汉学时期唯朱子学马首
是瞻之学风，有学者认为在这一点上武内义雄秉承其师，"以清代考据学作

---

① 严绍璗：《日本中国学史稿》，学苑出版社2009年，第256页。

为其学问之出发点"①。诚然，武内义雄在京都大学受业时，曾师从狩野直喜学习"清朝学术沿革史"，"对清代考据学家考证之精确、引证之赅博深为感佩"。②但是在《论语之研究》中，武内义雄对清代考据学却做过这样的评价：

> 尽管清代考据学者早就采用了校勘学的方法，并在此基础上建立了精致的训诂之学，但对书籍的原典批评则尚未充分地展开。当然，在众多的考据学家中也不乏像崔述那样的批判性学者，但归根结底对中国学者而言，经书是被视为神圣的，他们惮于轻易对经书作出批评，因此校勘学的引进只不过被当成了构筑训诂学的基础，而对原典的批评并未展开，这实在是清代考据学的一大缺陷。③

这一评述表明武内义雄之所谓"原典批评"研究，不仅强调在方法论上的实证，而且对于其师狩野直喜着意推重清代考据学之论，武内义雄亦有所克服并超越。这在其有关古典研究的论述中表述得更为清楚：

> 对于包括《论语》在内的所有古代典籍的研究，不外乎三种态度：第一，从语言学的角度解释其字句，把握其意旨，此之谓训诂学；第二，对古典作出与自身的思想相吻合的解释，这是宋明性理学家的做法；第三，稽查书籍的变迁，探究其源流，从而阐明其原始的意义，此可谓之曰批判的态度。我在《论语之研究》中所要采用的正是这第三种态度。④

---

① 金谷治：《谊卿武内义雄先生的学问》，《怀德》37号，1966年。
② 江上波夫：『東洋学の系譜』，大修館書店1992年，第250页。
③ 武内義雄：『論語之研究』，岩波書店1972年，第44页。
④ 同上，第254页。

在狩野直喜的中国哲学研究中，汉唐时代的训诂学被谓之"传经派"，宋明时代的性理之学被谓之"传道派"，二者被放置于平等的学术地位上，即既不偏重于训诂学，也不偏重于性理之学。"这对于公正而客观地描绘中国哲学思想的演进轨迹，无疑是一个进步。"①武内义雄的"第三种态度"表明，在对古代典籍的研究中，他确实深受其师的影响，但是也做了极大的发挥，其有意为之的更在于在对《论语》展开的研究中作深层次的挖掘，即带着"原典批判"的问题意识去探究古书源流，将古代文献作为"经典"的价值取向予以瓦解，使之成为可以评判的解读对象，从而追求阐明《论语》文本的原始意义。

2.思想史研究的新构想

在武内义雄的学说体系之中，始终贯穿着的"原典批评"的基本主张，是继狩野直喜、内藤湖南等近代日本中国学实证主义"初代"学者之后，由其弟子们继续发扬光大的、具有体系性的学术特征。武内义雄之所谓对古代典籍的第三种"批判的态度"即"原典批评"这一主张的提出，与其所处的时代、与其身处的学术环境不无关系。

当武内义雄还在中国留学之时，在日本本土的日本中国学界，正在发生着悄然变化。

京都大学中国学的第一批毕业生，经过了十年的沉寂与砥砺，在1920年共同发起创设了研究中国学的新刊物——《支那学》。武内义雄学成归国后，便立刻加入了《支那学》的建设，并成为在《支那学》上极有影响力的论者。②从那一时期发表的论文大旨来看，大多采用的仍是比较典型的传统

---

① 严绍璗：《日本中国学史稿》，学苑出版社2009年，第256页。

② 以《列子冤词》（刊登在第一卷第四号）为开端，武内义雄相继发表了一系列充分运用和展示"原典批评"的研究文章，如：《论〈子思子〉》《〈曾子〉考》《论南北学术之异国》《曲礼考》《关于桓谭新论》《孙子十三篇之作者》《支那思想史上所见之释道安》《中庸在先秦学术史上之位置》《礼运考》《大学篇成立年代考》《孟子与春秋》等。

文献学的治学路径，但这一时期的武内义雄已显现出一定程度的学术疑惑。
下面这段文字是他对自己1922年前后心路历程的一段回忆，从中不难窥见其
端倪：

> 时至那时，我学过了汉学，认为清朝考证学便是金科玉律了。可
> 是，那时多少感到了考证学的危机。觉得那样做精细的考据是难以开掘
> 出更大的学术路子的。①

这段自白是在听了内藤湖南的讲演后的有感而发，因此这里所说的"那
时"的思考的发生，就不能不说是直接受到内藤湖南的影响而形成的。细加
推究，其直接来源应该说是内藤湖南的"文化历史观"以及在此基础上形成
的对于清代考据学的反拨。内藤湖南认为，所谓历史就是文化发展的过程，
而文化的发展演进又是有规律的，"以时为经，以地为纬，文化历史灿烂而
成"②。而对于历史文献的研究，则应"摆脱考证烦琐之弊，从文明的批判、
社会的改造之见地出发"，其具体方法便"与其去追溯古书中的事实，不如
去寻找引起事实变化的根本思想的变化"。③

武内义雄在对《论语》内容的思想分析中，也表现出对于时代推移以及
思潮流动的强烈关注，注意把握各流派在思想的时代脉动中、在不同的活动
场域中所表现出的不同特质，以求作出相应的阐说，就这一点而言，武内义
雄与小岛祐马都深谙内藤湖南"文化史观"之真谛，显现出异曲同工之妙。

这种立足于原典批判的思想史研究方法，构成了武内义雄中国哲学思想

---

① 武内義雄：『富永仲基について』，『武内義雄全集』第10卷，角川書店1979
年，第318頁。

② 内藤湖南：《近世文学论》，收入《内藤湖南全集》第1卷，筑摩书房1969年。

③ 内藤湖南：《尚书编次考》，转引自子安宣邦：《东亚论——日本现代思想批判》，
吉林人民出版社2004年，第177页。

史研究的根干，或许正是从这个意义上，武内义雄"被视为内藤湖南最真诚的后继者"①。经由武内义雄的努力，中国哲学以思想史学面貌出现，哲学被诉诸历史学的考量，传统汉学时期对于思想哲学性的追逐，被揭示思想的流变与推衍的近代历史性研究所代替，对于这一学术转型的发生，武内义雄功不可没。

3.日本文化语境下的中国哲学思想史论说

武内义雄以上述十部单行本为代表的著述，共同构成了其中国哲学思想史研究的风景线。尽管武内义雄关于《论语》文本的某些论断在日本学术界也曾引起争议，受到质疑，但其对于《论语》各篇内容的分析却颇得盛赞，被认为是"开创了前人未曾发现的学说"②。这样的评述是否确当或可商榷，但其所作的努力引发了一种新的思维，确是不争的事实。武内义雄明确指出，《论语》作为一部一直以来被一以贯之地加以信奉的经典，不是不可言说的，而且因其内容上也大有可疑之处，更应该予以批判性地评说。

既然《论语》在其形成、传播的过程中不断地"被形成"，其思想内涵也在不断因时因地而"被添加""被推移"地得以传衍，那么儒学从中国传到日本又完成了怎样的移易呢？这或许成为武内义雄深长思之的问题。考之武内义雄在二十世纪二十年代末期至三十年代末期的研究著述，如《诸子概说》（弘文堂1935年）、《支那思想史》（岩波书店1936年，中文译本名为《中国思想史》），关于孔子与儒学思想，武内义雄都设列了专章加以讨论；《论语之研究》一书更是历"深思熟虑"之十数年后始得付梓。特别值得注意的是，几乎与《论语之研究》同时期进行并完成的《儒教之精神》（岩波书店1939年）一书，笔者以为，这是一部对于考察武内义雄的《论语》及儒家思想研究有着特别意义的著述。

---

① 子安宣邦：《东亚论——日本现代思想批判》，吉林人民出版社2004年，第179页。

② 宫崎市定：《论衡正说篇说论语章稽疑》，《东方学会创立二十五周年纪念东方学论集》，1972年12月。

　　这部著作由两部分构成：前半部分是有关中国儒学的论述，武内义雄据其1928年为《岩波讲座世界思潮》所撰之《儒教思潮》改订而成；后半部分则加入了关于日本儒教的论述。这两部分的编成方式颇耐人寻味，它表明武内义雄的儒家思想研究，不仅是在近代发展起来的日本中国学的学术框架下对中国儒学思想展开的讨论，更是将儒家思想研究置于日本思想文化特别是日本儒教的文化语境下所作的阐发。武内义雄在《儒教之精神》一书中所作的阐发，为我们了解其中国哲学思想史论说的内在思考理路，提供了有价值的启示：

　　　　我国几千年来摄取中国文化，接受儒学的影响，然而我们的祖先绝不是生吞活剥地接受，而是采取批判性的取舍，使儒学在我国获得了独特的发展。在以五经为中心的儒学传入的时代，于《春秋》三传中，定《左传》一家而排斥公羊、穀梁，以摒除蕴含其中的革命思想，使与我国国体相一致。至于新儒学时代，中国的朱子学与阳明学或曰程朱之学与陆王之学之间，相争不绝甚而反目；然及传入我国，则二者皆被日本化而最终归于精神上的一统，发扬而为忠孝一体、至诚本位的国民之道德。忠孝一体源于朱子之学，至诚之道发乎阳明之学，忠、孝二合而一归于至诚之道，达成忠孝一体，与此同时则至诚之道亦尽在其中，日本儒教之特色便存于其间。[①]

　　武内义雄以《论语》研究为发端的儒家思想研究，始于二十世纪二十年代，这一时期的日本中国学界的儒学研究者，如服部宇之吉等人就普遍认为"儒学的正宗已经不在中国而在日本了"[②]，也就是说，中国儒家学说体

---

　　① 武内義雄：『儒教の精神』，岩波書店1939年，第212—213页。
　　② 刘岳兵：《中日近现代思想与儒学》，生活·读书·新知三联书店2007年，第147页。

系对孔子思想内核的解说似乎退居其后了，而其中那些经由日本"变容"了的所谓儒学的精神才最符合孔子真意，才应该因其最适用于日本而受到虔心重视。因此，传统所谓经典是否再被视作经典就不那么重要了或者说不必要了，在经典的解构中，孔子所代表的中国儒家学说被消解，而日本儒教的精神世界得以建立。

武内义雄对于《论语》、对于孔子乃至对于整个中国哲学思想史的论说都不可避免地建立在这样一种对传统主流阐释加以颠覆的尝试中，武内义雄的主观预设也不免于此间透露出来。尽管如其所言，试图有别于中国古典文献学的训诂考证与义理阐发，但事实上，传统经学研究的主张，对他的影响仍然是存在的，只是他更为关注的或许只是一向为主流话语所忽视甚或排斥的声音，比如来自王充《论衡》的启发以及与崔述的共感，或者不如说是从王充、崔述那里找到了有力的支持。但必须注意的是，王充也好，崔述也罢，他们所表现出的疑古辨伪的方法论不过是中国传统经学体制内的自我补充与调适，其学术思考从根本上说仍在于为维护体制而战，这与武内义雄的学术诉求可谓南辕北辙，因此从这个意义上讲，王充、崔述在武内义雄这里也只不过是被当作了"方法"。

在对日本精神史的探究与建构中展开对《论语》与儒家思想的研究，因此作为"方法"的《论语》当然就不再被简单地视为传统学问的经典——而不过是诸多典籍中的一部文本；也不再被单纯地视为传布儒家实践道德的伦理文献——而成为推衍日本精神史的思想史材料。武内义雄的《论语》研究折射出来的精神指向或许更在于此。

三、昭和前期两种"儒家思想"研究的交相辉映

在小岛祐马和武内义雄的中国思想研究中，儒家思想的研究占有很大比

重，而其中最能凸显其儒家思想特质的论著——小岛祐马的《社会经济思想（中国思想）》（《东洋思潮》，1936.11）和武内义雄的《论语之研究》、《儒教之精神》（岩波书店1939年）——皆于昭和十年代相继刊出，代表了京都帝国大学的第一批毕业生所达到的学术水平。

如果将小岛祐马和武内义雄的中国思想，特别是儒家思想研究做一对比分析，可以发现二者之间的异中有同和同中有异，对于梳理近代日本中国学的学术轨迹，可以提供有价值的帮助。

第一，共同的学统渊源。

二人分别于1910年（武内义雄）、1912年（小岛祐马）先后毕业于京都帝国大学文科大学哲学科，受业期间皆得京都大学"初代"中国学家狩野直喜、内藤湖南亲炙。京都帝国大学文科大学的"中国哲学讲座"开设于1906年，狩野直喜为首任教授。同为京都学派创始人的内藤湖南，1907年受聘为京都帝国大学文科大学讲师，后升任为教授。在他们的授业解惑中，小岛祐马和武内义雄接触了最初的近代中国学学术理念与学术训练。

第二，相似的职场"初体验"。

作为京都大学中国学的第一批毕业生，从大学毕业后的职场新人到成为中国学研究体制内一员，小岛祐马和武内义雄二人都经历了迷茫中探索、困境中坚守的十年。

小岛祐马在1912—1922十年间，初以合同职任教中学，后任职私立同志社大学法学部教授、京都帝国大学经济学部讲师，后转任京都帝国大学文学部助教授。之后又经过十年积累，才在学界立稳脚跟，获得文学博士学位，升任教授之职。

武内义雄的最初十年似乎更多一些不确定性。自1910年至1922年，初为职业学校（私立真宗劝学院）教授；四年后的1914年经内藤湖南举荐入职大阪府立图书馆；1919年辞去图书馆工作，得怀德堂资助赴中国留学；一年半后归国，就任怀德堂讲师；其间兼职私立佛教大学和大阪高等学校非常勤讲师。终于在1923年获聘赴东北帝国大学出任教授。

第三，共同的时代底色晕染——共建《支那学》。

个人奋斗的十年遭际背后是时代的动荡与激变。小岛祐马、武内义雄为代表的"二代"支那学人，面对东亚近代史上的云谲波诡，面对西学主导下，时人对中国学的漠视与不屑，要做出属于自己的回应。1920年9月，此时的小岛祐马刚刚从私立大学进入京都帝国大学不久，从事"东洋经济思想史"研究，他联合青木正儿、本田成之，三人共同创设成立了《支那学》，意欲与世风相抗衡，重振中国学。1920年12月，武内义雄从中国留学归来，一边在怀德堂做讲师，一边立即投入到《支那学》的建设中。在《支那学》最初的卷号里，几乎都能看到小岛祐马、武内义雄的文章。他们的导师狩野直喜、内藤湖南也来投稿。一时间，《支那学》成为京都支那学大显身手的舞台。

第四，同中有异的中国思想研究。

小岛祐马、武内义雄的中国思想研究之特色已如前所述，其学术史之贡献无外乎继承并发展了以京都中国学为代表的近代日本中国学。同属昭和前期卓有建树的第二代中国学家，小岛祐马、武内义雄的中国思想研究交相辉映、异彩纷呈。

首先，继承京都学派的学术传统，且各有侧重。

如重视文献考证学。以《支那学》发文为例，武内义雄以第一卷第四号上刊载的《列子冤词》为开端，相继发表了一系列充分运用和展示"原典批评"的研究文章，如：《〈曾子〉考》《曲礼考》《孙子十三篇之作者》《礼运考》《大学篇成立年代考》等。小岛祐马也发表过《关于论语季氏篇首章》（《支那学》二卷一号）、《左传引经考证》（《支那学》三卷一、二、六号）等。从这些论文大旨来看，大多采用的仍是比较典型的传统文献学的治学路径，符合京都中国学的基本范式。

清代学术和《春秋》学也是京都中国学的重要学术领域，小岛祐马的

《廖平之学》（《艺文》八卷五号，1917.5）、《清朝的诸子学研究》（《支那学》一卷十号）、《论公羊家的三科九旨说》和武内义雄的《孟子与春秋》等都是这方面的尝试。

其次，共同构建"思想史式"的中国思想研究，并各有擅长。

武内义雄受到内藤湖南"文化历史观"的核心理念影响，在对包括儒、道两家在内的先秦诸子思想的研究中，强调应基于思潮史的发展线索，在中国古代思潮变迁大势中加以把握，同时还特别留意在东亚尤其是中日儒学思潮变迁中，通过对比作出判断。

小岛祐马因仰慕狩野直喜而追随其涉足中国哲学研究，但是他自称是"先生的异端弟子"，在对中国哲学思想的研究中，做了极大的延展和发挥，这当然与他早年的法学、经济学的学养积累不无关系。在中国思想研究中，小岛祐马重在从社会科学视角切入，关注经济、政治的影响，重视考察作为哲学思想背景的社会经济的发展变动。除前述长文《社会经济思想（中国思想）》外，还发表过《黄宗羲的政治经济思想》《王夫之的经济思想》，既反映了他对清代学术的关注，也是其社会思想史观及其方法论的演练。

小岛祐马和武内义雄这两位昭和前期的中国学家，在日本中国学史上留下了重要的印记。他们的中国思想研究，在文献考证学（原典批评）、近代社会科学和学术批判精神上，实现了近代日本中国学的超越与发展，并为战后日本中国学的研究开拓出新的方向。

金泽文库藏《本朝续文粹》版本价值
及其整理问题述要^①

孙士超

摘要：《本朝续文粹》收录汉诗文232篇，是了解平安时代后期日本汉诗文发展水平的一部重要文学总集。金泽文库旧藏本《本朝续文粹》为已知书写年代最早的古写本全本，是现存《本朝续文粹》的一部重要善本。现行流通本多以其为底本，但不同程度地存在文字讹误、脱漏现象，因此对这些版本进行重新整理势在必行。有效利用敦煌文献，尤其是敦煌俗字研究成果，对于提高日本汉文写本整理水平和效率具有十分重要的意义。

关键词：本朝续文粹；整理研究；敦煌俗字

　　《本朝续文粹》（以下简称《续文粹》）收录平安时代后期汉诗文232篇，编撰体例沿袭《本朝文粹》，被视为《本朝文粹》的续篇。作为收录平安后期汉诗文的一部重要汉诗文词华集，《续文粹》成书后，非但没有像《本朝文粹》一样受到历代儒者学人的追捧，甚至可以说是备受"冷落"，

---

　　① 本文系国家社科基金"唐代科举文化影响下的日本古代试律试策文学研究"（项目编号：16BWW025）的阶段性成果。

其表现之一便是《本朝文粹》早在宽永六年（1629）就有了活字本，而《续文粹》直到明治二十九年（1896）才得以刊刻，有了活字版，比《本朝文粹》晚了二百多年。随着内阁文库藏金泽文库本的公之于众，《续文粹》开始逐渐受到学界关注。山岸德平、佐藤道生等对《续文粹》的成书年代、主要内容和编撰者等进行了研究。[①]另外，在明治二十九年活字本基础上，图书刊行会本、校注日本文学大系本以及新编国史大系本等整理本相继问世。这些整理本各具特色，但又不同程度地存在一些脱漏、错讹之处。随着《续文粹》各写本、刊本的不断问世，有必要对《续文粹》的版本做进一步梳理并详细校勘，以纠正流通本的粗疏。作为国家社科基金重大项目"日藏汉文古写本整理与研究"（项目号：14ZDB085）之"日本古代汉诗文整理与研究"子课题的一部分，笔者在对《续文粹》版本进行了重新梳理的基础上，以金泽文库旧藏本《续文粹》为底本对其进行了重新整理，现基于具体的整理工作实践，对《续文粹》的版本价值以及日本古代汉文写本整理范式和原则等问题略做说明，以求教于方家。

一、《本朝续文粹》的成书及主要内容

《本朝续文粹》全书共十三卷，收录自后一条天皇宽仁二年（1017）至崇德天皇保延六年（1140）之间的汉诗文作品232篇，其中文章占绝大部分，诗仅4首。主要作者有藤原敦光（1064—1144）、大江匡房（1041—1111）、藤原明衡（989—1066）等约40位。

《续文粹》所收作品中，明确标注有创作年代者，最晚为藤原敦光于崇

---

① 山岸德平：《〈本朝续文粹〉解说》，《日本汉文学研究》，东京：有精堂1972年，第122—129页。佐藤道生：《〈本朝续文粹〉解题》，《日本汉学研究》2010年第3号，第1—16页。

德天皇保延六年（1140）7月13日所作《辞准后表》。当然，由于《续文粹》所收作品中创作年代不详者亦不在少数，因此，尚不能判断保延六年为最晚作品的创作年代，但《续文粹》成书于保延六年之后不久，这已经成为学界的共识。山岸德平据此进一步推断《续文粹》当成书于保延六年至近卫天皇天养年间，即1140年至1144年之间。

《续文粹》（金泽文库旧藏本）共十三卷，各卷所收文体以及排序方式等基本沿袭《本朝文粹》。各卷具体构成和作品数（文体后标注阿拉伯数字为篇数）如下：

卷一：赋5、杂诗4（古调3、越调1）

卷二：诏2、敕答4、位记1、勘文1

卷三：策问12、对策12

卷四：表19（贺表2、辞表17）

卷五：表（辞表）9、辞状15

卷六：奏状13

卷七：书状6、施入状5

卷八：序27（谱序1、诗序26）

卷九：序（诗序18）

卷十：序24（诗序6、和歌序18）

卷十一：词1、赞11、论1、铭4、记7、牒1、都状1、定文1

卷十二：祭文1、咒愿文2、表白2、愿文8

卷十三：愿文14、讽诵文1

根据上述统计，《续文粹》所收文体要比《本朝文粹》少，比如《本朝文粹》卷一"杂诗"中的"字训""离合""三言""江南曲"，卷二中的"敕符""官符""意见封事"，卷八中的"书序"以及卷十二中的"起请文""奉行文""禁制文""怠状""落书"等文体，《续文粹》中均没有收录。当然，《续文粹》所收"施入状""都状""定文"等三种文体，亦不见于《本朝文粹》。另外，在卷数、所收作品数等方面，二者亦存在差异。《本朝文粹》共十四卷，收录作品432篇，而金泽文库本《续文粹》共十三卷，收作品232篇。《续文粹》不仅卷数比《本朝文粹》少一卷，所收作品也仅为《本朝文粹》的二分之一。

关于《续文粹》的撰者，《本朝书籍目录·类聚部》有"《续文粹》，十四卷，季纲撰"之记载。松下见林在元禄十三年（1700）所作《本朝续文粹·序》中引用了《本朝书籍目录》的这一说法："《日本书籍目录》载《续本朝文粹》十四卷，季纲撰。按：季纲姓藤原，所谓南家儒者也。"[①]需要指出的是，松下见林当初是受京都书肆之邀，为《续文粹》加点并作序以备刊行之用的，后因种种原因，该集并未刊行，但松下见林所作之序却被广为传抄，流传甚广。松下见林的这一观点，亦为学界所接受，如尾崎雅嘉《群书一览》、冈本保孝《难波江五》等均视藤原季纲为《续文粹》编撰者。

藤原季纲，生卒年不详，文章博士藤原实范之子，平安后期著名儒者。天喜四年（1056）季纲以文章生身份应诏参加"殿上诗合"，同年，对策及第（《朝野群载》卷十三《请殊蒙天裁因准先例给方略宣旨令课试文章生正六位上藤原季纲状》[②]），可见其诗文才能颇受天皇赏识。藤原季纲历任备前守、越后守，最终官至从四位上大学头。其诗文散见于《朝野群载》《本朝无题诗》等作品。山岸德平引《中右记》康和四年（1102）9月11日条"故季纲所撰之检非违使厅日记十一卷，令见给，且又……"，又同月14日条"故越后守季纲朝臣所撰，检非违使厅日记十一卷，可见给者，仍从院，件书持参内……"，"故季纲"之记载说明至少在康和四年（1102）9月，藤原季纲已经去世，因此，他认为藤原季纲为《续文粹》撰者的说法不足信，并推断

---

① 松下见林：《〈本朝续文粹〉序》，《本朝续文粹》，京都：山田圣华房1896年，第1页。

② 《朝野群载》卷十三，《史籍集览》第十八辑，第284页。

《续文粹》撰者应当为藤原敦光后人或其门人弟子。①目前学界对山岸德平"式家儒者所撰说"基本持否定态度。佐藤道生通过对藤原明衡与藤原季纲的个人交往以及《文粹》《续文粹》的编撰意图等方面的对比分析，对《本朝书籍目录》所记进行了补充，并详细考证了藤原季纲作为《续文粹》撰者的可能性。②概言之，在《续文粹》编撰者问题上，尽管学界尚存争议，但基本以《本朝书籍目录》之记载为立论依据，围绕藤原季纲作为《续文粹》撰者的可能性这一点展开讨论。

二、《本朝续文粹》版本述要

（一）《本朝续文粹》的主要写本

内阁文库所藏金泽文库旧藏本《续文粹》为镰仓时代写本，为已知现存最早的古写本全本，为金泽文库创始者北条实时（1224—1276）于文永九年（1272）所抄写。该写本曾于庆长七年（1602）转为德川家康所有。家康去世后，作为"骏河御文库"本收藏于红叶山文库。昭和三十年（1955）该写本被指定为"重要文化财"。

---

① 山岸德平：《〈本朝续文粹〉解说》，《日本汉文学研究》，东京：有精堂1972年，第235页。

② 佐藤道生：《〈本朝续文粹〉解题》，《日本汉学研究》2010年第3号，第8—10页。

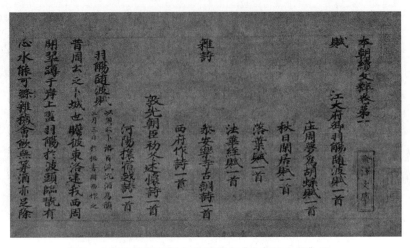

图1　内阁文库藏金泽文库旧藏本《本朝续文粹》卷一

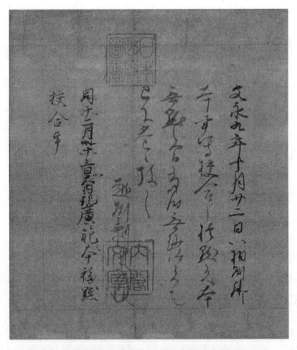

图2　金泽文库旧藏本《本朝续文粹》卷一识语

现存金泽文库旧藏本《续文粹》为卷子本，共十三卷、十三轴。内文抄写于"乌丝栏"内①，墨界十五字，笔体"遒劲古雅"，内文附朱、墨两笔"乎古止（ヲコト）点"（卷九只附墨色校记，不见朱色"乎古止点"，卷十三朱色"乎古止点"和墨色校勘符号均无）、句点、旁训，并偶有校异的注记，表明该写本经异本和加点本校异，每卷首尾附有"金泽文库"墨印（图1）。卷一的卷尾附有北条实时于文永九年（1272）所写识语（图2）：

文永九年十月廿三日以相州御

本书写校合了于点者本

无点之间当时无沙汰者也

已下卷卷放之

越州刺史（花押）

同十二月以十三日以大内记广范之本移点校合毕

据此识语可知，该本据北条实时相州御本——时宗本所写，并校异、移点于大内记广模板。由于《续文粹》在编纂成书直至明治时代的六七百年间均以写本流传于世，因此原文中存在不同程度的误记、脱漏情况，给后世阅读和研究造成一定困难。金泽文库旧藏本作为已知现存最古的全本，其在《续文粹》的校勘整理中自然具有不可替代的价值。

除了上述内阁文库所藏金泽文库本外，据笔者考察，现存的各种《续文粹》写本尚有不下17种：

1.庆大图书馆所藏脇阪本。近世写本，十四卷七册，每册两卷和缀，朱表纸大开本，31厘米×21厘米，八行十七字，附"乎古止点"和训读符号。

2.静嘉堂所藏本（图3）。共十二册。茶色表纸，每页八行十七字。卷首附"松阪学问所""纪伊国古学馆之印"。第三卷尾附朱笔"以私本校

---

① 古籍版本用语，谓书籍卷册中，绢纸类有织成或画成之界栏，红色者谓之朱丝栏，黑色者谓之乌丝栏。"乌"形容其色黑，"丝"形容其界格之细。

合了""小中村清矩""庆应元年八月朔日功讫"等字样，部分附"乎古止点"。

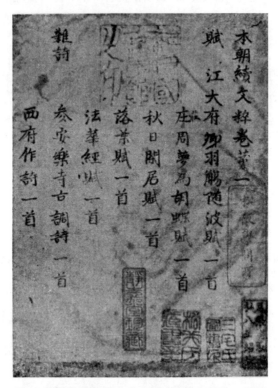

图3　静嘉堂藏松井本《本朝续文粹》卷第一目录

3.东大国文本居藏本。内、尾、外见"本朝续文粹"书名，十三册。

4.富山市图书馆藏山田孝雄藏本。江户中期写本，十三卷六册，附"□□藏书"印记。卷第一、二47帖，卷第三、四68帖，卷第五、六72帖，卷第七至九共82帖，卷第十、十一61帖，卷第十二、十三73帖。

5.石川县图书馆藏川口文库藏本。袋缀线装本，共十三卷四册，阪仲文笔。

6.刈谷图书馆藏村上文库本。内、尾、外见"本朝续文粹"书名，十三册。

    7.蓬左文库藏本。内、外、帙外见"本朝续文粹"书名，六册。

    8.神宫文库藏本（甲）。内、尾、外见"本朝续文粹"书名，七册。

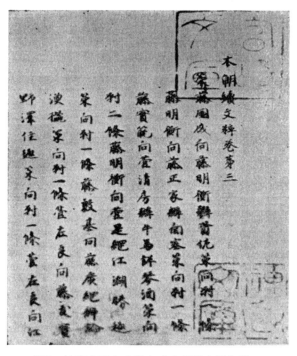

图4　神宫文库本（甲）《本朝续文粹》卷三

    9.神宫文库藏本（甲）（图4）。内、尾、外见"本朝续文粹"书名，十三册。

    10.阳明文库藏本。内、目录、尾、外见"本朝续文粹"书名，十三册。

    11.三手文库今井似闲藏本。内、目录、尾、外见"本朝续文粹"书名，七册。

    12.关西大学图书馆藏长泽文库藏本。卷一至十三，十三册。

    13.大和文华馆藏本（图5）。卷一至十三，四册，现存胶片，共423帧。

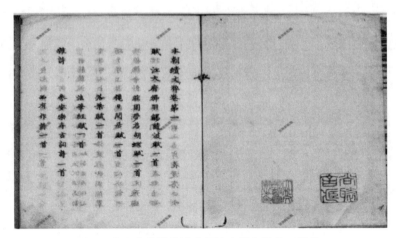

图5　大和文华馆藏《本朝续文粹》卷第一目录

14.山口县图书馆藏本。七册。

15.佐贺县图书馆莲池锅岛藏本。江户时期写本，阙卷三、四。

16.鹿儿岛大学玉里文库本（图6）。册子本，卷一至十三，共六册。

图6　鹿儿岛大学玉里文库藏《本朝续文粹》卷第一目录

17.津市图书馆有造馆藏本。江户后期写本，横刷毛目表纸，袋缀装，十三卷五册。

　　以上所列17种写本，大多抄写于江户时期，这是因为直到明治二十九年（1896），《续文粹》刊本才得以问世（后述），也就是说，在整个江户时期，《续文粹》仍然主要以写本形式流传，这也是我们今天所见《续文粹》写本多为江户时期写本的主要原因。

　　上述所列写本中的奈良大和文华馆藏本（13）和鹿儿岛大学玉里文库藏本（16）都属于江户时期写本，二者已经有了复制本。其中，大和文华馆藏本内附"大和文华馆图书印"；鹿儿岛大学玉里文库藏本内附"鹿儿岛大学附属图书馆藏书印"以及"校本"等字样，且正文前附《续文粹》作者及官职等。与鹿儿岛大学玉里文库藏本不同，大和文华馆藏本正文前没有作者、官职等记录。从写本特征看，两个写本均为每页八行竖写，每行十七字。从字体来看，虽然二者不如金泽文库本字体整齐、美观，但也书写规范、大方。与大和文华馆藏本相比，鹿儿岛大学玉里文库藏本的书写略显潦草。正如在其正文前所附"校本"两字所示，鹿儿岛大学玉里文库藏本正文中偶有校异注记，而大和文华馆藏本则没有校勘附记。

（二）《本朝续文粹》的主要刊本

　　1.明治二十九年（1896）刊本（图7）。早在宽永六年（1629）和正保四年（1648），《本朝文粹》就有了木活字本（林道春序言本）和松永昌易校订本，而二百多年后的明治二十九年（1896）9月，京都书肆圣华房菅原德长氏以菅氏本（卷首有"菅家原本"字样）为底本刊印木活字版，该活字本通常被称为"菅家本"。该本为已知《续文粹》的最早刊本，共十四卷七册，卷末附菅原德长"古书多以写本传，鲁鱼凤凤不一而足，然不可漫改，姑存疑以俟识者是正"之识语①。

---

　　①　菅原德长：《〈本朝续文粹〉跋》，《本朝续文粹》，京都：山田圣华房1896年。

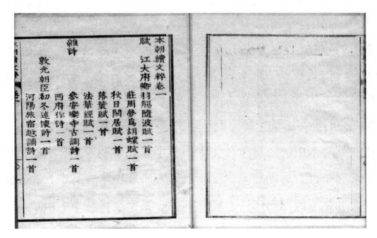

图7　明治二十九年菅原德长木活字版《本朝续文粹》卷第一目录

2.国书刊行会本（图8）。继明治二十九年木活字本后，大正七年（1918）4月，国书刊行会刊行了《文粹》与《续文粹》的合订本，该本《续文粹》以金泽文库旧藏本为底本，并校以其他流通本，但讹误、脱漏仍然不少，因此，该本并非是一个十分完备的善本。

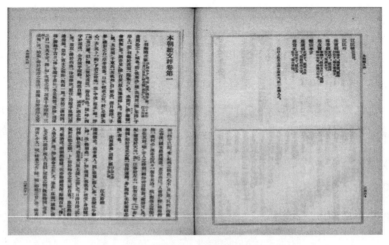

图8　国书刊行会本《本朝续文粹》卷一

3.校注日本文学大系第二十四卷所收本。该本以明治二十九年刊本为底本，由国民图书株式会社于昭和二年（1927）刊行。该本的最大特点是以"头注"形式加入了佐久节氏的简注。该版问世后广泛流行于世，成为《续文粹》的重要流通本之一。

4.新订增补国史大系所收本。吉川弘文馆昭和十六年（1941）刊新订增补国史大系第二十九卷下收入《文粹》与《续文粹》合订本。其中《续文粹》以金泽文库旧藏本为底本，同时参校了其他诸多写本和活字本，是目前《续文粹》整理本中校勘较为完备的一个刊本。

以上四个刊本中，前三者属于明治二十九年刊本系列，而国史大系本则以金泽文库本为底本，属于金泽本系刊本。这两个系统的整理本文字校勘各具特色，但均不同程度地存在一些讹误、脱漏等现象。下节就《续文粹》的重要写本、刊本在文字校勘方面所存在的问题进行详细分析。

三、《本朝续文粹》整理相关问题举要

（一）《本朝续文粹》流通本的特点与存在问题

如前所述，《续文粹》存在国书刊行会、校注日本文学大系（以下称"文学大系本"）以及新订增补国史大系（以下称"国史大系本"）等三个主要流通本。其中国史大系本《续文粹》以金泽文库旧藏本为底本，参校本有尾张德川黎明会藏本、水户德川家编集《本朝文集》所收本以及明治二十九年（1896）刊东坊城德长氏校订活字本等，并校之以《日本纪略》《扶桑略记》《本朝世纪》《中右记》《朝野群载》《本朝丽藻》等诸多典籍，同时以"头书"形式标出"据何本改""据何书补"校记信息，可以说是目前三个流通本中校勘最为详细的一个版本。

国史大系本的最大特点是尽可能地保存了底本原貌。试举一俗字的例子

来说明这一问题。卷十二《白河法皇八幡一切经供养愿文》（下简称《供养愿文》）"整万乘临幸之仪"一句中的"整"字，底本作"憗"，国史大系本亦录作"憗"，而其他版本则校订为"整"。同样的问题还存在于下面这一俗字用例中。《供养愿文》"继嗣益广，以承皇统"一句中的"统"字，底本作统，国书刊行会和文学大系本均校订为"统"字，只有国史大系本直接录作"统"。显然辑录者把该字误录为"左糸，右上点下死"的结构，从俗字的角度很容易判断出该字应为"统"字的俗写体。

当然，我们不能据此认为国史大系的辑录者不了解俗字的用法，也许这恰好说明了辑录者的校勘原则，即最大限度地保持底本原貌。当然这一策略，也给今天的读者和研究者造成了一些困难。因为录本过于"忠实"于底本，对一些俗字、讹俗字等原文照录，且很多并不在"头书"等注记当中加以说明，自然会造成理解上的困难。但也恰恰是这一特性，赋予了国史大系本在《续文粹》重新整理中的重要参考意义。

与国史大系本相比，国书刊行会和文学大系本对底本俗字、讹俗字等进行了一些校订，但并不全面，尤其是在断句方面，这两个版本存在较多错误，如"初冬十月下旬二日，便于祠坛展以斋席"的断句就明显不妥，而国史大系本"初冬十月，下旬二日，便于祠坛，展以斋席"的句读则较为合理。类似的例子还有很多，不再一一举出。

在《续文粹》的三个写本当中，金泽文库本作为书写年代最古的全本，是目前所知可信度最高的一个善本，这大概也是后来的校录本多选择其作为底本的原因所在。

至于大和文华馆和玉里文库所藏本，前面已经指出，二者当属于不同系统的本子。比如在对俗字的处理方面，二者就明显不同。仍以卷十二《供养愿文》"继嗣益广，以承皇统"一句中的"统"字为例，玉里文库本作统，而大和文华馆本则作统。将《敦煌俗字典》中"统"字写法与二者比对，就能发现与玉里文库本基本相同，这一点恰好也可以与其前面所附"校本"字样相印证，表明其在俗字校订方面独具匠心。

通过以上分析，基本可以明确，由于金泽文库本书写年代最古，保留内容最全，所以最适合作为重新整理《续文粹》的底本。而另外两个江户时期写本所具有的重要参校价值也是不容置疑的。至于通行本，如前所述，国史大系本无论从其对底本的忠实程度还是校异情况来看，都是一个较好的参校本，而同属明治二十九年刊本系统且校订较为粗疏的国书刊行会本和文学大系本的参校价值相对较小。

（二）金泽文库旧藏本的文字校勘

在金泽本《续文粹》整理中，首先要准确把握写本文字周围的一些特殊符号，例如句读、圈发符号等；其次是准确判断写本中大量使用的俗字；第三是从出典论的角度征引书证，也是有效整理日本汉文写本的重要方法。下面结合实例进行具体说明。

1.准确把握写本中的句读与圈发符号

在金泽文库、玉里文库和文华馆本三个写本中，金泽文库本为现存最早的写本全本，其与其他两个写本的不同之处在于内文附有句读和旁训等圈发符号。而玉里文库和文华馆本则没有句读和圈发符号。其中玉里文库本偶有校异注记出现，如在"先帝传以九五之位"一句中"五"字右侧标注"本作百"字样；再如，"依彼十部依彼十部专读之功"一句中，"依彼十部"右标注"四字衍乎"。需要指出的是，写本中的句读以及圈发符号等千差万别，在校勘时需要特别注意。与刊本不同，写本在抄写过程中，经常会出现脱漏，抄写者或者后人会参校其他本子进行补充，如卷十二愿文上藤原敦光《鸟羽院参御熊野山愿文》中"仍极妙极奇，匪雕匪刻"一句，原文中第一个"匪"后缺"雕匪"二字，校勘者在第一个"匪"字下加上两个"小椭圆点"，并在右边补以"雕匪"二字；同愿文"列仙之所窟宅也"句中"列"字下同样标注两个小椭圆点，并在右侧补以"仙"字。但是，需要指出的是，这样的校勘符号在古代的写本中是不一致的。同样以补缺字之符号为例，大和文华馆本以字下圆圈标注，如卷十二《供养愿文》"併游觉苑"一句"併"字下标注圆圈而在右下方补以"游"字，而在大念佛寺抄本《毛诗二南残卷》中，同样功能的符号则以字下小圆点标出①。这就要求对于不同的写本要做不同的分析，避免出现误读。

2.重视对写本中俗字的校勘

在金泽文库本《续文粹》的整理中，正确处理俗字至关重要。前面已经指出，无论是写本还是通行本，都不同程度地存在俗字误读的情况。因此，有效利用俗字，特别是敦煌俗字通例研究成果进行俗字校勘就显得十分重要了。

《续文粹》卷十二《供养愿文》"继嗣益广，以承皇统"中的"统"字，金泽文库本原文作**統**，而国史大系本则直接录作"**統**"，显然，录者把该字看作了"左糹，右上点下死"的结构。考之中国字书，均不收录该字。《说文解字》有"死"部，但不见"**統**"字。考之《敦煌俗字典》可知，"统"的俗写体为"**統**"，与大和文华馆本**統**、玉里文库本**統**的写法相同，据此可判断，此处当为"统"，"继嗣益广，以承皇统"的说法正确。

"自尔占每年沽洗之候，整万乘临幸之仪"一句中"整"字，金泽文库本作"憋"，国史大系和国书刊行会本照录，而文华馆本、玉里文库本以及文学大系本均作"整"。《正字通·心部》："憋，俗整字。"《干禄字书》："憋整，上俗下正。"《敦煌俗字典》亦收录该字。《敦煌变文集·降魔变文》："憋里衣服女心意，化出威稜师子王。"《佛说生经》："遣其太子，千百骑乘，皆使严憋。"《双恩记》："他也憋顿威仪。"

"律管遞奏，传雅音于云门"一句中"遞"字，金泽本作遍。遍为

① 王晓平：《大念佛寺抄本〈毛诗二南残卷〉释录》，《国际中国文学研究集刊第二集》，上海古籍出版社2013年，第44页。

"递"的俗字。《敦煌俗字典》收录该字。《双恩记》:"因此街坊人众,遁互相我传,装裹衣裳,供给茶饭。"

"唯须永永奉饰法乐,生生方持加护"一句中"饰"字,金泽本作饰,国史大系、文学大系本录作"餝"。《敦煌俗字典》:饰为"饰"的俗字。并引胡适藏卷《降魔变文》:"不向园来数日,倍加修饰胜长时。"按:"饰"字《敦煌变文集》录作"餝",不确。由此可以判断,此处当为"饰"。

从以上所举俗字例子不难看出,在金泽文库旧藏本《续文粹》整理中,正确处理俗字至关重要。这要求整理者应该掌握俗字知识。需要特别指出的是,一些日本古代写本中大量使用敦煌俗字,因此,正确掌握敦煌俗字也是整理日本汉文古写本所必备的知识之一。

3.书证与《本朝续文粹》文字校勘

在金泽文库旧藏本《续文粹》整理中,单从俗字的角度,并不能解决所有问题。因为写本情况复杂,存在讹误、简化、省笔等情况,这些也都在后来的录本中不同程度地存在。对于这种情况,有时候我们可以借助于中国典籍,以出典论的观点进行判断,往往能收到意想不到的效果。《供养愿文》"绿耳驰蹄,驱麋鹿以雨血;青骸在臂,逐雉兔而风毛"一句中的"骸"字,玉里文库、国书刊行会、文学大系本均录作"鹘",而金泽文库、国史大系、大和文华馆本则作"骸"。《说文解字》:"骸,胫也。从骨,交声。口交切。"《尔雅·释畜》:"四骸皆白,驓。"郭璞注:"骸,膝下也。"《龙龛手鉴》:"骸,苦交反。胫近足近处也。与跤同。"而对于"鹘"字,《说文解字》:"鹘,鹘鸼也。从鸟,骨声。古忽切。"《尔雅·释鸟》:"鹘鸼,鹘鸼。"郭璞注:"似山雀而小,短尾,青黑色,多声,今江东亦呼为鹘鸼。"郝懿行义疏:"《左传·昭公十七年》疏引舍人曰:鹘鸼,一名鹘鸼。今之斑鸠也。"汉张衡《东京赋》:"鹎鶋秋栖,鹘鸼春鸣。"单凭以上字书对二字的解释,很难判断究竟是"青骸"还是"青鶻"。如果从出典论的角度进行考察，这一问题便可迎刃而解。晋张载《榷论》："青骹繁霜，絷于笼中，何以效其撮东郭于韝下也。"《文选·张衡〈西京赋〉》："青骹挚于沟下，韩卢噬于缘末。"薛综注："青骹，鹰青胫者。"《文选·潘安仁〈射雉赋〉》："奋劲骹以角槎，瞵悍目以旁睞。"徐爰注："骹，胫也。"唐章孝标《少年行》："手抬白马嘶春雪，臂竦青骹入暮云。"结合以上出典，不难判断，"青骹"乃为一种青腿的猎鹰，从而可以判断，金泽系本是正确的。

还有很多可以借助于出典论观点对《续文粹》进行整理的例子，再如"赤县夸雍熙之化，苍生恣欢娱之情"一句中，金泽系本作"悬"，文学大系、国史大系本作"县"。"赤悬"语意不通。《史记·孟子荀卿列传》："中国名曰赤县神州。"《梁书·元帝纪》："斯盖九州之赤县，六合之枢。"按《洞玄灵宝诸天世界造化经》："其黄曾天下，凡有九州，皆以小海环之，流通昆仑大海。我今教化之处，名曰赤县小洲，中为九州，法彼大洲者也。"即天下共有九大洲，中原为九大洲中的一个洲，名为赤县，赤县又分为九个州。赤县之九州即禹之序九州。据此出典，即可判断此处当作"县"。

四、结语

从成书到明治二十九年（1896）活字本（菅家本）问世，在长达七八百年的时间里，《本朝续文粹》均以写本形式传世。目前所知的《本朝续文粹》写本就达17种之多，其中，金泽文库旧藏本《本朝续文粹》，以其书写年代最古、保留内容最全，最适合作为重新整理《续文粹》的底本使用。

《本朝续文粹》的整理涉及诸多问题，本文从对一些特殊符号，例如句读、圈发符号等的处理，以及如何运用俗字、敦煌俗字研究成果对《本朝续文粹》的俗字进行整理等方面进行了探讨。除此之外，在日本汉诗文写本整理中，征引中日两国文献，甚至借助于敦煌文献等书证材料，从出典论观点出发细加考释，也是日本古写本整理中的一个重要环节。当然，我们还可以将这些整理原则和方法运用于日本其他汉文古写本的整理中去。

《日本诗纪》书名考

张 璇

摘要： 市河宽斋在《日本诗纪凡例》第一条中交代了使用"诗纪"二字作为书名的缘由："编以《诗纪》为名，乃取则于冯吴二书也。彼则纪其前古、纪唐一代，我唯纪我诗污隆焉。"对于《日本诗纪》的书名以及"诗纪"二字所体现的编者之诗学观点，冠以国号"日本"作为书名的用意，没有人进行过系统研究。同时，对于《日本诗纪》的曾用名《日本诗归》更是无人提及。《日本诗纪》书名中蕴含了市河宽斋的哪些诗学观点和历史观点，一度更名体现了市河宽斋怎样的诗学思想转变等问题都值得探讨和研究。

关键词：《日本诗纪》；市河宽斋；江户汉诗；书名

一、《日本诗纪》书名之"诗纪"

（一）"冯吴二书"

对于"冯吴二书"的具体所指，佐野正巳曾指出："'吴'指代不明，'冯'指冯惟讷，以其编写的《古诗纪》为典范，书名也命名为《日本诗纪》。"①此外，后藤昭雄通过进一步考证指出："'冯吴二书'即明朝冯惟讷编纂的《古诗纪》一百五十六卷及明朝吴琯编纂的《唐诗纪》一百七十卷。"②

冯惟讷（1513—1572）编《古诗纪》共156卷。前集10卷录先秦古逸诗，正集130卷录汉代至隋代诗歌，外集4卷录小说及笔记中所传之诗，别集12卷选录前人对古诗的评论。吴琯（1546—？）编《唐诗纪》仅刻成初唐、盛唐部分共170卷，其中初唐诗60卷，盛唐诗110卷。

《商舶载来书目》记载：《古诗纪》一部32册最早于享保四年（1719）由中国商船"不字号"载至日本。③《唐诗纪》一部40册最早于正德二年（1712）由中国商船"多字号"载抵日本。④《日本诗纪》编者市河宽斋于宝历十三年（1763）入昌平坂学问所⑤，师事林家。目前日本国立公文书馆内阁文库现藏《诗纪》，即《古诗纪》20册，明万历十四年（1586）刊本，及《唐诗纪》30册，明万历十三年（1585）刊本，均为林家大学头旧藏。⑥

从时间、地点上来说，市河宽斋是完全有机会参阅到这两部书的。⑦另外，成书于明和七年（1770）的《诗烬》中所载市河宽斋的诗论《勒韵》更是他曾经详读《唐诗纪》的有力证明：

---

① [日]富士川英郎、松下忠、佐野正巳编，佐野正巳解题：《词华集日本汉诗（第三卷）》解题，东京：汲古书院1983年，第16页。

② [日]市河宽斋编，后藤昭雄解说：《日本诗纪》解题，东京：吉川弘文馆2000年，第2页。

③ [日]大庭修：《江戸時代における唐船持渡書の研究》，大阪：关西大学东西学术研究所研究丛刊1967年，第704页。

④ 同上，第683页。

⑤ 昌平黉，也称"昌平坂学问所"，始建于宽永七年（1630），前身是江户初期幕府儒官林家的私塾弘文馆。元禄三年（1690）奉将军德川纲吉之命移址汤岛，由林家第三代林凤岗任大学头，指导祭孔，讲释儒家经典，成为林家家塾和幕府学问所相兼的半官半私性质的学校。宽政九年（1790）与林家家塾分离，成为幕府直接管辖的学校。

⑥ 严绍璗：《日藏汉籍善本书录》（全三册），中华书局2007年，第1838、1896页。

⑦ 本研究中参照的《古诗纪》《唐诗纪》版本为上述内阁文库藏明万历年间刊本。

宽平作者多用勒韵，要其本自开天之际既有此格。《唐诗纪》载王湾《丽正殿赐宴同勒天前烟年四韵应制》五言律乃是盛唐之流风，不可一概废弃者也。①

从书中带有"诗纪"二字，凡例中对于二书作者姓氏"冯吴"的介绍，再加上《凡例》第二条中"彼则纪其前古、纪唐一代"对于二书的描述，辅以二书传入日本的时期和藏书情况，我们可以认定"冯吴二书"确如后藤所说，指明朝冯惟讷编纂的《古诗纪》和吴琯编纂的《唐诗纪》。

（二）"诗纪"之含义

"诗纪"二字到底是何含义呢？"纪"本来是中国传统史书的体裁，如《汉纪》以编年体记述西汉历史，《后汉纪》以编年体记述东汉历史等。日本现存最早的正史《日本书纪》（成书于养老四年［720］）也用了"纪"字，以编年体记述了神代至持统天皇时代的历史。汪道昆在《诗纪合序》中指出："是纪也，代必尽人，人必尽业，殆将穷宇宙、历岁时，周视上方，惟口所适。具矣！备矣！全体赅矣！"②满足"纪"的标准首先要全备，那么"诗纪"就应该网罗所记时代所有诗人的所有作品。

接下来通过《古诗纪》和《唐诗纪》来看"诗纪"需要满足的条件。冯惟讷在《古诗纪·凡例》中提道："汉以后篇什广矣，观史传所载历代作者，其集动若干卷，今所录千百之一尔，将以著诗体之兴革，观政俗之升

---

① [日]市河宽斋著，市河三阳校：《宽斋先生余稿》，东京：游德园1926年，第254页。

② [明]冯惟讷编，吴琯校订：《诗纪》（明万历十四年刊本），东京：内阁文库藏。

降，资文园之博综，罗古什之散亡，故备录之，不暇选择。"①李维桢则在《唐诗纪序》中写道：

> 始黄清父辑初唐诗十六卷，无何病卒，鄞郡吴孟白以为未尽一代之业，乃同陆无从、俞公临、谢少廉诸君仿冯汝言《诗纪》纪全唐诗，诗某万某千某百有奇，人千三百有奇，名氏若诗阙疑者五十有奇，仙佛神鬼之类为外集三百人有奇，考世里、述本事、采评论、订疑误，稗官野史之说，残篇只字之遗，无所不裙撷，合之得若干卷，积年而告成，盖其难哉。②

虽然刊行的《唐诗纪》一百七十卷仅包括初唐诗、盛唐诗，但是由以上序言可以看出《唐诗纪》的编选宗旨也是参照《古诗纪》，不放过残篇断简，以网罗全唐的诗歌为最终目标。王世贞称赞《古诗纪》道："冯汝言纂取古诗，自穹古以至陈隋无所不采，且人传其略，可谓词家之苦心、艺苑之功人矣！"③胡应麟在《诗薮》中提出："冯汝言《古诗纪》，两京以至六代，靡不备录，有功于古者也。"④现今学者陈尚君则对《古诗纪》和《唐诗纪》有更准确的定位："《古诗纪》和沿其体例编纂而成的《唐诗纪》是我国已知最早的断代文学全集。即不作选择地收罗一代作品，尽可能全备地汇聚于一书。"⑤

以上，通过对于《古诗纪》《唐诗纪》编纂指导思想的概观可以推断，

---

① [明]冯惟讷编，吴琯校订：《诗纪》（明万历十四年刊本），东京：内阁文库藏。
② [明]黄德水编，吴琯校订：《唐诗纪》（明万历十三年刊本），东京：内阁文库藏。
③ 王世贞：《艺苑卮言》卷七，四库全书本。
④ 胡应麟：《诗薮》外编卷四，上海古籍出版社1979年。
⑤ 陈尚君：《断代文学全集编纂的回顾与展望》，《四川大学学报（哲学社会科学版）》2005年第5期，第70—78页。

《日本诗纪》既然以"诗纪"为名，那么其收录原则应该是和"二氏诗纪"一样，以汇聚一代之诗为目的。事实上，《日本诗纪》也的确秉承了这一原则，收录了当时他所能见到的所有诗集中的几乎所有诗作，用以"纪我诗污隆""录我诗命"。

二、《日本诗纪》书名之"日本"

《古诗纪》收录了隋以前的诗歌，是所谓"纪古一代"，《唐诗纪》收录了唐代诗歌，是所谓"纪唐一代"。在这里，"古""唐"二字为限定所收录诗作时间范围之语。而市河宽斋的《日本诗纪》书名中的"日本"二字却为国号。到目前为止，还没人提及这两者之间的不同之处。这里的"日本"一词所指代的范围有待进一步考察。

（一）"本朝""历朝"等早期诗集题名中国家意识的萌芽

《日本诗纪引用书目》中收录的诗家书目中，属于总集类的书目有：《怀风藻》《扶桑集》《本朝丽藻》《本朝文粹》《续本朝文粹》《本朝无题诗》《水石亭诗卷》《应和诗合》《粟田左相府尚齿会诗卷》《类题古诗》《本朝一人一首》《本朝诗英》《历朝诗纂》共十三部。十三部诗集中有六部冠以"本朝"之名，一部冠以"历朝"之名。

未冠以"本朝"或"历朝"之名的诗集均成书于十一世纪以前。《怀风藻》（成书于751年）"为将不忘先哲遗风，故以怀风名之"包含作者的编纂意图①。《水石亭诗卷》（成书于901年）中的"水石亭"是延喜元年（901）藤原时平等人贺大藏善行七十大寿宴会举办的地点。《应和诗合》（成书于

---

① ［日］辰巳正明：《怀风藻全注释》，东京：笠间书院2012年，第30页。

963年）中的"应和"指应和三年（963），即诗会举办的时间。《粟田左相府尚齿会诗卷》是安和年间（968—970）藤原在衡主宰的尚齿会上的诗作合集。《类题古诗》成书时间不明，市河宽斋注曰："此编未详何书断简，后人且题以类题古诗，予窃疑类聚句题抄之败策。"在这里暂不考察。《扶桑集》（成书于995—999年）之"扶桑"是古代中国对日本的异称，日本也自称本国为"扶桑"。

进入十一世纪以后的诗集开始冠以"本朝"二字。川口久雄曾指出，十世纪以来《日观集》（今不传）、《扶桑集》等书名已经显露出当时除了尊崇"汉家之谣咏"以外，还产生了"日域之文章"这一思想意识。而冠以"本朝"之名目，明确表现本国意识则始于宽弘期源为宪撰《本朝词林》（今不传）和宽弘六年（1009）左右成书的《本朝丽藻》。①

大曾根章介以《本朝文粹》（约成书于1058—1064年）和《本朝续文粹》（约成书于康治元年［1142］）至久寿二年［1155］）的书名模仿《唐文粹》等为例，指出：平安时代日本诗文集的命名多参考中国书名，并冠以"本朝"二字，是由于日本人明显产生了与中国相并列的意识，书名中的"本朝"指与中国相对的"日本"之意。②

除了平安时代以外，江户时代初期编纂的《本朝一人一首》（宽文五年［1665］）和《本朝诗英》（宽文九年［1669］刊）亦冠以"本朝"之名，另有《历朝诗纂》（宝历六年［1756］刊）冠以"历朝"之名。日本并不像中国一样有朝代的更迭，因此这里的"历朝"是指代代延续的王朝之意。江户时代的"本朝"和"历朝"也指与中国相对的"日本"，只是其时间跨度发生了变化。《本朝诗英》之"本朝"指大友皇子时代至室町时代的日本；《本朝一人一首》之"本朝"则上起大友皇子，下至江户初期尾张公德川义

---

① [日]川口久雄：《三订平安朝日本汉文学史の研究中编》，东京：明治书院1982年，第598页。

② [日]大曾根章介：《王朝汉文学论考》，东京：岩波书店1994年，第9页。

直；《历朝诗纂》之"历朝"上起大友皇子，下至编者生活的时代。

（二）江户时代诗集题名中"日本"二字包含的国家意识

冠以"日本"二字的文集最初多见于史书。如奈良时代成书的六国史之《日本书纪》（720），再到平安时代成书的《续日本纪》（797）、《日本后纪》（840）、《续日本后纪》（869）、《日本文德天皇实录》（879）、《日本三代实录》（901）等。

自江户时代起，"日本"二字开始用来冠于诗集之名。利用国文学资料馆新日本古典籍综合DB检索系统搜索书名中含有"日本"二字的汉诗集，共得17部。《日本诗纪》最早刊本于天明八年（1788）刊行。在这以前刊行的冠以"日本"二字的汉诗集有《日本诗仙》万治二年刊（1659）、《日本诗史》明和八年刊（1771）、《日本名家诗选》明和八年刊序（1771）、《日本诗选》安永二年刊（1773）、《日本咏物诗》安永六年刊（1777）、《日本诗故事选》安永七年刊（1778）和《日本名胜诗选》天明五年刊序（1785）。

《日本诗仙》编者不明，是收录了上至平安时代嵯峨天皇，下至室町时代中后期的禅僧横川景三（1429—1493）等36位诗人的绝句的选集。江村北海编《日本诗史》用纪传体的形式论述了日本古代汉诗的变迁。江村北海将诗论重点放在了元和（1615—1624）以后的汉诗，并上溯日本汉诗之源流，以近体诗的创作为中心展开论述。藤元晁编纂的《日本名家诗选》收录了江户时代78位诗人的545首诗作，按照五言古诗、七言古诗、五言律诗、五言排律、七言律诗、五言绝句、七言绝句分体编次。[1]同为江村北海编纂的《日本诗选》收录了元和（1615—1624）至明和（1764—1772）间日本汉诗人的诗作。伊藤君岭编纂的《日本咏物诗》共三卷，收录了江户时代庆

---

① [日]近藤春雄：《日本汉文学大事典》，东京：明治书院1985年，第526页。

长（1603—1615）、元和（1615—1624）以来的咏物诗，作者134名，作品545首，分为天部、地部、山部等26个部类，其中贞享（1684—1688）、元禄（1688—1704）时代以前作者占十分之六七，明和（1764—1772）、安永（1772—1781）时代的诗占十分之三。①大江维翰编纂的《日本诗故事选》将日本江户时代诗人所作的咏史诗分史实收录，先用汉文记录历史，再举出基于该史实的诗句，史实涉及上起仁德天皇、桓武天皇，下至平政子、静子等一百二十人。②

对于平安时代的诗文集冠以"本朝"二字，显示出相对于中国的意识，大曾根章介还指出："当时并非是用'本朝'二字向中国展示自我，在对外的文书之上还是使用'日本国'这一名称。"③那么，江户时代诗集冠国名"日本"则真正体现了日本诗人认为本邦之诗可以与当时中国之诗比肩的思想意识，是文化自觉的体现，也是真正向中国展示自我的开始。正如江村北海所说："元和以后作者辈出，近体诗实欲追步中土作者。"④

（三）《日本诗纪》之"日本"的独特之处

市河宽斋《日本诗纪》虽冠以"日本"之名，但却有其独特之处。即"日本"的意义指代较为独特。《日本诗仙》之"日本"指代时间范围从平安时代至室町时代中后期，《日本名家诗选》《日本咏物诗》《日本诗故事选》及《日本名胜诗选》之"日本"指代时间范围均是成书以前的江户，编纂《日本诗史》和《日本诗选》的江村北海心目中的"日本"特指元和与明和之间的江户。与以上诗集不同的是，市河宽斋的《日本诗纪》之"日本"

---

① [日]富士川英郎、松下忠、佐野正巳编，松下忠解题：《词华集日本汉诗（第九卷）》解题，东京：汲古书院1984年，第9—10页。
② [日]近藤春雄：《日本汉文学大事典》，东京：明治书院1985年，第517页。
③ [日]大曾根章介：《王朝汉文学论考》，东京：岩波书店1994年，第9页。
④ [日]清水茂：《日本诗史·五山堂诗话》，东京：岩波书店1991年，第43页。

则指的是平安末期保元、平治以前。"诗极于唐，至今其体自若，诗所以纪唐诗也。后唐而衰，宋元朱明，各诗其诗，不必具论。我诗亦取于唐而盛，后唐而衰，即是所以纪我诗也，故编止于保平之间。"①宽斋认为中国诗歌兴盛于唐代，而日本的汉诗正是"取于"唐诗才得以兴盛，这体现了当时宽斋尊崇唐诗的诗学观点。

市河宽斋在《日本诗纪凡例》中进一步阐述了将诗集冠以国号的理由："诗系污隆，故亦有命焉。今被以国号者，窃录我诗命也，非效易姓替主之称，观者察焉。"市河宽斋认为诗的盛衰和朝代的盛衰一样都是天命。将《诗纪》加以国号，正是要记录诗的命运而不是仿效朝代更替的称呼，也进一步说明只有平安以前的汉诗才能体现日本的"诗命"，足见市河宽斋对近江朝廷及奈良、平安时代汉诗的重视。

成书于明和七年（1770）的市河宽斋诗论《诗烬》中，宽斋对平安时代诗作的欣赏之情展露无遗。在题为《日出之邦》的诗论中，市河宽斋写道：

> 弘仁圣制富且具体，方之唐明皇殆有一日之长。且兄平城、弟淳和，诸皇子如仁明、源弘、常明皆妙龄善诗。父子兄弟联芳，虽曹魏氏所不及。如有智子公主，歌行翩翩，殆且接武刘庭芝、张若虚诸子，亦李唐一代女流所未见，可不谓盛矣哉。物子谓"仅仅晨星不足称日出之邦"，冤哉。②

该诗论盛赞日本皇室诗人之能诗，同时针对荻生徂徕所说"那个时代的汉诗作品如晨星点点，不足称道"这一观点提出了批判，认为荻生徂徕对本邦之诗评价过低。

---

① [日]市河宽斋编：《日本诗纪》，东京：内阁文库藏。
② [日]市河宽斋著，市河三阳校：《宽斋先生余稿》，东京：游德园1926年，第255页。

市河宽斋又在题为《异域同调》的诗论中指出：

> 大友太子《供宴》，甚类陈后主"日月光天德"。惟春道《深山寺》亦似李颀《远公遁迹》。异域同调，不独野篁于白居易。[①]

这里说到大友皇子的《供宴》诗中"皇明光日月，帝德载天地"与陈叔宝的《入隋侍宴应诏诗》中的"日月光天德，山川壮帝居"一句相似。而唯良春道的《深山寺》一诗中的"上方来往路难寻，塔庙青山祇树林"又与李颀的《题璿公山池》中的"远公遁迹庐山岑，开士幽居祇树林"相呼应。除了大家津津乐道的小野篁能及白乐天以外[②]，日本也不乏优秀的诗人。以上论述足见市河宽斋对唐诗的喜爱，以及对受唐诗影响的奈良、平安之诗的赞美之情。

书名冠以国号"日本"也体现了在市河宽斋心目中，奈良、平安时代的汉诗完全不输于中土唐诗的"小中华思想"[③]。这里说的"小中华思想"，是指日本想要与唐代建立平等的邻国关系，同时将朝鲜诸国视为藩国和夷狄的思想。这一点在《日本诗纪》中亦有所体现：《日本诗纪》第六卷卷末收录了高丽国副使杨泰师、唐代使节高鹤林、随鉴真入朝的僧人思讬、法进的诗作，编为"外国"，而第十二卷卷末收录的渤海国大使王孝廉、录事释仁贞的诗作，则编为"蕃人"。这也明显体现了市河宽斋认为本国与唐朝是对等的国家，而渤海国则是应该前来朝贡自己的蛮族。

---

① [日]市河宽斋著，市河三阳校：《宽斋先生余稿》，东京：游德园1926年，第258页。

② 这里引用了《江谈抄》中的故事。嵯峨天皇尝幸河阳馆，赋诗曰："闭阁唯闻朝暮鼓，登楼遥望往来船。"以示诸篁，篁曰"遥"改为"空"更妙。天皇惊曰："此白氏句也，本作'空'；卿诗已同乐天耶。"

③ 门胁祯二：《日本古代国家の展開·上卷》（京都：诗文阁出版1995年）所收凑哲夫《平城遷都の史的意義》，第271—287页。

三、《日本诗纪》的曾用名

《日本诗纪》最早于天明六年（1786）刊行了木活字六册十二卷本，现藏于宫内厅书稜部和内阁文库。内阁文库藏六册书的封皮上记载的书名均为《日本诗归》，但在"归"字右侧有手写添上去的"纪"字。这说明该书曾使用过或试图使用《日本诗归》一名。这一点在小栗十洲写给宽斋之子市河米庵的信中也可以得到验证[1]：

米庵先生：

我想要一部《日本诗归（纪）》的复制本，作为我们诗社的珍藏品，恳请您满足我的心愿。请您来信告知纸的价格和书写费等详情。草草来信拜托您上述事情。顿首。三月一日于庭院灯下。

光胤拜书[2]

小栗十洲想要一本《日本诗归（纪）》作为诗社的珍藏品，写信询问市河米庵该书所需纸张的费用以及复制费用等，书信行文言辞恳切。从这封简短的书信中，《日本诗纪》的称谓是《日本诗归》，"归"字后面括号有"纪"字，说明《日本诗纪》确实曾经使用过《日本诗归》这一书名。

次年（1787）出版的《日本诗纪》木活字十三卷本（现藏于宫内厅书稜部以及国学院大学图书馆）的书名均为《日本诗纪》[3]，删去了"归"。这说

---

① 小栗十洲（？—1811）：名光胤，字万年，号十洲，人称文之进。江户时代后期诗人、画家。有诗集《观海诗楼小稿》《河东词》等。

② [日]市河三阳：《市河宽斋先生》，AKAGI出版1992年，第267页。

此书信原文为候文，笔者翻译。候文是日本中世、近世的一种书面语，用于书信、公文、日记等。

③ 宫内厅书稜部藏《日本诗纪》六册十三卷本封皮书名作《日本诗记》，疑笔误。

明《日本诗归》这一书名存在的时间并不是很久。

在日语中"归"字与"纪"字的发音是一样的，都读"ki"，由于两字同音，混用也是有可能的。然而从市河宽斋的诗学观点出发，用"归"字也是可以说得通的。

（一）《日本诗归》书名之缘起

《日本诗纪》木活字六册十二卷本既无序跋也无凡例，没有说明《日本诗归》书名之缘由。《日本诗纪》五十卷本的"凡例"才有了"编以诗纪为名，乃取则于冯吴二书也"这一书名的来源。按照这一思路推测，最初的书名《日本诗归》应该是参考了晚明钟惺、谭元春合选的《诗归》。

根据《赍来书目》的记载，《古诗归》《唐诗归》最早于正德四年（1714）九月由第一番南京船（船主费元龄）运抵日本。[1] 又根据严绍璗的考察，江户时代林氏大学头家旧藏（现为内阁文库藏本）为明万历年间（1573—1620）吴郡宝翰楼刊本《古诗归》十五卷、《唐诗归》三十六卷。[2] 此刊本今缺《唐诗归》第三十六卷，共五册。同《古诗纪》《唐诗纪》一样，任职于昌平坂学问所的市河宽斋是完全有可能看到《诗归》二书的。

《诗归》由《古诗归》《唐诗归》组成，于晚明时期影响很大，当时有"所撰《古今诗归》盛行于世，承学之士，家置一编，奉之入尼丘之删定"[3]。这样的评价，又出现了"《诗归》出，而一时纸贵"的盛况[4]。

《明史·钟惺传》中记载："自宏道矫正王、李诗之弊，倡以清真，惺

---

① [日]大庭修：《江户時代における唐船持渡書の研究》，大阪：关西大学东西学术研究所研究丛刊1967年，第241页。

② 严绍璗：《日藏汉籍善本书录》（全三册），中华书局2007年，第1840页。

③ [清]钱谦益：《列朝诗集小传》"钟提学惺"条，上海古籍出版社1983年，第570—571页。

④ [清]朱彝尊：《明诗综》第六十五卷，东京：内阁文库藏。

复矫其弊，变而为幽深孤峭。与同里谭元春评选唐人之诗为《唐诗归》，又评选隋以前诗为《古诗归》，钟、谭之名满天下，谓之竟陵体。"①为了矫正前后七子与公安派之弊，以钟惺、谭元春为代表的竟陵派提倡"幽深孤峭"之说。对于《诗归》的命名，编者钟惺曾在序中写道："选古人之诗，而命曰《诗归》，非谓古人之诗，以吾所选为归，庶几见吾所选者，以古人为归也。引古人之精神，以接后人之心目，使其心目有所止焉，如是而已。"②钟、谭二人反对格调派的文学主张，提倡通过内心的体验和古人进行情感交流，以此评判诗歌的优劣，从而达到学古人的目的。

（二）市河宽斋的诗学思想与竟陵派的相通之处

对于市河宽斋编纂《日本诗纪》之时的指导思想，佐野正巳曾在词华集日本汉诗第三卷《日本诗纪解题》中指出："……当时，虽说以荻生徂徕为中心的萱园派古典主义失去了往日的势头，却仍占主流地位。宽斋也没有置身于潮流之外，试图搜集与唐诗相应的奈良、平安时代汉诗以记录其兴衰。"③后藤昭雄在平成复刻本《日本诗纪解说》中也持有相同的态度，认为《日本诗纪》收录效仿唐诗而兴盛的奈良、平安时代诗作与古文辞派推崇唐诗的观点是一致的。④上述研究均认为《日本诗纪》属于市河宽斋受古文辞派影响的产物，这一观点大致正确，但并不全面。既然市河宽斋曾经将自己编选的诗集仿照钟惺、谭元春的《诗归》而取名《日本诗归》，说明他对竟陵派的思想是有所认同的。

---

① [清]张廷玉：《明史》，中华书局1974年，第7399页。

② [明]钟惺、谭元春：《唐诗归》（明万历刊本），东京：内阁文库藏。

③ [日]富士川英郎、松下忠、佐野正巳编，佐野正巳解题：《词华集日本汉诗（第三卷）》，东京：汲古书院1983年，第16—17页。

④ [日]市河宽斋编，后藤昭雄解说：《日本诗纪》解题，东京：吉川弘文馆2000年，第2页。

我们在此简单梳理一下古文辞派与竟陵派的关系。明代中期，前后七子主张以盛唐近体为理想，从词汇到内容都以此为范本，可谓模仿到极致。同时他们排斥"晚唐体""西昆体"以及宋、元诗，自成一派，称"古文辞派"，也称"拟古派"，他们的诗论称为"格调说"。这一诗论由江户初期藤原惺窝、那波活所、石川丈三等介绍，经过荻生徂徕的大力主张而达到全盛，对安永以前的日本诗坛起到了巨大的影响，这一派称"古文辞学派"，也称"萱园派"。

明万历年间，袁宏道、宗道、中道三兄弟为了矫正李攀龙、王世贞之弊，举起了反对古文辞派的旗帜，尊崇中唐白居易和宋代苏轼，提出"独抒性灵，不拘格套"的创作主张。这一派的诗被称为"公安派"，他们的诗论被称为"性灵说"，在当时开创了"中郎之论出，王李之云雾一扫"的局面①。如同前后七子和公安三袁的对立，在这两个诗学主张传入日本后，这种矛盾对立也延续了下去。古文辞派因为接受前后七子"文必秦汉，诗必盛唐"的主张较早，又有汉学泰斗荻生徂徕等人的极力推崇，因而能够占得先机，但如同我国当时的诗坛一样，前后七子的弊端也在日本显露无遗。性灵说的矛头正好击中了前后七子因袭模仿，丧失本真的最大弱点，最初由林罗山介绍到日本，六如上人（1734—1801）、山本北山积极发展，甚至一开始对古文辞派奉若圭臬的市河宽斋也最终倒戈，性灵派渐渐与当初独占鳌头的古文辞派分庭抗礼，以至于后来呈现要取而代之的气势。

竟陵派的诗论同为"性灵说"，但是他们强调的是"以古人为归"，"引古人之精神，接今人之心目"，学习古人的精神，以此来抒发自己的性灵。因此他们所编《唐诗归》在诗歌编选体例上不分体，选诗不专宗盛唐，不求格调，不究诗法，推崇古文辞派所不屑的中晚唐诗。②总结说来，古文辞

---

① [清]钱谦益：《列朝诗集小传》，上海古籍出版社1983年，第567页。

② 朱易安：《明人选唐三部曲——从〈唐诗品汇〉、〈唐诗选〉、〈唐诗归〉看明人的崇唐文化心态》，《上海师范大学学报》1990年第2期，第79页。

派重视格调而忽略自我，公安派过于自我导致其末流浅俗的弊端。由此我们可以说，竟陵派主张的其实是古文辞派"格调说"和公安派"性灵说"的折中之说，既希望避免盲目模仿、抄袭的弊病，又期待不至于堕入轻佻浅露甚至滑俗的陷阱。

因此我们可以说，即便是信奉古文辞派的宽斋，借鉴认同竟陵派"以古人为归"的思想，借鉴其书名，这一做法与古文辞派的复古思想并不完全矛盾，但是，在编纂《日本诗纪》之时，市河宽斋的诗学观点已经有所动摇。

市河宽斋在《诗烬》中对李、王的"效古之误"已经做出批判：

> 沧溟效汉魏无一语不精，弇州犹评焉。其体不宜多作，多不足以尽变，而嫌于袭出。盖效古者取辞有限，体亦不广。李王其病诸，况其不如者乎？何况效沧溟者乎？其子其孙，汉魏容貌安在，犹且盗袭不已。徒焦思苦心，竟不能吐己一语，是岂人情哉？如此不如宋人以意为诗远矣。[①]

宽斋批判了李、王的效古之弊，他也认为与其处心积虑却不能表达自己的心声，还不如学习宋人之诗。

在收录诗作方面，佐野正巳指出："宽斋并未把重点放在受六朝以及初唐文学影响的上代诗，更详细说来是受《文选》《玉台新咏》《王勃集》等诗文集以及《艺文类聚》等类书影响的作品上，而是把搜集重点放在与中唐、盛唐文学相关的平安初期文学上。"[②]然而，经过研究，市河宽斋在甲集中收录的上代诗数量较少并不是因为他有意为之，而是由于上代书籍散佚较

---

① [日]市河宽斋著，市河三阳校：《宽斋先生余稿》，东京：游德园1926年，第223页。

② [日]富士川英郎、松下忠、佐野正巳编，佐野正巳解题：《词华集日本汉诗（第三卷）》，东京：汲古书院1983年，第17页。

严重，现存诗作本就不多。与中唐、盛唐文学相关的平安初期诗集对于诗作没有选择，没有偏重，力求全选。佐野正巳之所以认为市河宽斋编纂诗集时有所偏重，主要原因是在市河宽斋之后，又有新的文献资料被发现，到近现代佐野正巳所能看到的资料已经远远超过了市河宽斋所收录的内容，故而觉得市河宽斋的诗集是从自己所见文本中作出的选集。这种观点显然忽视了市河宽斋所处时代的现实情况。其实在市河宽斋那里，他所能找到的全部诗作都收录在了《日本诗纪》中，并非有取有舍。

《日本诗纪》的先行诗集是松平赖宽①编纂的《历朝诗纂》前编，其收录汉诗的时间跨度与《日本诗纪》完全一样，诗作按照五言古诗、七言古诗、五言律诗、五言排律、七言律诗、七言排律、五言绝句、七言绝句收录。其中古体诗仅占整体诗数的8.8%。《历朝诗纂》凡例中还指出："济南之选，卧子之选或易一二字，或删去数语，颇有功作者，今间效其例，如一字害于声调格律者，偶改之。""济南之选"指李攀龙编《唐诗选》，"卧子之选"指陈子龙编《皇明诗选》，李、陈二书均是分体编次，是古文辞派的诗歌选本。由此可见，松平赖宽的《历朝诗纂》按诗体编排，注重声调格律，与《日本诗纪》相比，该书才是更多地体现古文辞派思想的诗歌选本。

可以说，市河宽斋的《日本诗纪》与古文辞派诗论的关联除了尊崇唐诗以外，就别无其他了。事实上，市河宽斋在编纂《日本诗纪》之时处于古文辞派和性灵派的折中立场上，这也是日后市河宽斋在离开昌平坂学问所以后完全脱离古文辞派思想束缚，主张性灵之说的前奏。

（三）市河宽斋放弃《诗归》的原因考

市河宽斋后放弃《日本诗归》这一书名的原因大概是《诗归》的选诗指

---

① 松平赖宽（1703—1763），姓源，名赖宽，字子猛，号黄龙，俗称松平大学头。水户支藩之守山藩第二代藩主松平赖贞的三子，后继承父业成为第三代守山藩主。松平赖宽早年师从荻生徂徕，成为藩主以后在江户成立藩校养老馆，鼓励学业。

向性过于明确，是为了宣传竟陵派的诗学观点而编的选本，选诗有较为明确的原则。一方面"幽情单绪"的审美态度和诗学观点并非是市河宽斋所认同的，但另一方面市河宽斋也没有要作诗选的打算。市河宽斋最初出版的《日本诗归（纪）》6册12卷本，只编到平安时代前期。但是这并不意味着市河宽斋只止于这12卷的收录，因为全12卷还没有从《日本诗纪引用书目》中的《田氏家集》《菅家文草》《菅家后集》《江吏部集》《本朝无题诗》等总集或别集中选诗，这说明收录工作还会继续。次年出版的《日本诗纪》13卷本确实是又在原来的基础上继续增大规模。

通过将12卷本与50卷本进行对比，其中收录的诗作并没有太大的差异。以12卷本前两卷与50卷本的前两卷对比为例，其差别仅有两点：第一，12卷本第1卷最后三首诗在50卷本中被改到第2卷的前三首诗；第二，12卷本没有收录嵯峨天皇的《无题》一诗，该诗选自《高野大师广传》，这一书目没有在12卷本的参考书目中出现。以上例子表明，市河宽斋在编纂《日本诗纪》之时除了不断发现新的诗作，随时增添以外，从一开始就没有对诗作进行筛选，而是对所见诗作全部收录，因此我们很难根据这一点来揣度市河宽斋的诗歌审美观点。

四、结语

通过对《日本诗纪》书名的考察可知：《日本诗纪》中的"日本"包含两个意思：第一，与中国相对的日本国名这一空间含义，体现了日本人对本国文化的自觉意识以及与中国相对等的"小中华意识"；第二，具体指代汉诗发轫自平安末期平治年间这一特定的时间，用来代表整个日本汉诗，体现了市河宽斋的尊崇唐诗的诗学观点。《日本诗纪》之"诗纪"意味着要以网罗的方式收录诗作以"纪我诗污隆""录我诗命"。《日本诗纪》的曾用名向我们传递了一个信息，那就是在《日本诗纪》编纂之时，市河宽斋的诗学观点是取"格调说"与"性灵说"的中庸，《日本诗纪》则是两种看似矛盾的学说相调和的产物。这一结论与松下忠所指出的市河宽斋鼓吹宋诗的同时也鼓吹唐诗的这一折中态度正相吻合。①

———————————

① [日]松下忠著，范建明译：《江户时代的诗风诗论——兼论明清三大诗论及其影响》，北京：学苑出版社2008年，第114页。

《使清日记》所载柳原前光使团
与李鸿章交往解读①

聂友军

摘要： 1870年，柳原前光奉命出使中国，谋通信贸易之事。柳原前光撰有《使清日记》一卷三册，详细记录行程见闻与在华公私交往情况，其中收录了柳原使团与李鸿章五次会面的情形，不加掩饰地赞扬李鸿章助力使团达成使命的贡献。《使清日记》对李鸿章的描述主要基于当时的实录，但有限的几次短时会面与对李鸿章"多疑"形象过于出彩的塑造之间的矛盾和张力，指向另外一种可能，即不排除某些记载或包含一定程度的日后增益成分。

关键词： 柳原前光；《使清日记》；李鸿章

1870年（清同治九年，日本明治三年）日本外务省委任柳原前光（やなぎわら さきみつ，1850—1895）出使中国，"谋通信贸易之事"（《使清日

---

① 本文系国家社科基金后期资助项目"柳原前光《使清日记》研究与校注"（项目批准号：20FWWB002）阶段性成果。

记序》）。柳原前光撰有《使清日记》一卷三册①，详细记载了使团往还数月的行程见闻，亦翔实记录了近代中日建交前的外交交涉细节。以往研究者多强调《使清日记》的"实录"价值，将它用作近代中日换约建交前官方接触的一手史料，事实上这一"在野"的文献记录可以从若干层面补足中日双方官修正史未载明的细节。

柳原一行与李鸿章先后五次会晤，《使清日记》载有多重证据表明李鸿章对柳原使团达成使命厥功至伟。梳理《使清日记》中有关柳原使团与李鸿章五次会晤的细节，对于深入理解李鸿章在朝廷定调对日态度中发挥作用的方式和力度大有裨益；从中亦可发现李鸿章通过与柳原使团的数番交往，对包括日本在内的国际大势也有了更深层次的体认。

一、礼节性拜访与馈赠

《使清日记》中详细记载了柳原使团五次拜会李鸿章的情况：九月八日初到天津的礼节性拜会，九月二十二日晤面请其代向恭亲王说项，九月二十四日赠李鸿章以日本刀、书等，十月十四日拜谢其向总理衙门吹嘘之恩，十月十八日登府拜别。②除九月二十二日的会晤旨在寻求转圜，期望李鸿章劝说总理衙门别换一种对日答复以外，其余多为礼节性拜访，分别表达告到、告别、馈赠、感谢之意。

---

① [日]柳原前光：《使清日记·明治三年》（写本）上、中、下册，东京：临时帝室编修局1922年。因写本不著页码，以下引述《使清日记》内容时皆注以日期（《使清日记》×册，×月×日）。

② 考以对中秋节、重阳节等日的记载，《使清日记》通篇皆以阴历纪事。

（一）告到拜会与拜别

九月七日上午使团主要成员面见三口通商大臣成林时，柳原等提出希望谒见时在天津的曾国藩与李鸿章，并称"六月以来，天津新报日日到我敝邦东京，闻曾、李两中堂大名既熟"①，曾国藩、李鸿章于九月八日九、十点钟分别接见柳原一行。《使清日记》载柳原对李鸿章的印象："须眉明秀，眼光射人。"还引述他人对李鸿章的评价："英迈能断，西人亦称其能。"②

在天津完成使命后，使团定于十月二十日乘船回上海，十八日柳原前光、郑永宁盛装仪服前往天津各衙门告别，适逢直隶提督刘铭传转任山西提督，天津众官员都到山西会馆为其饯行，大都没能见到，仅"门上留刺而归"，最后得以见到刚刚赴刘铭传饯筵回来的李鸿章。李鸿章盛赞柳原等日前所赠《日本外史》一书，称道作者赖襄的学问论识③，谓其"诸葛武侯流亚"，临别叮嘱柳原归国后代为问候右大臣和外务卿。夜间李鸿章又派人向柳原等送名帖，以表达送行之意。

（二）互致礼物表馈赠

柳原前光等在拜见曾国藩、李鸿章等清廷官员时，都曾向他们索要书法墨迹，后来曾国藩、李鸿章、天津知府马绳武、宁波知府边葆诚、苏松太道

---

① [日]柳原前光：《使清日记》中册，九月七日。
② [日]柳原前光：《使清日记》中册，九月八日。
③ 赖襄（らいのぼる，1781—1839），大阪人，朱子学者赖春水之长子，江户后期日本著名历史学家、思想家、汉诗人。幼名久太郎，字子成，号山阳（さんよう）、山阳外史，别号三十六峰外史，书斋名"山紫水明处"。性格豪迈，著述广布，著有《日本外史》等多种书籍。《日本外史》对幕末的尊皇攘夷运动产生了巨大影响。

台涂宗瀛等都向他们赠送过楹联。①九月二十四日柳原等拜会李鸿章时，向他赠以刀及《皇舆图》《官员录》《官位引表》《澳大利条约》等书②。此前李鸿章曾委托马绳武赠送柳原等朱子《资治通鉴纲目》一部、楹联五副③。马绳武在信函中也转达了李鸿章送《朱子纲目》的意图："以为考究古今、博览典故，于此书大足为芸窗诵读之一助耳。"④出于礼尚往来的考量，二十九日李鸿章再次派人赠柳原等线绉、宁绸、花缎等。

柳原等向李鸿章赠刀，令人想起欧阳修的《日本刀歌》⑤。欧阳修诗中赞扬当时日本产的宝刀制作精良、装饰漂亮；夸赞日本不但"至今器用皆精巧"，而且"士人往往工词藻"。日本的匠人精神传承至今，以致近年来国人到日本"扫货"盛行不衰，足以引发我们深思。

李鸿章翻看《官员录》，问右大臣三条实美能否前来议换约事：

曰："不能。"

---

① 九月十二日曾国藩"使人赠所书楹联五副"；九月十七日马绳武作书信，递送李鸿章所赠"《朱子纲目》一部、楹联五副"；十月十一日马绳武"赠《缙绅全书》、楹联五幅并折扇"；闰十月七日边葆诚"赠物及自笔楹联"；闰十月十六日陈福勋代涂宗瀛"赠日前所约笔迹、楹联及《宋名臣言行录》一部"。

② 《澳大利条约》指1869年（明治二年）10月18日以英国驻日特命全权公使与领事巴夏礼（Harry Smith Parkes，1828—1885、1865—1883在任）为中介，日本与奥匈帝国签订的《友好通商航海条约》。因签订时间较其他条约晚，该条约比以往日本与诸国签订的任何条约在给予外国人特权方面都要完备。

③ 《资治通鉴纲目》是朱熹生前未能定稿的史学巨著，其门人赵诗源于樊川书院续编完成，共59卷。《资治通鉴纲目》创造了一种新的史书体裁"纲目体"，仿效《春秋左传》，创立了"纲"与"目"，按照时间顺序记载史事，其实是简化的编年体体例。朱熹修订了司马光的正统观，加入了浓厚的道德信念和解释，注重严分正闰之际、明辨伦理纲常，并注意褒贬春秋笔法。因并没有做原始材料的收集与裁定，其史料价值并不是很高。陕西师范大学图书馆藏有明万历金陵赵敬山刻本。

④ [日]柳原前光：《使清日记》中册，九月十七日。

⑤ [宋]欧阳修：《日本刀歌》，《欧阳修全集》第三册，中华书局2001年，第766页。

　　曰："为何？"
　　曰："当朝宰相。"①

　　这段话包含一个有趣的误解，一定程度上显得答非所问。李鸿章问"为何"，虽有一定歧义，但基本可以判断他意在询问为何三条右大臣不能前来中国议两国换约之事。看下面柳原等的回答，似误解了问话的意思，以为李鸿章在问三条"做何官职"。不过"当朝宰相"的答复也暗含他政务繁忙、日理万机，可以勉强解释他不能亲自前来中国的原因。

二、两番打趣郑永宁

　　李鸿章在会晤柳原一行之际，曾两番打趣使团副使兼翻译、从七位文书权正郑永宁（てい えいねい，1829—1897）。一次调侃他为郑成功之后（实际非是），为何为日本人做说客；另一次看到日方馈赠的《官员录》中实有"文书权正"一职，忍不住再次揶揄他。

（一）闻君"郑成功之后"
　　九月二十二日柳原等人拜会李鸿章时，李鸿章和郑永宁的对话既生动又富有机趣：

　　鸿章谓永宁曰："闻君郑成功之后，今为说客，将要开拓口岸耶？抑亦欲管束我民耶？"
　　永宁答曰："本邦人未娴开拓土地，但看他人蜂拥而来、指东点西

---

① ［日］柳原前光：《使清日记》中册，九月廿四日。

为可畏也。"①

李鸿章将已归化数代的华裔郑永宁视作中国人，讥其为日本人做说客的行状，而郑永宁却完全以日本官员的身份自居。郑永宁本姓吴②，因过继给郑家为子而改姓郑，并非郑成功后代。另外也存一说，称郑永宁为郑成功胞弟田川七左卫门的八世孙③，七左卫门的儿子孙左卫门恢复郑姓，取名道周④。后一说颇具小说笔法，不足为据，这一点从《使清日记》中亦可得到佐证。

使团乘坐的船过赤马关时，柳原前光有诗云："镇西山脉各争雄，玄海波涛涨半空。平户地边云漠漠，遗踪遥吊郑成功。"⑤诗中直白地出现郑成功的名字而未用讳，或用其封号"忠孝伯""延平王"或因获赐姓而世称的"国姓爷"指代。与之形成映衬的是，八月三日船到神户港时，柳原等上岸"吊楠公墓"，柳原前光、郑永宁和名仓信敦皆有诗题咏，诗中一律作"楠子"或"楠公"，而未直呼其名。或可佐证郑永宁改姓后的郑家未必与郑成功有直接关联，否则柳原前光应该会考虑使团副使的感受，从而避免在诗中直呼其祖上的名讳。

郑永宁答语中称日本人"未娴开拓土地"，系因当时的明治政府羽翼未丰，但业已于1868年在虾夷地设置箱馆裁判所，随即改称箱馆府，1869年改

---

① [日]柳原前光：《使清日记》中册，九月廿二日。

② 吴家之祖吴荣宗原籍福建省泉州府晋江县，明清之际东渡日本并定居长崎，1651年始任"唐年行司"。此后吴家世代充任通译，传至永宁生父吴用藏已是第八代。明治维新后，郑永宁被任命为长崎府广运馆翻译。

③ 郑成功的母亲为日本人，论者谓郑成功一生矢志抗清，和母亲田川松（1602—1647）遭清之害有很大关系。参见江户时代净琉璃与歌舞伎剧作家近松门左卫门（ちかまつもんざえもん，1652—1724）的戏剧《国姓爷合战》。

④ 参见https://www.douban.com/note/275012268/（检索日期：20200501）。

⑤ [日]柳原前光：《使清日记》上册，八月五日。

虾夷地为北海道，同年7月设置北海道开拓使。之后的历史见证了日渐强盛起来的日本，其野心亦日益膨胀的历程：1874年借口"牡丹社事件"悍然出兵中国台湾①；1879年吞并琉球；觊觎朝鲜半岛与中国东北，并与俄国展开针锋相对的角逐，且不惜于1894年挑起甲午战争，1904年发动日俄战争；1910年以武力胁迫与政治讹诈为手段，强制实行"日韩合并"；1932年在中国东北成立伪"满洲国"，进而于1937年发动全面侵华战争；还妄图以中国大陆为跳板全面侵略亚欧大陆。日本后来的所作所为都是疯狂的殖民扩张与"开拓土地"，只是羽翼未丰之际不显山不露水罢了。

（二）实有"文书权正"

同一次会晤过程中，李鸿章在翻看柳原等馈赠的《官员录》时，再次打趣郑永宁：

> 看到"文书司"，指"文书权正"，顾永宁笑曰："吾初以君为说客，不想原来在此。"
> 永宁曰："中堂何多疑？"
> 鸿章曰："吾说真话耳。"②

李鸿章以玩笑的口吻说，原以为郑永宁只是日本人的说客，不承想日本《官员录》中确实载有"文书权正"一职。虽有前面的一番玩笑和郑永宁

---

① 1871年12月11日，66名琉球宫古岛渔民遇强风漂至台湾南部恒春半岛八瑶湾，登陆后有54人遭到高山湾"牡丹社"人杀害，其他人被清政府送回国，此事件通称"牡丹社事件"。日本以此事件为借口，在美国驻厦门总领事、自称"台湾通"的李仙得（Charles William Le Gendre）协助下，向清政府发难，并伺机侵略台湾。1874年2月6日，日本政府通过《台湾蕃地处分要略》；4月27日，日本政府派陆军中将西乡从道率舰队悍然出兵，带领3000人组成所谓"台湾生番探险队"，并在台湾琅峤登陆。

② [日]柳原前光：《使清日记》中册，九月廿二日。

做出的解释，但李鸿章还是介怀郑永宁身为中国人后裔却甘愿为日本政府服务。而身为使团副使的郑永宁，却心安理得地将自己视作无差别的日本人，自然时时处处要维护日本方面的利益。此后在 1871年伊达宗城使团、1872年柳原前光使团、1873年副岛种臣使团和1874年首任驻清公使柳原前光使团中，郑永宁都作为主要成员随同出使，并在一系列重要交涉中承担包括翻译、记录、收集信息、事前斡旋等多项具体工作，亲历了近代中日建交之初两国交涉的全过程。

三、助力使团达使命

九月二十一日接到总理衙门不同意日方换约要求的照会后，柳原等急切地向李鸿章和成林恳求，拜托他们代为向总理衙门说情。柳原在翌日面见李鸿章时说道："英法美诸国强逼我国通商，我心不甘，而力难独抗，于可允者允之，不可允者推拒之。惟念我国与中国最为临近，宜先通好，以冀同心合力。"①柳原如此言说有为达成"谋通信贸易之事"而策略表达的意图，但也不宜完全将其视作口惠实不至的虚言。彼时及此后直至甲午战争爆发，中日都有一批知识士人提出过"同心合力"对抗西方列强的设想。

当时以天津教案为口实，法、英、美、俄、普、比、西七国一起向清政府提出"抗议"②，并调集军舰驶至大沽口威胁。柳原"以冀同心合力"的说

---

① [日]柳原前光：《使清日记》中册，九月廿二日。
② 天津教案是中国近代史上一次重大的中外文化、宗教、外交冲突事件。1870年天津有匪徒迷拐人口案件牵涉法国教堂，民众为反对天主教会在法国武力庇护下肆行宣教，攻击教会机构，造成包括法国驻天津领事丰大业（Henri Victor Fontanier，1830—1870）在内的数十人被杀，教堂等处房屋被焚毁。教案发生后，曾国藩命处理，结果中外、朝野都不满，清政府改派李鸿章前去处理，在做出巨大让步后方平息事端。

辞正符合李鸿章的心意，他遂向总理衙门建议，应该与日本订约，"中国正可联为外援，勿使西人倚为外府"①。总理衙门此时亦担心日本若恳请订约不成，转而浼托英法居间介绍，那时反倒被动，"不允则饶舌不休，允之则反为示弱"；且担心日本"视中国之允否，以定将来之向背"②。总理衙门担心，若一味拒绝日方请求，日本很可能会求助英法等列强居间介绍，到那时中国无论允否都会贻人口实。

柳原等在华期间也曾两次面见曾国藩：一次为九月八日初到天津后的礼节性拜会，另一次为九月二十二日曾国藩离津进京前夕柳原等登府送别。此外《使清日记》还载有使团完成使命后柳原前光致曾国藩的书信一通。登府拜别时，柳原恳请曾国藩代为向总理衙门"解说"，以期改变不准换约的态度，曾国藩答应"力言可也"③。但因为彼时曾国藩正因处理天津教案而导致朝野、中外各方都不满，并引起很大反弹，他感觉自己"内疚神明，外惭清议"④，多少有些自顾不暇，且进京见驾后即转赴两江总督任，所以基本可以断定他不太可能特意为柳原使团向总理衙门关说⑤。也正是在这个意义上，我们判断李鸿章的意见对总理衙门最终改变态度、同意换给准以换约的答复助力最大。

---

①　《奕訢等又奏议复成林奏日本来函折》。宝鋆等编，中华书局编辑部、李书元整理：《筹办夷务始末·同治朝》第八册，中华书局2008年，第3131页。

②　《奕訢等奏已允日本定约折》。宝鋆等编，中华书局编辑部、李书元整理：《筹办夷务始末·同治朝》第八册，第3159页。

③　[日]柳原前光：《使清日记》中册，九月廿二日。

④　曾国藩：《致刘蓉》，《曾国藩全集·书信十》，岳麓书社1994年，第7266页。

⑤　同治十年（1871）正月十九日，曾国藩曾就与日本立约一事上奏章，指出清廷自道光二十二年（1842）与洋人立约议抚，"皆因战守无功，隐忍息事"，此番日本"扣关而陈辞，其理甚顺，其意无他"，倘拒之太甚，易产生不良影响，即便在旁观者看来，也"疑我中国交际之道，逆而胁之，则易于求成，顺而求之，则难于修好"。（《曾国藩奏遵筹日本通商事宜片》。宝鋆等编，中华书局编辑部、李书元整理：《筹办夷务始末·同治朝》第八册，第3234页）该奏章对后来《中日修好条规》的顺利签订在客观上起到不小的促进作用。

《使清日记》载总理衙门回复日本外务卿、外务大辅的回函抄底，内称："据协办大学士、直隶总督李、大理寺卿、三口通商大臣成来函，均称贵国来员柳原等坚以立约为请。"又说："本王大臣复思，两国相交，固贵诚信之相孚，尤贵情意之各洽。今贵国来员既坚持来意，自应如其所请，以通交好之情。"[①]同日条所收成林致柳原的信函中也提道："本大臣深念友邦邻睦之谊，兼体简书郑重之怀，当经代为详达，并承李爵帅亦为函请。"[②]多重证据都表明，李鸿章在助力使团达成使命方面确实发挥了积极的推动与影响作用。

十月十四日柳原前光、郑永宁往李鸿章馆，告以恭亲王换给回信，"谢其吹嘘之恩"。柳原将使命达成，很大程度上归功于李鸿章向总理衙门陈情。他在致外务省的信中说："先是鸿章与成林议，为前光等交章详致总署，力陈情理，其回信之换至，实赖鸿章。"[③]同治十年（1871）五月，柳原前光作为副使随同伊达宗城出使中国，行前照会李鸿章时再次致谢："迭蒙贵中堂……款接优待，成就远使来意。……回维所以然者，皆由鼎力裁成，衔感宪德，实无涯涘。"[④]虽然不无客套的成分，且有进一步拉近彼此距离以方便接下来订约谈判的用意，但就柳原前光个人而言，因李鸿章鼎力相助而令其得以完成使命，对他的感激之情当是颇为真诚的。

李启彰在《近代中日外交的起点》一文中指出[⑤]，在1870年柳原使团使清过程中，李鸿章的"日清联合"论未能得到伸张，却在日后主导草拟对日条约时成为对日政策之一，而日本由于主客观因素，改变了对清"友好"政

① [日]柳原前光：《使清日记》下册，十月十一日。
② 同上。
③ [日]柳原前光：《使清日记》下册，十月十四日。
④ 李鸿章：《请简全权大臣议约折（同治十年五月二十日）附日员照会》，《李鸿章全集》第二册，海南出版社1997年，第621页。
⑤ 李启彰：《近代中日关系的起点——1870年中日缔约交涉的检讨》，《中央研究院近代史研究所集刊》第72期，2011年6月。

策。的确，1870年，中日两国政府间这次直接的外交接触已然成为翌年正式缔约交涉时双方外交冲突与态度逆转的肇因。所谓李鸿章"日清联合"论未得伸张一说，当是指与日本订约建交尚未在朝廷内达成广泛共识而言。但有必要指出，柳原使团最终接获总理衙门允以订约通商的回复，意味着达成了使命，在此过程中，李鸿章向总理衙门的建言居功甚伟，这一点无论从总理衙门致柳原的复函，还是柳原向外务省汇报交涉成果的报告中都有明确言及。

四、李鸿章的议约准备

在总理衙门回复柳原等允以换约后，清廷内部仍有不少争议之声，为此朝廷专门向各疆臣征询意见。李鸿章在奏章中首先称赞同治帝"圣明于怀柔远人之中，寓思患预防之意"，并通篇围绕这一主旨思想立论。他明确指出，"若拒之太甚，势必因泰西各国介绍固请，彼时再准立约，使彼永结党援，在我更为失计"，"日本近在肘腋，永为中土之患"，"笼络之或为我用，拒绝之则必为我仇"。[①]李鸿章希望通过与日本修好以"为我用"，以共同应对西方列强不餍足的野心，退一步讲，至少不要让日本成为"中土之患"，避免日本站在西方列强一边"为我仇"。

对照此番李鸿章的对日主张与"千岁丸""健顺丸"来沪时相对消极的对日主张[②]，可以清楚地发现此时李鸿章更坚定地秉持"以夷制夷"思路，并

① 李鸿章：《遵议日本通商事宜片（同治九年十二月初一）》，《李鸿章全集》第二册，第600页。

② 日方提出仿照当时西方无约小国的做法，到上海通商并设置领事官。时任苏松太道台吴煦在呈薛焕的报告中认为可以如其所请。时任江苏巡抚李鸿章与薛焕联名上书，赞同吴煦的建议，继任苏松太道台黄芳也曾向总理衙门及朝廷上奏同样的请求，但总理衙门未接受该建议，日方要求没能得到满足。当时李鸿章的态度只是因职责相关，在同僚的奏文上被动随签，并无任何积极进取的姿态。

且因为日本与中国地缘、人文接近，且皆受欧美列强逼迫欺凌，从而对其更生亲近感。待到日后，日本越来越不加掩饰地表现出对中国的觊觎与进攻态势时，李鸿章的对日态度又发生大的逆转，转而寻求联俄抗日。

《使清日记》九月十三日条作："此日起条约稿。"十六日条载："此日条约稿成，副以照会，交付刘森，递与成林查阅一过，并言俟其校阅毕，前光等自来酌议。"照会中写道："即希贵大臣细加校阅，注脚示下，方叩贵署，面商酌定。"同日条末尾又记："条约拟稿以未妥议，今除之。"①中方认为柳原前光未获授权，此行不具备就条约内容乃至签约本身进行谈判的权限，故此"未妥议"。

藤村道生对柳原的条约草稿做过详细分析解读，认为柳原私拟条约虽是越权行为，不能代表日本的国家意志，但其草案却正确反映了当时日本的外交路线，即以形式上的平等来掩盖实质上的不平等。②藤村道生称柳原提出条约草案属于逾越权限的观点至今仍被学界普遍接受。事实上，柳原的本意并非真要自作主张与中方商谈条约细则，因为不仅自己未得到授权，而且从中方角度也看不出有任何可以着手商谈条约细则的迹象。我们倾向于认为，柳原此举乃是一种策略的做法：有意提出一个对方难以接受的条件，过后各退一步，从而实现自己真正想要的结果，即顺利推进"谋通信贸易之事"。

柳原使团借由在中国的亲身见闻与观感，为后续的中日两国订交谈判做了多层面的准备工作；通过与曾国藩、李鸿章、成林、涂宗瀛、陈福勋等清廷官员接触、交涉与公私交往，为下一步谈判换约进行了卓有成效的"彩排"。相比较而言，中方在柳原使团来华的当时却没有给予应有的足够重视，亦未做有的放矢的准备工作；但到第二年伊达宗城与柳原前光再次带领使团前来时，已兼任北洋通商大臣的李鸿章与手下仔细研究前一年柳原留下

---

① ［日］柳原前光：《使清日记》中册，九月十六日。

② ［日］藤村道生：《日清戦争前後のアジア政策》，东京：岩波书店1995年，第70—75页。

的条约拟稿，事先做足了有针对性的应对准备。

1871年中日议约谈判前，李鸿章借助柳原前光递交的议约底稿做足了功课。他先与署直隶津海关道陈钦逐条签注意见，取其合用者，不合用者辄另拟条规；继之抄送副本致曾国藩，请其督饬苏沪精通洋务的专门人才悉心酌核；最终江苏按察使应宝时、苏松太道涂宗瀛拟就《日本通商条规》，送给李鸿章参考。柳原使团以急就章方式草拟的立约拟稿会，转而成为中方有备而来的议约基础，却是柳原等人始料未及的。

五、《使清日记》对李鸿章"多疑"形象的塑造

柳原一行虽与李鸿章有过五次会面，但每次接触的时间都不长，除了礼节性的告到、致送礼物、拜谢、拜别以外，只有一次拜托李鸿章代为向恭亲王说项涉及公务。《使清日记》传神地摹画李鸿章的言行，并以简约的文字着意彰显他的心思细腻与生性多疑。

首先，使团事先做足了功课，已经有意识地收集到一些相关情报。如面见成林时，柳原前光称六月以来天津新报每日都可到东京，是以熟知曾、李二中堂大名。①

其次，柳原等人善于观察、识人有术。九月二十二日柳原等拜会李鸿章，请其代为周旋，恳请总理衙门换给允以换约的复函，交谈间李鸿章对日方的陈述颇多质疑。如他问及"吾想贵国虽换条约，能有商船来做买卖否？""贵国与各国果换约耶？"柳原等问他是否尚有所怀疑时，他答曰："然。一个人须要说真话。"②李鸿章前一问意欲探究日本遣使前来的真实意

---

① ［日］柳原前光：《使清日记》中册，九月七日。
② ［日］柳原前光：《使清日记》中册，九月廿二日。

图，后一问则表现出对日方陈述的已与泰西诸国通好换约存疑。这也从一个侧面反映出当时清政府的高层官员对日本开国与明治维新所知甚少。柳原等为打消他的疑虑，许以递送日本与泰西诸国的换约书以作证明。

最后，柳原前光很可能将翌年乃至以后与李鸿章深层接触后对他的新认识一并整合进《使清日记》中去了。我们有理由怀疑，单纯凭借短短几次礼节性的会面与有限的接触，而且最长的一次会面时还因有求于人而内心充满焦灼，他们对李鸿章的了解何以达到如此深切透彻的地步，对李鸿章刻画得如此出彩反倒令人生疑。

《使清日记》对使团与李鸿章晤面所做的记录应该不虚，主要来自会见当时的见闻观感，但如此布置熔裁却颇见匠心。《使清日记》在编辑、抄录、刊刻过程中有程度不等的删削[1]，当然也会有出于主客观考虑的调整与充实。因为后来李鸿章受命与日本进行订约谈判，并在日后长期主导对日交涉和谈判，柳原前光对他的认识自然会越来越具体，越来越深刻。

我们倾向于相信，可能存在这样一种情况：《使清日记》记录的与李鸿章交往的几个片段，系将日后柳原前光对其认识加深后的成分一并融入日记的记录中去而形成的。换言之，《使清日记》在整理、抄录与定稿的过程中，作者对既有的记载与描述进行了一定程度的丰富完善和加工处理，着意突出李鸿章的心思缜密和善于存疑，其用意在于彰显使团面对的是一个黠慧的老政治家、不易对付的谈判对手，是以使团能够在李鸿章助力下达成使命更加难能可贵。

---

① 《使清日记》中谓："削其可削"。（[日]柳原前光《使清日记·凡例》）

日本近代中国学与文学关系补论①

边明江

摘要： 日本近代的中国学与日本近代文学之间存在着诸多关联，本文从此前关注较少的三个方面入手，略加阐述。国木田独步等作家在小说中描写的以教授中国古典为业的"汉学者"，往往以迂腐与易怒的形象出现。日本近代文学批评中的"写生"与"国民文学"等概念，与文学批评家对于中国古典作品与古典诗学的新阐释密不可分。作为专业性学术研究的"日本中国学"中，对于中国古典小说与戏曲的重视，亦与坪内逍遥提出的小说重在表现"风俗"与"人情"的观点相合。无论是日本中国学还是日本近代文学，包括中国现代以来对于中国古典遗产的整理与研究，其本质都在于以新的理念对古典进行新的阐释，或可将其视为世界文学的一部分。

关键词： 日本中国学；近代日本文学；古典文学

---

① 本文系江苏省社会科学基金项目"日本汉学视域下的日本近现代文学研究"（20WWC004）的研究成果。

引 言

在国内学界，关于日本"汉学""中国学"的研究近年来日渐繁盛，日本近现代文学研究则一直是外国文学研究与日本研究中的重要部分。实际上，日本中国学的诞生与发展并不仅仅是一门学科或一种学术的历史进程，特别是其中与"文学"相关的部分，也往往与当时日本文学界（或"文坛"）、与文学批评话语的变迁互相关涉，而对于中国古典的重新评价与阐释也构成日本近现代文学史的底流之一。

这里需要就本文标题与正文中的"汉学""中国学"与"文学"等概念的含义加以简要说明与辨析。

一般认为，日本"汉学"与"中国学"主要以明治为界，是前后相继的关系，当然，其间并不一定存在绝对的、一次性的"断裂"或"转折"，旧传统的存续不可忽视，新学术范式的确立也并非一日而成。这种复杂性也体现在相关概念的歧义上，例如明治以后，不少日本学者、作家仍然将中国古典的相关研究称为"汉学"，甚至在所谓"支那学"兴起之后，"汉学""汉学者""儒学"等称呼依然不绝如缕，换言之，作为历史概念的"汉学"与"支那学"等曾同时存续。但是就明治以降对于中国古典的研究实绩而言，或可做如下论断：无论如何名之，它们大多指向并属于一种新时代背景下建立在新阐释上的新学问，无论是学者还是文学家抑或具备双重身份之人，他们对于中国古典的阐释观念、视角、理论与方法等，相对于江户时代及其以前的"汉学"传统而言，确乎存在诸多变异，一方面体现在西方新知的引入与融合，另一方面体现在对于古典的重新发现，两方面往往互为表里。所以，我们需要一个既能涵盖"汉学""支那学"等历史概念，同时又可以体现如上两方面特质的概念或称呼。若称为日本"汉学"，固然可以与"英国汉学""俄罗斯汉学"等共同构成一个看似合理与完整（成为"海外汉学"或"域外汉学"的一部分）的系列，但却忽略了日本历史上曾长期使用"汉学"一词的情况，尤其是若将近现代以来的部分也置于"汉学"名下，就极易引起误解与混乱，而且也不能够充分凸显近现代以来日本对中国古典的阐释与研究的新特点，所以笔者在本文中使用一些学者提倡的"中国学"之名（尤其因为"中国学"之名本身就已经内含"近代"之意），旨在容纳不同的历史概念并突出新变的一面。

再就日本"文学"而言，铃木贞美《日本的"文学"概念》等著作爬梳甚详，本文无意亦无力别出新说。粗略言之，"文学"兼有研究与创作之义，本文则主要侧重于后者，尤其指向日本近现代以降的文学创作与文学批评。当然，文学创作与学术研究，一般性评述与专业研究，文坛与学术界之间的界限与差异等也是需要厘清的重要问题，但是这些已远远超出本文论述的范围，只能暂时将其搁置。

概言之，本文中的"中国学"指称日本近现代以降学术界与文学界对于中国古典的评断、阐释与研究，包括整体的态度与具体的论说；"文学"则主要包括文学创作与文学批评。以往关于日本中国学的研究大多聚焦于以（帝国）大学等学术机构为中心的专业性的学术研究（尤其多以某一学者为中心展开论说），本文则尝试将一般不被认作学者（"汉学家"或"中国学家"）的一些重要作家或文学评论家等也纳入视野，考察他们对中国古典的认识与阐说，及其与他们的创作、批评活动的关系，换言之，本文的聚焦点在于"文学"与"学术"之间的关联或重合之处，尝试就二者之关系的具体表现略加阐述。

当然，关于这一论题，以往的研究已经有所触及。例如：蔚为大观的日本"汉文学"研究中，所谓"汉学家"对于日本"汉文学"的贡献往往成为研究者重点表彰的对象；文学家的"汉学"素养也经常被重点提及，他们创作的中国题材文学也多有充分而深入的研究；近代以来日本人的中国游记极为繁盛，其中芥川龙之介等文学家的游记更是备受关注，围绕着他们的中国观或中国形象的研究也不在少数；此外，如熊文莉关于"中国文学研究会"

及其机关刊物的研究，是从社团与杂志的角度切入，在战时与战后文学批评史与"中国学"的双重视野中展开，这是目前较为稀见但十分重要的研究路径。

日本近代以降"中国学"与"文学"之间的复杂关系体现在诸多方面，而且已有出色的业绩，除去以上诸种之外，尚有不少是笔者不甚了解与熟悉的，难免挂一漏万。这些研究角度各异，成果丰硕，足资参考。本文则尝试在此之外，提出以往研究中关注相对较少的三个方面，不求完备无遗，唯期对这一问题有所补益与提示。首先，传统"汉学"的变迁对于当时以教授中国古典为业的普通教师有何影响，我们可以从一些文学作品中的"汉学者"人物形象窥知一二；再者，日本近代文学批评中某些重要文本建立在对中国古典作品与古典诗学的新阐释之上，可以说，对中国古典的重新阐述与日本近代文学批评的流变同轨同辙；最后，作为学科的"日本中国学"中"文学"部分的新变，亦应在当时日本文学思潮的背景下加以考察。

一、文学作品中的"汉学者"形象

学界关于日本"汉学"或"中国学"的研究，大多偏重于学术史或思想史层面，就其研究对象而言，基本上以"汉学家"或"中国学家"为主，至于学术界之外的情况则涉猎较少。这固然是因为所谓"学"当然以专业性、体系性较强，原创性较突出的学术研究为主，但不可忽视的是，亦存在大量非专业的、零散的、缺乏原创性的，实际上也难以称为"研究"或"学术"的文本，它们湮没在历史的烟尘中，至多是被其他著名学者的重要著作或观点所代表。在"汉学史"或"中国学史"中几乎没有为以下一种人预留位置：那些没有渠道，也不具备表述自我想法之能力的，以讲授中国古典等作为职业或生计的日本普通教师或其他普通日本人。这一庞大的群体几乎没有留下有影响力的著述，独创性的思想更是无从谈起，所以也就"理所当然"地被学术史或思想史所遗忘。

正如有的学者将"作品—作家—流派—文学史"的关系比拟为"勋章—乘客—轮船—江河"，[①]或许在日本中国学研究中亦存在类似情况，即白鸟库吉、内藤湖南等著名学者犹如船上闪耀的乘客，无数教授中国古典的日本普通教师则好似河流，而我们的视线往往忽略看似平静的河面。但是，那些"无声"与"隐形"的人的存在并非毫无意义。至于如何接近与复原，鹤见俊辅、色川大吉等选择"精神史"路线，关注底层民众与知识分子的精神世界，而另一条可能的路径或许是透过文学"浪漫的谎言"去窥探"真实"。

所以笔者尝试考察日本近代文学作品（尤其是小说）中以教授中国古典为业的人物形象，尝试在学术变迁的"主线"之外一窥这些普通人的命运。下文以国木田独步两篇小说中的"汉学者"形象为例进行分析。当然，必须声明的是，笔者并不是将小说中的人物与情节视作历史事实，并非认为独步是在"实写"，而是希望借助于"诗性"或"虚构中的真实"去追溯时代印痕。

国木田独步早年作为随军记者参加了中日甲午战争，其报道结集成为《爱弟通信》，由此登上文坛，由于深受英国浪漫主义诗人华兹华斯等的影响，独步的文学创作带有强烈的诗性风格，包括他的名篇《武藏野》《难忘的人们》等。独步历来被视为日本自然主义文学最重要的前驱之一，柄谷行人在《日本现代文学的起源》中的相关论述更是明显提升了独步的文学史地位。至于柄谷行人对独步的评断是否合理，暂且不论，但是柄谷通过"风景的发现"等视角发掘出独步文学的特质与意义，这提示我们独步文学尚有不少值得探究的空间，其中较少为人注意的一点就是独步小说中的"汉学者"

---

① 王升远：《文化殖民与都市空间：侵华战争时期日本文化人的"北平体验"》，生活·读书·新知三联书店2017年，第23页。

形象。

《初恋》（1900）原载于《太平洋》杂志，后收录于小说集《武藏野》（1901）。小说以第一人称视角展开叙述，"我"的村子里有一位教授中国古典的大泽老师，他年纪大而顽固傲慢，并不受人欢迎，作为学生的"我"年轻气盛，总想杀杀他的威风。有一次"我"偶遇在树下读书的大泽老师，表示自己喜欢读《孟子》，而《孟子》正是大泽老师最厌恶的书籍，于是二人为此争吵起来，回家后"我"把经过讲给父亲，却被父亲勒令前去大泽老师家中道歉，然而令人意想不到的是，大泽老师很亲切地向"我"进行了解释，"我"意识到自己的错误，并逐渐与老师亲近，自己身上的缺点也因此得到了改正。

小说中"我"的转变颇为突兀，缺乏过渡，大泽老师的形象也过于迅速地从迂腐转变为和善，显示出这篇小说在艺术上的不圆熟。小说的重点几乎都用来描写身为"汉学者"的大泽老师的种种令人生厌的举动，而关于大泽老师和善一面的描写则明显有所欠缺。对大泽老师的褒奖只是由"我"个人的叙述而体现，而之前对大泽老师的批评却是由"我"的直接叙述、对村里人态度的侧面描写以及两人的对话等构建起来的。

小说一开篇就给大泽老师加上了孤傲的"汉学者"的标签，村里无人愿意与他往来，因为他见到平民百姓也要讲些大道理，人们只好敬而远之，甚至在狭窄的田埂上相遇时，大家在远处就闪到一旁，于是大泽老师愈发得意，横行村内。当"我"偶遇大泽老师时，他仍是一副令人感到可怕的表情，小说中对大泽老师的描述是"顽固老人"与"老顽固"，而当"我"只是简单询问大泽老师看的是什么书时，大泽老师却毫不客气地问"我"有何贵干。随后，在得知"我"的父亲教"我"读《孟子》时，大泽老师又直接詈骂"我"的父亲是"混账"。仅从这几段描写来看，大泽老师被塑造成一个孤僻、傲慢、易怒与无礼的人，这种负面的形象反而更加立体、丰富，比苍白的正面形象更加令人印象深刻。

小说中"我"与大泽老师关于《孟子》的争论也意味深长。大泽老师认为《孟子》教臣民不尊敬君主，这与日本万世一系的天皇制格格不入，孔子那种君臣各守其道的伦理才是应该提倡的。在大泽老师看来，不觉得《孟子》的主张有什么不妥的"我"甚至不算是个日本人。[①]大泽老师对忠孝的笃信与维护，与明治三十年代日本政府通过标举儒学中的忠孝观而强化统治的政策与思潮息息相关。传统"儒学"中的相关内容，尤其是所谓忠孝一体的观念，被明治时代的官员与学者们重新发掘并萃取出来，作为官方意识形态的重要组成部分而加以推行，对忠孝的阐释已经不再是传统的简单复现，而是具有新的特质与意义。而大泽老师又通过教育系统将其吸收，甚至化为自身精神世界的内核，并表现在日常生活之中。

如大泽老师这样的乡村教师只是普通的"汉学者"，在学术史上大概是不配拥有姓名的，但是文学作品中的他们的人物形象、他们的处境，以及旁人对他们的态度等，都为我们考察变异后的中国学如何渗入日本普通民众的生活与精神世界提供了新的路径。

《富冈先生》（1903）围绕着在村里开设汉学塾的"汉学者"富冈先生嫁女儿的故事展开，讲述了这位以教授"汉学"为业的教师因其高傲而顽固的性格，使得女儿的婚事屡遭挫败，不仅给女儿，也给女儿的追求者们造成了严重的心灵伤害。无独有偶，独步又塑造了一个偏执、易怒、势利的"汉学者"形象。

独步本人是精通中国古典的，他甚至还曾改写《聊斋志异》中的一些故事，但是似乎独步也看到了当时"汉学"日渐衰退的趋势，体现在"汉学者"身上则是他们扭曲的性格甚至人生的悲剧。概而言之，在《初恋》《富冈先生》等作品中，独步塑造了脸谱化的、负面的"汉学者"形象，"汉

---

① 无独有偶，与此类似的是，夏目漱石《三四郎》开篇写三四郎在火车上遇见一位预测日本终将亡国的乘客，三四郎表示如果是在熊本乡下，这位乘客一定会被视为卖国贼，他自己也觉得这位乘客"不像是个日本人"。

学"在小说中往往被视为某种滞后、顽固与危险之物。而正如《初恋》所示，那"汉学"也已不再是传统形态，而是发生了变异，我们或许应该称之为"中国学"。

日本近代小说中的"汉学者"形象并非仅此而已，例如夏目漱石《我是猫》中，迷亭曾介绍他的伯父，这位伯父是一位醉心于朱子学的"汉学家"，在迷亭看来可谓顽固迂腐、不合时宜，是"时代的落伍者"，等等。

就研究视角与研究方法而言，在追踪日本中国学的发展历程时，或许不应该仅仅注重代表性学者的重要论著等佩戴在"乘客"身上的"勋章"，国木田独步等人的小说提示我们，有时从文学作品中或许可以另辟蹊径，帮助我们以一种近似于旁观者的视角，追踪中国古典对近代普通日本人精神世界的影响。

二、日本近代文学批评中的"中国学"

日本近代的文学批评（或曰"文论"）不仅深受西方文学理论的影响，对中国古典作品与古典诗学的新阐释，同样也是日本近代文学批评史的重要一翼。概言之，日本近代文学批评家对新观点或新概念的阐述有时与其对中国古典作品的新认识密不可分，所以批评家们的新阐释不仅是展开日本近代文学史与文学批评史研究的必由之路，同时也构成了追踪日本中国学变异过程的重要一环。以往的日本中国学研究于此较少留意，因为相关论述大多零散而缺乏体系，游离于研究视野之外，但是这些短章或断片同样具有重要价值。日本近代文学批评家对中国古典文学的整体特征以及具体作品的评价与阐释往往与批评家自身的文学主张密切关联，可举北村透谷、正冈子规与高山樗牛为例。

北村透谷与山路爱山之间曾发生一场论争，围绕着文学是否应该直接反映人生这一核心问题，两人反复辩难，此即所谓"人生相涉论争"，是日本文学批评史上非常著名与重要的论争之一。山路爱山援引曹丕"文章乃经国之大业，不朽之盛事"的经典论述，认为文学是指涉现实人生的大事业，而北村透谷则针锋相对，批评此种功利主义文学观。透谷认为文学的本质并不在于直接介入人生之"实"，而是存于一种理想的"虚"的境界。透谷在表述理想中的文学与艺术的至高追求时，颇为圆融地化用了《庄子·逍遥游》。

在《何谓与人生相涉》（1893）一文中，透谷提及《庄子·逍遥游》中著名的鹏蜩之喻，以此描述超越现实的艺术的至高境界。

> 可悲的Limit在人的四面设立铁壁，使人不能脱离卑野的生涯。无论是鹏之大或蜩之小，都不能破除此限。而小蜩不知自身之小，大鹏亦不知自身之大，二者皆不知自身为限制所束缚而欣然自足，此为可怜的自足。以此可怜的自足身处现象世界，自信不缺乏快乐与幸福者，实为浅薄的乐天家。他端坐于狭小的家中，与物质的论客同座，想歌颂太平。唱吧唱吧，你们的泰平之歌。①

在这段文字中，透谷以"鹏"与"蜩"为例，批评那些"物质"的"浅薄的乐天家"满足于现世的"快乐与幸福"而不知自己也身处限制（limit）之中。庄子与透谷都看到了这些自足者的可悲可怜，透谷也像庄子一样试图追求"无己""无功""无名"的境界。通过化用《庄子》，透谷阐明了自己的立场与观点，与此同时，透谷的论述也为庄子的这一经典"寓言"增添了新的内涵与可能性。在新时代的新语境下，日本文学批评家以新的观念重

---

① 千叶俊二、坪内祐三编：『日本近代文学評論選·明治大正篇』，東京：岩波書店2003年，第60—61頁。引文由笔者翻译。

新阐述古典，以回应具体问题，这也正是日本的中国学的核心工作与任务之一。

正冈子规是日本近代"写生文"的重要推动者之一。"写生"的概念与理念是子规文学论的关键，而子规对"写生文"的提倡与他对《水浒传》的推崇是一致的。高须芳次郎在《美文及写生文流行的时代》中回忆：

> 子规氏将文章会称为"山会"，是因为子规氏认为写生文中必须有"山"，即能够引起读者兴味的焦点。子规为了向众人解释此点，开始举办《水浒传》轮读会。提到《水浒传》，今天的年轻人中有的或许会认为那是由夸张的文章结成的产物，但实际上《水浒传》整体上是由内含写生之旨的文章构成的，如实地再现了所有的人与光景。比如好汉武松打杀猛虎一段，在描写上有逼真之妙，其层层光景的展开，读者再三阅读也不会厌倦。子规氏对《水浒传》产生共鸣的理由之一或许正在于此。[1]

子规认为"写生文"并非单纯的描写，"写生"并不意味着可以不讲究文章的笔法，也需要有重点有起伏，能够吸引读者的注意力。子规曾表示，"所谓写实如果无节制地详写，其事物不能在读者面前活灵活现，则无法收到写实的效果"[2]，与引文中所谓文章应有重点突出的"山"的观点相合。而子规为了更加生动具体地说明如何才能做到真正的"写实"，他采取的方法是亲自带领大家轮流阅读与品鉴《水浒传》。《水浒传》中武松打虎的一段文字，被认为具有"逼真之妙"，而子规赞赏《水浒传》的要因之一正在

---

① 十川信介编：『明治文学回想集』下册，東京：岩波書店1999年，第258頁。引文由笔者翻译。

② 转引自柄谷行人著，赵京华译：《日本现代文学的起源》，生活·读书·新知三联书店2019年，第53页。

于此，可以说，子规以"写生"之视角或理念重新发掘出《水浒传》的艺术价值。

柄谷行人在《日本现代文学的起源》第二章中曾指出，"写生文"的重大意义之一在于语言方面，子规的"写生文"多使用现在时或现在进行时，以突出现场感。①但是柄谷行人未能论及的是，子规对现场感的追求与他对《水浒传》的推崇有何关系。如果我们将二者结合起来思考就会发现，或许在高须芳次郎所提示的文章结构与笔法之外，武松打虎一段在语言上或许也对子规有所启发，即《水浒传》中相关文字及其拟仿的口语表达（小说中的文字以说书人的现场发挥为基底）所营造出的临场感或许也是"写生文"特色的重要来源之一。总之，子规对中国古典文学作品的评价与阐释，与其"写生"的文学主张紧密相关，互为表里。

子规的情况并非孤例，高山樗牛对中国文学的整体评价导源于他的"国民文学论"，情况相似。高山樗牛是明治中期非常具有代表性与影响力的文学批评家之一，积极介绍尼采思想，并宣扬日本主义思想等。在文学批评方面，他高举"国民文学"的大旗，希望当时的小说家多关注与研究国民，创作符合所谓"国民性情"的"国民文学"。他在《我邦现今文艺界批评家之本务》（1897）一文中指出，"以国民之立场，打破纷纷众愚，以公平含蓄之批判，申明国民文学之旗帜"是"当今"文艺界批评家的本务，而所谓"国民文学"即"基于国民性情的文学"。②基于此种认识，他对坪内逍遥以来的写实主义文学大加批判，认为写实主义小说忽视人与社会的关系，造成了文学与"国民性情"的分离。樗牛之所以提倡"国民文学"，其目的在《小说革新的时机》（1898）一文中充分地暴露出来："日本国民以忠孝义勇为人道大本，写实小说却对忠君爱父不置一词"，"日本国民重视家系的

① 柄谷行人著，赵京华译：《日本现代文学的起源》，生活·读书·新知三联书店2019年，第53页。

② 高山樗牛：『樗牛全集』第二卷，東京：博文館1915年，第409—410頁。

继承，忧虑国家的命运，世界上罕有其比，他们确信为君父而死乃最高之名誉，国民的幸福惟有在国家的昌荣中才可实现，然而写实小说却写情死、说民权、讲平等……"①。借批判写实主义小说，樗牛将矛头指向文学上那些可能破坏"帝国"稳定与扩张的"危险"势力。

"国民文学"的视角影响了樗牛对中国古典文学的整体评价。他在《中国文学的价值》（1897）一文中指出，中国的国民性是保守的、形式主义的，中国人不知与时俱进，而且由于中国人信奉的"儒教"的主要原则是"道德主义"，因此中国文学也呈现出实利主义与形式主义的倾向，中国的文学文化因而停滞不前，所以中国文学思想"对于我国民文学的进步并无裨益，除去历史层面的意义，其文学中有价值的部分是极为稀罕的"，据此，"我邦学者对于中国文学的研究，应该从纯然的历史的角度出发"②。樗牛对中国文学的贬斥与他批评日本明治后的写实主义小说虽然理由不同，但都是从"国民性"的角度进行论断，实质上相去不远。换言之，樗牛之所以贬低中国文学的价值，乃是由于他认为中国人的"国民性"恰是日本人应该警醒与摒弃的。正如藤田昌志所论，"樗牛对于中国文学的批评，是基于中国文学是否有益于日本的国民文学而做出的判断"③。

北村透谷、正冈子规与高山樗牛的例子都可以证明，日本近代一些文学批评家受益于中国古典而表达出新的思考，或者对于中国古典文学的认识与评断是基于文学批评家个人文学观点而做出的。因此，只有将文学批评史与中国学史结合起来，才能够更加完整与深入地分析与阐释相关文本。

---

① 高山樗牛：『樗牛全集』第二卷，第556—559頁。
② 同上，第488—500頁。
③ 藤田昌志：『明治・大正の日本論・中国論』，東京：勉誠出版2016年，第119頁。

三、写实主义小说观与"中国学"的诞生

在日本近代，对中国古典的新阐释一直与日本文学的发展相伴相生，与此同时，日本近代的中国学自身也因日本文学的引导而走上新的道路。关于日本中国学中文学部分的新变，此前已有不少学者注意到欧美文学与学术的影响，例如严绍璗指出在明治维新以后，"欧洲近代文艺观念导入日本，使日本学术界一些学者，从对小说戏曲的'玩赏主义'，发展为学术研究"[①]。王晓平也认为，"明治维新以后，日本的中国文学研究和以前相比发生了巨大的变化，汉学者接受了法、英、德国学者的观点，把汉学当作东方学的一部分，运用他们的方法，对我国古代文学资料加以排比整理"[②]。而在此之外，日本近代文学在观念与概念等方面对专治中国文学研究的日本学者的影响也十分重要。

在日本"汉学"向"中国学"发展或转变的过程中，"东京学派"与"京都学派"无疑是两大重镇，而其最具代表性的学者当属盐谷温与狩野直喜。

日本在"传统汉学"终结，"近代中国学"形成的过程中，东京帝国大学于公元1903年将以前的"汉学科"分为"支那哲学"与"支那文学"两个学科。公元1912年，当时在中国和印度度过了近六年研究生活的盐谷温副教授回国主持东大中国文学课程。与此同时，公元1906年，京都帝国大学在文科大学内，设立"支那语学支那文学"讲座，并自公元1908年起，由狩野直喜教授主持其课程。以此为标志，日本对中国文学的研究，脱离了传统经学的羁绊，而成为近代文化中一门独

---

① 严绍璗：《日本中国学史》，江西人民出版社1991年，第356页。
② 王晓平：《近代中日文学交流史稿》，湖南文艺出版社1987年，第384页。

立的学科。^①

赵苗也指出，盐谷温与狩野直喜"遥相呼应"，"将源于欧洲的文学讲座制度引入日本的大学，使东京大学和京都大学成为近代中国俗文学研究的两座重镇，从此正式将中国文学纳入近代学术的研究体系"。^②

狩野与盐谷二人的学术地位毋庸置疑，尤其是二者对中国古典小说与戏曲（"俗文学"）的重视与专门研究，更是影响巨大。所以笔者就以二人关于中国古典小说的一些具体论述为对象，考察其中如何浸润了日本近代文学观念，以窥日本近代文学与中国学关系之一端。

作为日本中国学"京都学派"的开创者之一，狩野直喜高度评价中国古典小说与戏曲的作用，例如他在《中国文学史》"总论"中提出，中国文学的范围包括经、史、子、集和俗文学五部分，在《汉文释例》序言中又将中国的散文分成古文、四六文（骈体文）、公牍体文、小说体文与口语体文五类。将小说戏曲与经史古文并列，相对于传统的观念而言，自然是极为大胆的改变。

狩野之所以重视中国古典小说与戏曲，主要是因为他认为可以借此了解中国的社会风俗，而这与日本近代写实主义文学中坪内逍遥等认为小说主要应摹写"风俗"的主张一脉相承。狩野曾表示，确定《红楼梦》何时成书以及由谁所作非常重要，因为书中描写的贵族性格柔弱，也就是说"满洲人"入主北京时的刚健气象已经消失殆尽，而官吏的陋习则延续至今，所以，若想知晓这种腐败的社会情况大约是从何时开始的，调查小说的作者和年代就十分必要。^③由此可见，狩野对古典小说的文献考证只是研究的基础或预备，对于中国风俗的了解才是其要旨所在，狩野重视中国古典小说（也包括戏

---

① 严绍璗：《日本中国学史》，江西人民出版社1991年，第349页。
② 赵苗：《日本明治时期刊行的中国文学史研究》，大象出版社2018年，第166页。
③ 狩野直喜：『支那学文薮』，東京：みすず書房1973年，第321頁。

曲）的要因之一即在于从中可以窥见中国风俗诸相。

　　小说的主旨在于描写"人情世态"，即世间的人情与风俗，这是坪内逍遥《小说神髓》（1885）中的核心观点。①包括逍遥后来又将小说分为时代物（描写"往昔之情态"）与世话物（描写"当世之情态"），其中时代物即历史小说的目标之一就在于为风俗史考察之用，也是将小说视为风俗史的材料。②其实，这也并非逍遥的个人主张，同时代的坂崎紫澜也曾在《政治小说之效力》（1885）中指出，《水浒传》可以被视为文明史的材料和当时社会风俗的证明。③所以，狩野并非戛戛独造。我们不能脱离日本的近代文学或文学批评，仅仅从日本中国学的视角进行论述。

　　与狩野相近，盐谷温的研究特色之一也在于关注中国古典小说与戏曲中体现出的风俗。盐谷的《中国文学概论讲话》（1919）影响甚巨，此书原为他在1917年夏季所做公开演讲的底稿，后经修订（主要是增加了对戏曲小说的发展的论述）于1918年出版。该书分上下两篇，上篇论述音韵、文体、诗式以及乐府和填词等，下编专论戏曲小说，戏曲的部分从唐宋古剧讲到汤显祖，还包括二黄和梆子等内容，其中专论小说的部分包括四节，分别是神话传说、两汉六朝小说、唐代小说与诨词小说。"诨词小说"一节主要是讨论《京本通俗小说》、四大奇书和《红楼梦》等作品，按照盐谷自己的解释，所谓"诨"是笑话、弄言的意思，"诨词小说"也就是"以俗语体写成的有趣的小说"，起源于宋代，"具有国民文学的色彩"。④其中在谈到《水浒传》时，盐谷认为可以从小说中的人物认识中国人的特性，例如他指出智多

---

① 坪内逍遥：『小説神髄』，東京：岩波書店2010年，第22頁。

② 同上，第207—211頁。

③ 王向远：《日本古典文论选译》（近代卷上），中央编译出版社2012年，第135、137页。

④ 塩谷温：『支那文学概論講話』，東京：大日本雄辯会1919年，第456頁。

星吴用的计谋多端是中国人"诡谲阴冷的国民性"的体现。①在论述《红楼梦》时，盐谷又表示，中国文学中多有"虚饰"之处，由此可见中国人复杂的国民性，而与此相对，日本人则"性情单纯"。②通过文学窥见所谓"国民性"，盐谷的思路与上文提及的高山樗牛，以及稍早之前的"国文学"学者芳贺矢一《国民性十论》等著作几乎如出一辙。

在此之外，盐谷对于小说中的"人情"也颇为关注。盐谷将《玉娇梨》《平山冷燕》等后世所谓"才子佳人小说"以及《金瓶梅》《红楼梦》都称为"人情小说"。他指出《金瓶梅》对市井小人物的描写十分逼真，"极尽人情之细微"，可以作为"认识中国社会之史料"③，又赞誉《红楼梦》可谓"古今东西第一的人情小说"④。在此之前，黄遵宪曾在与日本友人的笔谈中称赞《红楼梦》是"开天辟地、从古到今第一部好小说"⑤，从"好小说"到"人情小说"，盐谷不再是简单的称赞，而是对其特点加以概括。逍遥对于"人情"的解释是，"人情乃人之情欲，所谓百八烦恼是也"⑥。盐谷之所以将"才子佳人小说"、《金瓶梅》与《红楼梦》等均归入"人情小说"，或许是由于看重它们的内容或表现主题，或者说，盐谷也许是借助逍遥提供的新角度，在传统的"淫书"等论断之外，发现了新的可能性与价值。

坪内逍遥对于小说主旨的认识——人情与风俗——在狩野直喜与盐谷温那里得到了具体的落实。逍遥并非专就中国文学而论，而狩野与盐谷沿用了逍遥的观点并运用到对中国文学的评述之中。由此言之，日本的中国学研究确乎与日本近代文学批评紧密相关。

---

① 塩谷温：『支那文学概論講話』，第475頁。
② 同上，第519页。
③ 同上，第510页。
④ 同上，第518页。
⑤ 陈铮主编：《黄遵宪集》第三册，中华书局2019年，第1174页。
⑥ 坪内逍遥：『小説神髄』，第22頁。

四、结语

日本中国学与日本近代文学之间的关系颇为复杂，呈现出多种形态，本文提及与补充的只是其中几个方面而已，如能对以后的研究者有所启发即足矣。当然，本文所举例证有限，作为例证的文本是否能够真正代表一个方面，也是需要继续思考的问题。

文章的最后，笔者想跳脱"近代日本"或"日本近代"的前提或限制，将视野延伸至近现代中国的文学与思想界。日本近代以降的"中国学"，就其本质而言，或许在于对中国古典的重新阐释，而此项工作并非仅有日本学者和文学家参与，因为中国近现代以来对于本国古典的研究，无论是梁启超《清代学术概论》，还是鲁迅《中国小说史略》或闻一多《神话与诗》等，也构成了中国"新文学"的重要源流，如果以东亚视野观之，中日学者所做的工作或许都可归入一个宏伟的进程或工程之中，即中国古典的"现代"阐释与新生。

胡适在《水浒传后考》的最后部分提及的狩野直喜关于《水浒传》成书考证的一篇文章，指出狩野研究的材料以及结论都与自己的考证相同，并由此感叹说，如果"能处处尊重物观的证据，我们一定可以得到相同的结论"①。胡适与狩野直喜暗合的其实并不仅仅是结论，"相同的结论"暗示着在此种偶然或巧合背后实际上存在着无数同类或相似的工作。换言之，正是由于为数众多的中日学者几乎同步进行赋予中国古典"新生"的工作，才可能有妙合的出现。而对于中国古典的新阐释，无论中日（当然也包括欧美），都以各自不同的"新学"为背景或引导，例如在文学领域，西方文学观念在东亚的种种变体，成为引发与促进新阐释的媒介与推力。换言之，无论是日本的中国学研究，还是中国本土学者的"整理国故"，从其发生的那

① 胡适：《胡适古典文学研究论集》下册，上海古籍出版社2013年，第668页。

一刻起,即已天然地获得了世界性的意义。由此言之,或许"整理国故"正是"世界文学"的同义词。

参考文献

熊文莉:《日本"中国文学研究会"研究》,社会科学文献出版社2017年。

严绍璗:《日本中国学史稿》,学苑出版社2009年。

国木田獨步:『武蔵野』,東京:民友社1901年。

鈴木貞美:『「日本文学」の成立』,東京:作品社2009年。

《孝子传》在日本中世唱导资料《湛睿说草》中的征引与传承

刘新萍

摘要：阳明本《孝子传》是日本中古、中世时期《孝子传》流传的重要文献源头之一。日本中世时期的佛教唱导资料《湛睿说草》征引、传承了阳明本《孝子传》，并基于以下三种形式，即直接引用、简略引用及化用。《湛睿说草》这类"说草"是用来在追善供养法会上唱诵的，即唱导活动的台词脚本，流传兼有口传、文献两种方式，说明《孝子传》在日本中世时期已经超越了文献文本单一的传承方式，符合东亚俗文学传播的基本特点，是东亚俗文学传播的重要案例，值得关注。

关键词：《孝子传》；《湛睿说草》；征引；传承

引　言

国内的《孝子传》已经散佚，而日本所藏的阳明本《孝子传》和船桥本《孝子传》是目前仅存的完整版本，以下简称两《孝子传》。两《孝子传》对日本中古、中世时期的日本文学、文化产生了重要影响。两《孝子传》在日本的传播问题，是域外汉籍传播的重要问题。此外，《孝子传》是源自民间的文本，属于俗文学范畴。俗文学的概念在20世纪20年代就多有讨论，不过没有清晰的界定，多未涉及域外俗文学传播的问题。王小盾提出了古代东亚俗文学共同体的概念，认为俗文学既是书面记录下来的文学，又是民间传承的文学，具有两重性，并指出在东亚历史上有三种文学：第一种为作家文学或体制文学，第二种为民间传承的口头文学，第三种为俗文学。①本文采纳王小盾对俗文学的定义，同时认为《孝子传》在日本的传播问题不仅仅是域外汉籍传播的问题，还涉及域外俗文学的传播问题。以下以《湛睿说草》为例，探讨作为俗文学的《孝子传》是如何被传承和接受的。

在讨论《孝子传》在中世时期（1192—1603）唱导资料《湛睿说草》里如何流传的问题之前，先谈一谈日本平安以后"唱导"一词的内涵以及日本中世唱导文献与敦煌讲唱文献之间的关联。荒见泰史在《敦煌的唱导文学文献——以〈佛说诸经杂缘喻因由记〉为中心探讨》一文中整理了日语中"唱导"的概念，并明确了日本唱导文献与敦煌讲唱文学的关系。荒见泰史指出，现代日语的"唱导"是指用佛教（或其他宗教）的教义来教导俗人的宗教活动，唱导约在平安时代（794—1192）由中国传入日本。荒见泰史同时认为日本流传下来的唱导底本晚于敦煌讲唱文学，是由敦煌讲唱文学发展演变而来②。郑阿财在《试论敦煌"唱导文学"与"俗讲文学"之名义》一文中梳理了"唱导"的历史演变过程③，并对日本学界约定俗成的"唱导文学"的定

① 王小盾：《东亚俗文学的共通性》，《中国社会科学》2015年第5期，第165、181页。
② 荒见泰史：《敦煌的唱导文学文献——以〈佛说诸经杂缘喻因由记〉为中心探讨》，"第三届中国俗文化国际学术研讨会暨项楚教授七十华诞学术讨论会"，2009年11月13日。
③ 郑阿财：《试论敦煌"唱导文学"与"俗讲文学"之名义》，《敦煌吐鲁番研究》第十三卷，2013年8月，第29—45页。

义进行了考察。郑阿财指出唱导在东晋时期确立，六朝以后盛行，唐五代的俗讲由唱导演变而来，并认为狭义的俗讲经文等可称为"敦煌俗讲文学"，而广义的变文涉及非佛教的变文则称为"敦煌讲唱文学"较为合适。基于荒见泰史以及郑阿财的研究，为了贴合日本平安以来的历史称谓并和"敦煌讲唱文学"区分，本文将日本中世时期留存的唱导活动的底本统称为"唱导资料"。

日本中世时期佛教举行法会佛事时进行的俗讲活动，有唱导、讲释等形式。在日本，佛教的法会活动可以追溯至奈良时代（710—794），法会的参加者有施主、僧人、听众，法会主要内容包含三大部分，即表白、愿文及说法。[①]日本自平安时代开始，佛教的唱导活动就十分流行。12世纪末期至13世纪初期日本的唱导活动发生了一些变化。日本学者小西甚一认为10世纪日本的说经类似唐代的俗讲，12世纪末期至13世纪初期唱导活动发生了质的变化，体现在三点：一是在固定的家族中传承，二是由汉学素养较深的人从事，三是为了表情丰富，表演痕迹浓重。[②]演绎"唱导"者一般被称为"唱导师"，伴随着唱导活动的兴盛，唱导师也层出不穷，在平安时代已有十分有名的唱导师。唱导师在唱导时所用到的台词脚本、笔记类的东西被笼统地称为"说草"，比一般的书籍体积小，僧侣一般会放在怀里随身携带[③]。需要注意的一点是，"说草"和日本中世时期的一些说话文学也有联系，有共同的故事内容。"说草"属于唱导资料，本身就有演艺的性质，僧侣在唱导时

---

① 法会主要内容：一是表白，即由僧人讲解法会的流程；二是愿文，诵读施主的心愿；三是说法，讲解一些譬喻因缘故事，这些因缘故事题材丰富，为源自日本本土、中国和印度的故事。[日]田中德定：『孝思想の受容と古代中世文学』，新典社2007年，第360页。

② [日]小西甚一：『日本文藝史Ⅲ』，講談社1986年，第318—320页。小西甚一行文中并没有区分说经和唱导的概念，其实唱导有不同形式，说经是其中的一种。

③ [日]小峯和明：『中世説話の世界を読む』，岩波書店1998年，第37页。

通常会有音乐伴奏，因此可以说"说草"具有口头传播与文献传播的双重性质，符合俗文学的传播规律，并不是单纯的文献传播。

神奈川县的金泽文库保存了大量书写于镰仓时代（1185—1333）的"说草"①，湛睿（1271—1346）是金泽称名寺的名僧，也是13、14世纪声名显赫的唱导师，当时留下的大量的唱导资料中很大一部分为湛睿的手稿。湛睿的说草是研究日本中世时期佛教唱导活动的珍贵资料，说草里还保存了湛睿亲笔抄写的《孝子传》。《湛睿说草》具有说话的性质，其记载的一些说草具有很高的文学性，有改写《孝子传》故事的情况，因此说《湛睿说草》是研究《孝子传》在日本中世时期传播问题的一手资料，不仅可以考察《孝子传》在日本中世时期传播的实际情况，还能进一步挖掘《孝子传》在日本说话文学中广泛流传的原因。日本学者纳富常天搜集整理湛睿的文书资料，并将其校勘出版，即《金泽文库藏·国宝称名寺圣教·湛睿说草·研究和翻刻》一书，以下简称《湛睿说草》②，本文在研究《湛睿说草》里的《孝子传》传承问题时主要参考了此书。

明确了《湛睿说草》这一资料的重要意义，再来梳理一下学界目前有关日本中世唱导资料和两《孝子传》关系的研究成果。目前有关日本唱导资料和两《孝子传》关系的考察较多，日本幼学会在《孝子传注解》中总结了和两《孝子传》相关的日本唱导资料，《孝子传注解》依据纳富常天的研究指出金泽文库的唱导资料和阳明本系统《孝子传》关系密切③。田中德定研究了日本中世时期的唱导资料与《孝子传》之间的关系，主要考察了安居院唱导资料、金泽文库藏《张敷留扇事》、《湛睿说草》等唱导资料和《孝子传》之间的关联，并着重考察了这些资料所反映出来的孝思想。具体到《湛睿说

① ［日］小峯和明：『中世説話の世界を読む』，岩波書店1998年，第37、38頁。

② ［日］納富常天：『金沢文庫蔵・国宝称名寺聖教・湛睿説草・研究と翻刻』，勉誠出版2018年。本文对湛睿说草的介绍以及原文引用均根据该书。

③ ［日］幼学の会編：『孝子伝注解』，汲古書院2003年，第7頁。

草》和《孝子传》之间的关系问题，田中德定指出湛睿的唱导资料里收录的8条孝子传为阳明本《孝子传》系统，不过田中德定的研究并没有涉及湛睿其他的唱导资料和《孝子传》之间的关联问题①。《湛睿说草》一书虽然将湛睿的说草翻刻出来，校勘了《湛睿说草》所引用的《孝子传》②，但是并没有对湛睿唱导资料与《孝子传》的关联进行深入解读。综上，依据目前的研究成果，有关湛睿《湛睿说草》和《孝子传》关系的研究不足，学界对《湛睿说草》如何接受《孝子传》这一问题的研究并不充分，还有较大的讨论空间，因此本文拟考察这一问题。

一、《湛睿说草》对《孝子传》的抄录与略引

（一）《湛睿说草》对《孝子传》的抄录

《湛睿说草》所载的《孝子传》8条故事为湛睿亲笔书写，收录在"佛事法会相关"类下的其他项里③。前文已提到学者们认为《湛睿说草》所引的8条孝子故事源自阳明本《孝子传》，《湛睿说草》所载孝子故事与阳明本《孝子传》的关系究竟有多密切，在此有必要举例说明。下面通过比对丁兰故事的两个文本来加以说明。丁兰故事在流传的过程中，故事的面貌相对不稳定，异文较多，我们可以将《湛睿说草》的丁兰条和阳明本《孝子传》进行比对，看看这两条的内容是否相近。《湛睿说草》丁兰条的文本内容

---

① [日]田中德定：『孝思想の受容と古代中世文学』，新典社2007年，第358—426頁。在该书第二章"中世唱导资料里的孝子说话和思想"部分，田中德定用一章的篇幅讨论了这一问题。

② [日]納富常天：『金沢文庫蔵・国宝称名寺聖教・湛睿説草・研究と翻刻』，勉誠出版2018年，第284—286頁。

③ 对《湛睿说草》唱导资料类别的划分，主要参考了《金沢文庫蔵・国宝称名寺聖教・湛睿説草・研究と翻刻》的划分。

如下：

河内人丁兰者至孝也。幼失母，年至十五，<u>旦暮不已</u>，乃刻母形为母，而供养之，如事生母不异。兰妇不孝，<u>失烧木母面</u>。兰即夜□木母曰："汝妇烧吾面。"<u>兰即苔（答）□其妇</u>，然后遣之。有邻人借斧，兰即启木母，木母颜色不悦，<u>即不借之</u>。邻人嗔恨而去。伺兰不在，以刀斫木母一臂，流血满地。兰还见之，悲号叫恸，<u>即往割邻人头以祭母</u>。官不问罪，加禄位其身。赞曰："丁兰至孝，<u>少丧亲</u>，追慕无及，立木母人，朝夕供养，过于事亲，身没名存，万世惟真。"

阳明本《孝子传》丁兰条，原文如下：

河内人丁兰者至孝也。幼失母，年至十五，<u>思慕不已</u>，<u>乃刻木为母</u>，而供养之，如事生母不异。兰妇不孝，<u>以火烧木母面</u>。<u>兰即夜梦语木母言</u>："汝妇烧吾面。"<u>兰乃答治其妇</u>，然后遣之。有邻人借斧，兰即启木母，木母颜色不悦，<u>便不借之</u>。邻人嗔恨而去。伺兰不在，以刀斫木母一臂，流血满地。兰还见之，悲号叫恸，<u>即往斩邻人头以祭母</u>。官不问罪，加禄位其身。赞曰："丁兰至孝，<u>少丧亡亲</u>，追慕无及，立木母人，朝夕供养，过于事亲，身没名在，万世惟真。"

以上这两条材料的文本内容基本完全一致，只是画线部分存在一些异文，这些异文的存在明显是在传抄的过程中出现的讹误，可以断定《湛睿说草》的丁兰故事出自阳明本《孝子传》。剩下的7个故事情况相似，都是源自阳明本《孝子传》，篇幅所限，不再逐条比对。总之，《湛睿说草》所记载的《孝子传》的8个孝子故事的文本和阳明本《孝子传》文本虽然存在异文，但异文多为讹误，由此，我们可以确定《湛睿说草》所摘录的《孝子传》是源于阳明本《孝子传》。

（二）《湛睿说草》对《孝子传》的略引

前文已经考察了直接引用的情况，下面以《湛睿说草》对舜故事的接受为例，再来看简略引用的情况。简略地引用《孝子传》故事梗概或在文章中穿插《孝子传》故事是中世佛教文献的常见做法。例如，澄宪（1126—1203）的《澄宪作文集》记录的亡亲供养法会范文里巧妙地用《孝子传》故事装饰文章，范文提及了王祥、孟宗故事，"所以王祥孝顺砌赤鲤踊冰上，孟宗至孝处紫笋生雪中"[①]。除此之外，这段范文中还提及了丁兰、韩伯瑜、舜、阳公、郭巨的故事，这些故事不尽是源自两《孝子传》，然而大部分故事与《孝子传》有很深的瓜葛。此外，《言泉集》等许多唱导资料里除了直接引用《孝子传》原文，也有大量简略提及《孝子传》故事的例子，在此不再一一举证。总而言之，在日本中世时期唱导资料里穿插孝子故事是非常常见的现象。

《湛睿说草》同样有简略引用《孝子传》故事的情况。追善供养类的"通用于慈父主题"下收录的"慈父旨趣初通用"里提到了舜故事，部分原文如下：

> ……佛法之胜利本显于信力，圣灵御得脱，更不可疑抑，报而可报者慈父之恩也，谢而可谢者先考之德也。是以刑渠悲慈父之老衰，仰苍天冥灭成暗，白发黑变。重花，叹严亲之盲冥拭红泪，至孝有验，双眼

---

① [日]大曾根章介：『澄憲作文集』，『中世文学の研究』，東京大学出版社1972年。

开明……①

阳明本《孝子传》第1条舜故事的原文内容如下：

帝舜重花，至孝也。其父瞽叟，顽愚不别圣贤。用后妇之言，而欲杀舜。便使上屋，于下烧之。乃飞下，供养如故。又使治井，没井，又欲杀舜。舜乃密知，便作傍穴。父毕以大石填之。舜乃泣，东家井出。因投歷山以躬耕种谷。天下大旱，民无收者，唯舜种者大丰。其父填井之后，两目清盲。至市就舜籴米。舜乃以钱还置米中。如是非一。父疑是重花。借人看枯井，子无所见。后又籴米，对在舜前。论贾未毕，父曰："君是何人？而见给鄙，将非我子重花耶？"舜曰："是也。"即来父前，相抱号泣。舜以衣拭父两眼，即开明，所谓为孝之至。尧闻之，妻以二女，授之天子。故孝经曰："事父母孝，天地明察，感动乾灵也。"

《湛睿说草》愿文里画线部分提到的舜故事有为父亲拭泪而父亲两眼开明的细节，和《孝子传》中舜故事文本极为相似，很可能受到《孝子传》的影响。而这篇愿文是"通用于慈父主题"的范文，舜故事的片段被穿插到追善供养的愿文里，意味着舜故事会被用于一些以颂扬慈父为主题的法会上。

---

① 原文：仏法之勝利ハ本ト顕レ於信力ヨリ、聖霊ノ御得脱更ニ不可疑抑、報而可報者慈父之恩也、謝而可謝者、先考之徳也。是以、刑渠ハ悲テ慈父之老衰ヲ、仰カハ蒼天ヲ、冥滅成テ暗ニ白髪黒ク变シ。重花、歎厳親之盲冥ヲ拭カハ紅涙ヲ、至孝有テ験、双眼開ケテ明ナリ。[日]納冨常天：『金沢文庫蔵・国宝称名寺聖教・湛睿説草・研究と翻刻』，勉誠出版2018年，第457頁。笔者译。标点符号为笔者所加。

二、《湛睿说草》对舜故事的改写

除了直接抄录、略引《孝子传》之外，我们可以看到《湛睿说草》将《孝子传》和佛经故事以及日本本土故事融合在一起综合利用和改造的情况。以下先就《湛睿说草》对《孝子传》舜故事的化用问题展开讨论。

（一）《湛睿说草》"依法华功力开父母盲目事"等故事与《孝子传》舜故事的关联

《湛睿说草》收录的阳明本《孝子传》原文有8条，这8条故事中不包含舜故事。《湛睿说草》有简单提及舜故事的情形，不过，湛睿究竟能否读到完整的舜故事存在疑问。镰仓末期的佛教文献《普通唱导集》、《内外因缘集》以及《湛睿说草》有大量记载《孝子传》故事的现象，可见日本这一时期的佛教唱导资料、佛教文献十分重视孝思想，确实有收集《孝子传》故事的做法，并且所收录的孝子故事多和两《孝子传》有关。湛睿能够读到《孝子传》完整的舜故事的证据之一，是《普通唱导集》（序为1279）下末的孝父篇也记载有舜故事：

> 舜帝重花，至孝也。瞽瞍顽愚，不列贤圣。用后妇之意，而欲杀舜。便便上屋，于下烧之。舜乃飞下，供养如故。又使涛井，杀舜。之已密知，带银钱五百文，作傍穴。父果以大石填之，舜乃从东家井出。因殁历山，以躬耕种谷。天下大旱，民无收者，唯舜种大丰。其父填井之后，两眼精盲，至市，就舜求米，舜乃以钱还米中，如是非一。父疑是重花，借人看朽井，子无所见。又求米，对在舜前，论价未毕，父曰："君是何人？见给暂时非我子重花乎？"舜："是也。"即来父前，相抱号泣。舜以衣拭两眼，即开明，所谓为孝子之至。尧闻之，妻以二女，授之天子位。《史记》第一云：虞舜名重花。舜父瞽瞍顽，母

嚚、弟象敖，皆欲杀舜。云顺适，不失子道，兄弟孝道。欲杀不可得，即求常在测。①

以上《普通唱导集》记载的舜故事，很明显为阳明本《孝子传》系统，证明完整的舜故事在日本这时期的唱导资料中广泛流传。湛睿有可能阅读到《孝子传》完整的舜故事，不仅读到，还熟知这个故事。这是因为《湛睿说草》化用了舜故事的情节和结构，具体分析如下。

《湛睿说草》记载的"东大寺仙怀已讲依法华功力开父母盲目事"条的文本内容②，乍一看好像和《孝子传》的孝子故事并没有什么关联，但我们从故事类型学的角度将这一故事和《孝子传》舜故事对比，就会发现"东大寺仙怀已讲依法华功力开父母盲目事"故事，与舜故事极其相似。"东大寺仙怀已讲依法华功力开父母盲目事"的故事梗概为：大和国河井森，有贫穷的一家，孩子六岁时，父亲经常打骂孩子，并将孩子扔弃在东大寺旁，孩子被僧人收养。后来，父母都成了盲人，孩子长大成为有学问的名僧。僧人去河井森寻找父母，与父母重逢。僧人十分有孝心，诵读《法华经》，父母重新见到了光明。僧人将父母带回东大寺，尽孝。"东大寺仙怀已讲依法华功力开父母盲目事"基本情节结构为：高僧年少时被父亲虐待—高僧被遗弃—父母眼盲—主人公发迹后与父母重逢—孝感天地父母重见光明。而《孝子传》舜故事的基本情节结构为：舜年少时被父母虐待—舜出走历山—父亲眼盲—舜发迹后与父亲重逢—孝感天地父亲重见光明。由此可见，"依法华功力开父母盲目事"与舜故事在结构上有相似性，有可能受到了《孝子传》舜故事

---

① [日]村上修一编：『普通唱導集：翻刻·解説』，法蔵館2006年，第174頁。标点符号为笔者所加。

② 以下简称为"依法华功力开父母盲目事"。该故事内容较长，在此不再引用。[日]納富常天：『金沢文庫蔵·国宝称名寺聖教·湛睿説草·研究と翻刻』，勉誠出版2018年，第266—272頁。

的影响。

这两个故事的结构虽然相似，但具体情节却有明显不同。《湛睿说草》"依法华功力开父母盲目事"具有浓重的佛教色彩，后半段部分原文内容如下：

> ……至第六卷，法师特别依靠法力祈请，吾父母盲目，父母所生眼，悉见三千界内外弥楼山。……祈请感应不空，两眼忽开，亲子互得相见，即孝子抽恳切之考诚，经王施速疾之利养……①

从以上这部分原文以及"依法华功力开父母盲目事"的题目来看，这个故事完全是从佛教角度来叙述的，孝子拥有诚恳孝心的同时，必须借助《法华经》，父母才能够复明，而阳明本《孝子传》舜故事没有佛教的元素，其结尾为"舜以衣拭父两眼，即开明，所谓为孝之至"，两个故事虽都是强调"孝"思想的重要性，却有着本质的不同。《孝子传》舜故事单纯强调了舜父眼睛复明是"孝之至"的结果，体现了儒家思想中的"天人合一"思想。"依法华功力开父母盲目事"对舜故事的核心内容进行了改写，将故事中"孝感天地，舜眼开明"的情节改得更为复杂，让父母复明需要两个条件，一个条件是拥有孝心，另外一个条件是依靠法华功力，说明《湛睿说草》将一个儒家故事改写成了佛教故事。

《湛睿说草》中除了"依法华功力开父母盲目事"之外，另外一个故事"道瑜法桥开母盲目事"也有亲人眼盲的情节。"道瑜法桥开母盲目事"的

---

① 原文：至第六卷ノ法師品、殊ニ致シ信心ヲ偏ニ仰テ法力祈請ス、吾カ父母ノ盲目、父母所生眼、悉見三千界内外弥楼山……肝胆ヲ致サハ祈請感応不空、両眼忽ニ開ケツ、親子互ニ得テ相見ルコト、思遂ケ候生前ノ本望ヲ、是即孝子抽懇切之考誠、経王施速疾之利養……[日]納冨常天：《金沢文庫蔵·国宝称名寺聖教·湛睿说草·研究と翻刻》，勉誠出版2018年，第271頁。笔者译。标点符号为笔者所加。

故事梗概如下：一位高僧出生于播磨国，年幼时和母亲相依为命，母亲为了能让孩子长大成才，自己卖身将孩子送到寺庙学习，之后母亲眼盲以乞讨为生，多年后高僧功成名就，与母亲再逢，满怀孝心诵读《法华经》，母亲两眼开明。"道瑜法桥开母盲目事"的部分原文如下：

> ……诵毕南无法花经中诸佛，八大龙王十罗刹女，愿我母两眼忽开，令母再见我姿，念珠祈请天童来按目，目如所念两眼即开……①

由上面的引文可知，"道瑜法桥开母盲目事"与《孝子传》舜故事，以及上文提到的"依法华功力开父母盲目事"有共同的情节：父母（或二者之一）眼盲，依靠子女的孝心，重新获得了光明。可见，《湛睿说草》"道瑜法桥开母盲目事"同样受到了《孝子传》舜故事的影响。

除了这两个故事，《湛睿说草》收录的另外一个故事"悲母因缘大纳言禅师"也有眼盲的情节②，这个故事的梗概为：有个孩子，为大纳言之子，父亲早逝后由母亲一手养大，七岁的时候因为家里贫穷被母亲抛弃，这个孩子被高井寺的僧人捡到，成了一代高僧，后来，与以乞讨为生双眼失明的母亲再逢，高僧诵读《法华经》后，母亲双眼复明，高僧向母亲尽孝。

"悲母因缘大纳言禅师"故事的基本结构和"依法华功力开父母盲目事"以及"道瑜法桥开母盲目事"十分相似，同一类型的故事在说草中出现了三次，足见这个故事类型在中世时期的受欢迎程度，而这个故事融合了

---

① 原文：誦シ畢テ南無法花経中諸仏、〇八大竜王十羅刹女、願ハ我母ノ両眼忽ニ開テ、再ヒ令見我姿ヲ給ヘト、念珠ヲステ、祈請ヲセシカハ天童〇来テ押、目ヲ思程ニ両眼即開ケキ。[日]納冨常天：『金沢文庫蔵・国宝称名寺聖教・湛睿説草・研究と翻刻』，勉誠出版2018年，第486頁。笔者译。标点符号为笔者所加。
② [日]納冨常天：『金沢文庫蔵・国宝称名寺聖教・湛睿説草・研究と翻刻』，勉誠出版2018年，第434—441頁。

《孝子传》舜故事的结构与情节。如上文所说，《湛睿说草》的"高僧母子重逢型故事"采用了《孝子传》舜故事的情节，将舜故事里眼盲的父亲改写为父母眼盲或母亲眼盲，同时将"孝感天地，眼睛复明"改写为因诵读《法华经》而眼睛复明。

综上所述，"依法华功力开父母盲目事""道瑜法桥开母盲目事""悲母因缘大纳言禅师"都借鉴了《孝子传》舜故事的结构，可以归为"舜孝子传"型故事。这一时期，日本文人对舜故事的接受没有停留在对这一故事的记录、传抄或略引上，而是在吸收舜故事主要情节结构的基础上，增加佛教的元素，以达到宣传佛教的目的。

（二）《湛睿说草》"依法华功力开父母盲目事"与日本本土故事的关联

我们是否能就此判断"依法华功力开父母盲目事"等三个故事完全受到舜故事影响，而和日本本土文献毫无关联呢？"依法华功力开父母盲目事"和"道瑜法桥开母盲目事""悲母因缘大纳言禅师"故事的具体内容虽有不同，不过基本情节结构一致：高僧年幼时与亲人分离—高僧发迹—高僧与亲人再逢。换言之，这三个故事属于同一个故事类型。那么，这一故事类型究竟是源于何处呢？

其实，日本学者早已关注到高僧母子相逢这一故事类型。德田进曾就高僧母子故事展开过讨论，指出日本中世时期的多种文献中都记载了这一类型故事，良辨鸳养故事先后见于镰仓初期的佛教说话集《宝物集》、成书于元亨二年（1322）的《元亨释书》、镰仓末期唱导资料《内外因缘集》等。德田进将这些故事都归为"高僧母子再逢"故事，认为"高僧母子再逢"故事为日本本土的孝子故事，还指出《元亨释书》为良辨鸳养故事的文献源头①。不过，德田进的研究并没有对"高僧母子相逢"这一故事类型进行细分，受历史条件限制，也没有关注到《湛睿说草》记载的这些材料。之后，田中德定也讨论过湛睿唱导资料中的"悲母因缘事"以及"道瑜法桥开母盲目事"，并将这一类故事归为高僧与母亲的因缘故事，认为听众很喜欢这类因缘故事，所以此类型的因缘故事才会经常被用于亡亲追善供养法会②，却没有进一步讨论这两个故事和《孝子传》舜故事之间的关联性。本文认为德田进所考察的"高僧母子再逢"类型故事与田中德定所说的《湛睿说草》高僧与母亲的因缘故事相关，为了便于展开讨论，沿用德田进的命名，统一称为"高僧母子重逢型"故事。《湛睿说草》"依法华功力开父母盲目事"、"道瑜法桥开母盲目事"和日本高僧传的"高僧母子再逢"类型故事存在关联，以下将从故事类型学的角度讨论这两个故事和《孝子传》舜故事的密切关联。

为了对"高僧母子再逢"故事类型有更深入的了解，录《元亨释书》（1322）卷二"慧解二之一"的东大寺良辨故事原文如下：

　　释良辨，姓百济氏，近州志贺里人（或曰相州）。其母祈观音像而得，二岁时母桑焉，置儿于树阴，忽大鹫落捉儿而去。母悲望赴鹫而往，不归家。初，南京义渊诣春日神祠，见鹫鸟于野，将小儿也，鹫见人而避，渊收而归。甫五岁就学，闻一知十。稍长，渊诲以相宗，又从慈训法师，受华严奥旨，训共审祥亲禀贤首。故辨为贤首的孙也。训祥不振，至辨大昌，圣武帝加敬崇，东大寺大像辨之劝化也。天平五年建金钟寺，宝字四年为僧正，宝龟四年闰十一月十六日卒。始母寻儿跋

---

① [日]德田进：『孝子説話集の研究・二十四孝を中心に』，井上書房1963年，第81、82頁。

② [日]田中德定：『孝思想の受容と古代中世文学』，新典社2007年，第416—422頁。

涉山川，经三十余岁而不遭，不得以赴故里。乘舟溯淀河，舟中人相语曰："世有奇事。南都东大寺良辨法师，年才三十余，学超伦辈，擢为帝师。昔，义渊僧正见鹫弄儿，取而育。渐长大成此国器。"母闻之疑是我儿，乃往南京潜寻东大比丘语此事。比丘曰："辨公高贵，姬之言似渎德，吾不欲闻。姬若实母伺其出，书事于简置路傍。"母如教，辨如春日祠，留舆视简，乃问之，母告实。辨曰："我师义渊举我，实如姬言。我亦思见母，未由也。今偶相逢，我甚嘉之。然生平有验乎？"母泣曰："我昔无子，祈观音像产公，故刻一寸一分大悲小像，挂儿颈。鹫捉儿时，像犹在焉。不知公稚时有诸？"辨鸣咽而言："我七岁，渊公授观音小像曰'我得汝时，此像悬汝颈，恐汝父母付之乎。汝不知父母，惟像惟见焉。'我自尔奉持，未尝离体。然则姬者实我母也。"自褚中呈母，母见像宛如也，母又知辨之真子也。弁便奉母归舍院侧，竭哺养焉。①

上面这个故事属于"高僧母子再逢"类型，为日本本土一个非常重要的故事类型，在日本中世时期佛教文献中经常出现。这一类型故事最基本的故事情节可以概括为：高僧幼时因某种原因与父母（母）分离—高僧发迹—寻找父母（母）—高僧与父母（母）再逢。"高僧母子再逢"类型故事最早源自日本的何种文献，目前学界还没有定论，当然这个问题也不是本文要讨论的重点，在此不过多涉及。

不言而喻，《湛睿说草》的"依法华功力开父母盲目事"、"道瑜法桥开母盲目事"以及 "悲母因缘大纳言禅师"与日本本土高僧传中的"高僧母子再逢"型故事结构极其相似，都有高僧年幼时与亲人分离，发迹后与亲人

---

① 原文据《元亨释书》卷二，1624年刻本。《元亨释书》为日僧师炼所撰，日本佛教史书，共三十卷，成书于元亨二年（1322）。"东大寺良辨故事"收录在《元亨释书》卷第二"慧解二之一"。标点符号为笔者所加。

重逢的情节，明显都属于同一个故事类型。

"依法华功力开父母盲目事"、"道瑜法桥开母盲目事"以及 "悲母因缘大纳言禅师"都属于"高僧母子再逢"型故事，却和良辨故事有很大出入，其实"高僧母子再逢"故事类型涵盖了许多类型一致、情节不同的故事，本文认为这个大的故事类型还可以继续细分为不同的亚型：一个亚型为良辨传型，另外一个亚型为眼盲复明型。《元亨释书》《内外因缘集》等文献记载的良辨故事可以视为高僧母子相逢故事类型中的一个重要亚型。《湛睿说草》记载的"依法华功力开父母盲目事"等三个故事都有高僧亲人眼盲的情节，可以归为另外一个亚型。

下面来具体谈谈"眼盲复明型"故事。"依法华功力开父母盲目事"等三个故事都可归为高僧母子相逢故事的一个亚型"眼盲复明型"故事，三个故事情节存在一些不同。与"道瑜法桥开母盲目事"相比，"依法华功力开父母盲目事""悲母因缘大纳言禅师"还有虐子的情节，与《孝子传》舜故事更为接近。同时，三个故事又有一致性，它们都有亲人与高僧相逢之后，靠着高僧的孝心并诵读《法华经》重见光明的情节，这个情节很明显借鉴了《孝子传》舜故事中的眼盲情节。可见，湛睿为了利用《孝子传》舜故事，改写了本土"高僧母子再逢"型故事。湛睿将日本本土高僧传的故事和《孝子传》的孝子故事融合在一起，形成了新的故事亚型，足见这一时期的唱导师对《孝子传》的熟稔程度。湛睿不仅吸收了《孝子传》故事的养分，也保留了本土色彩，更加容易被当时的民众接受。

"高僧母子再逢"类故事中的"眼盲复明型"故事类型对后世的文学也有重要影响，最突出的例子是"高僧母子再逢"类型故事发展到《大倭二十四孝》（1665）的"缘觉上人"故事时，又有了新的演绎。"缘觉上人"故事文本如下：

　　金若九，是一位百岁长者上了年龄后去春日神社祈祷后所得之子。

百岁长者因为多行不义，最终惹怒了春日明神。长者的家人得疫病而亡，自己被雷击中失明了。失明之后，和金若丸去了奈良，考虑到孩子的将来，将金若丸丢到了东大寺边上。金若丸被一位名为好胜房的圣人捡走并养大，鼓励其修行佛教的显密二教，成长为优秀的上人。现今三十七岁，现在唯一挂念的就是母亲。上人蜗居在爱宕山祈祷之处，有一名修行者带来了消息，修行者向西飞去。七月末为了寻找母亲来到了丹波路，遇到了大雨。于是到山脚下一个破旧的神社里避雨，在神社的后面躺着一位失明的老妇人，她边哭边说："从前，一打雷金若丸就会钻到我怀里，现在金若丸不知怎样了。"上人上前询问了其身世，知道确为生母。母子聊了这些年的生活。上人来到社前跪拜唱诵经文祈祷，祈祷母亲能够复明。于是出现了五佛，光芒万丈，母亲的双眼复明。向神社道了谢，又向爱宕山敬送了供奉回到了寺里，让母亲品尝各种美食，尽了孝心。①

---

① "缘觉上人"故事收录于《大倭二十四孝》卷十。《大倭二十四孝》为浅井了意所著的假名草子，出版于1615年。近世文学书誌研究会编：『近古文学資料類従・仮名草子編4・大倭二十四孝下』，勉誠社1973年，第267—297頁。笔者译。标点符号为笔者所加。原文：金若丸は、百歳長者が老齢になって春日神社に祈願して儲けた申し子である。百歳長者は放埒憎悪の行いが多く、遂に春日明神の怒りをうけた。長者の家の人々は疫病で死に、雷で焼き払われた。盲目になった御台所は、金若丸と奈良へ出たが、その将来を考えて、わが子を東大寺の辺に捨てた。金若丸はこうしょう房という聖人に拾われ、育てられ、仏道顕密二教に励んで立派な上人となった。今は三十七歳、ただ気にかかるのは母の身の上である。上人は愛宕に籠って祈願した所が、一人の山伏のお告げがあった。山伏は西に飛び去った。七月末母を尋ねて丹波路に来た時、ひどい夕立に出あった。ある山裾の荒れた社で雨を避けていると、社の後に盲目の老女が臥していた。彼女は「昔雷が鳴ると金若丸が懐の中でひしひしと抱きついて来たが、その金若丸はどうしたことやら」といって泣いた。上人は身の上を尋ねた所実の母と分かった。母子は長年の話をかわした。上人は社前に額づき経文を唱えて、母の眼をあけるよう願った。五仏が現われ、光りを放つと母の両眼は開いた。神社に礼を述べ、愛宕山にも供え物をして寺に帰り、母には種々の馳走をして、孝養を尽くした。

上面这条材料很明显是"高僧母子再逢"类型故事，也出现了高僧母亲失明的情节，属于眼盲复明亚型故事。《大倭二十四孝》"缘觉上人"故事不会是在江户时代形成的故事，它受到了《湛睿说草》"道瑜法桥开母盲目事"故事的影响，据此我们可以说"眼盲复明型"故事源远流长，至江户时代（1603—1867）仍在流传，并且收录在《大倭二十四孝》里作为孝子故事流传。故事到了这一时期又有了新的变化，认母的情节发生在神社，体现了佛教和神道教的融合，母亲复明是因为"唱诵经文"，不再强调诵读的是《法华经》。由此可见，故事的结构虽然始终没有变动，不过随着历史的推进，不同的时代增添了新流行的思想或风尚，因此故事的面貌不断发生变化。总而言之，《湛睿说草》"道瑜法桥开母盲目事"是我们解读《大倭二十四孝》"缘觉上人"故事的关键。正因为我们追溯《湛睿说草》"道瑜法桥开母盲目事"故事的形成过程，考虑到"缘觉上人"故事和"高僧母子再逢"类型故事里的"眼盲复明亚型"故事之间的关联，我们才能解读出"缘觉上人"故事里隐含的《孝子传》舜故事的情节。单纯只看《大倭二十四孝》"缘觉上人"故事，已经看不出这个故事里有《孝子传》舜故事的痕迹，可见，经过漫长的历史时期，《孝子传》舜故事的一些情节结构完全融入了日本文学中，成为日本文学的一部分。

前文提到，德田进认为"高僧母子再逢"故事良辨传的文献源头是《元亨释书》。《元亨释书》成书于1322年，说明"高僧母子再逢"类型故事大概在这一时期广泛流传。《湛睿说草》也出现了"高僧母子再逢"型的另外一个亚型故事"眼盲复明型"，那么"眼盲复明型"亚型故事是否发端于《湛睿说草》呢？依据目前的材料，我们不能断定"依法华功力开父母盲目事"等三个故事在湛睿之前的说草里没有出现过。我们知道《湛睿说草》一书是现在的研究者搜集湛睿的唱导资料并将其整理成册的，没有确切的成书时间，不过依据湛睿（1271—1346）的生平，即便是湛睿的弟子整理，说草的形成也不会晚于14世纪中期，而"眼盲复明亚型故事"是在"良辨传型"故事的基础上发展出来的，《湛睿说草》在"良辨传型"故事的基础上，融合了《孝子传》舜故事的情节，创作了"依法华功力开父母盲目事"及"道瑜法桥开母盲目事"，形成当晚于"良辨传型"故事。不过这只限于一种推测。

三、《湛睿说草》唱导《孝子传》故事的场合

下面来谈一谈《孝子传》故事被利用的场合。《湛睿说草》里每个故事都有尾题，会记录这一故事被唱导的场合。整理这些信息，可以了解这些故事在中世时期究竟是在什么时间被唱导又是如何被唱导的，这有助于研究《孝子传》被接受和改写的实际情况。

首先来看《湛睿说草》所载的8条阳明本《孝子传》故事是在什么时间、什么样的法会上使用的。这8条故事被收录在《湛睿说草》"佛事法会相关"类别，"佛事法会相关"下又分了12个子类别，《孝子传》被收录在第12子类"其他"，为湛睿亲笔抄写，是金泽文库收集的资料，不过遗憾的是该资料并没有尾题说明，目前并不能判断其具体用在什么场合。

其次来看《湛睿说草》穿插的《孝子传》是用在怎样的场合，具体统计如下表：

《湛睿说草》唱导资料《孝子传》相关故事一览表①

说草类别	法会时间与名称	抄写人
1. "慈父四十九日表白"：（C）用于追善供养（六）仅用于七七日（111）	镰仓名越越州式部殿四十九日贞应三年（1224）后七月二日	他笔
2. "慈父旨趣初通用"：（C）用于追善供养（十五）用于多种追善（141）	①历应二年三月（1339）□□ 金一守□□父七年 ②延文（1356—1361）五十一廿九日助太郎入道父百日	湛睿亲笔
3. "东大寺先怀已讲依法华功力开父母盲目事"：（A）佛事法会相关（十二）其他（74）	①历应（1338—1342）四 三 七 金濑崎尼二亲一周忌 ②贞和（1345—1350）二年二月十七日金—引越孙四郎二孝亲	他笔
4. "悲母因缘大纳言禅师"：（C）用于追善供养（十二）三十三年忌（136）	康永四年（1345）十二月上椙大御母三十□回	基本上由湛睿亲笔
5. "道瑜法桥开母盲目事"：（C）用于追善供养（十五）用于多种追善（147）	①元亨（1321—1324）二 三月五日经师谷鹿岛妻母用之 ②建武五年（1338年）正月五日土一观本母三十三年 ③康永（1342—1345）二—七 ④贞和三年（1347）金 入道妻母仪为月廿七日金—六浦道空妻母一周忌	湛睿亲笔

首先关注一下《湛睿说草》的使用时期。由上表可知，《湛睿说草》的使用时期集中在13世纪早期到14世纪中后期。表中的第1条资料是用于1224年

① 本表主要参考了《金沢文库蔵·国宝称名寺圣教·湛睿说草·研究と翻刻》一书，第一栏说草类别以及说草故事序号主要依据该书的解题部分纳富常天的分类。纳富常天将湛睿的唱导资料分为五类：（A）佛事法会相关；（B）用于佛事法会和追善供养；（C）用于追善供养；（D）补遗；（E）追补。（一）等为五大类之下又细分的类别。（1）等为说草故事的编号。"法会时间与名称"一栏的信息主要依据该书说草原文的尾题，尾题在原卷上是用小字抄写在说草的结尾部分或纸背。

的法会，结合湛睿（1271—1347）的生平可知，《湛睿说草》的一些内容是继承之前的唱导资料，此外，同一条唱导资料会在不同时间被反复用于同一主题的法会。

再来谈谈唱导资料中的文本。上表中第 1 条资料"慈父四十九日表白"提到了高柴、董永故事，也有穿插《孝子传》故事的情况，文本里出现了高柴以及董永故事，"内典外典赞之，严亲之德尤高，凡夫上人共报之，如高柴泣血之泪，董永卖身之志者，虽非菩提之访，是表世俗之孝"①。该文是北条朝时（1193—1245）在为他的父亲镰仓幕府第二代执权人北条义时（1163—？）举行的四十九日追善供养上的表白。此外，第2条资料"慈父旨趣初通用"也是用于慈父追善供养法会。由此可知，《孝子传》中敬父主题的孝子人物如舜、董永、刑渠、高柴等被用于慈父追善供养法会，唱导师会对敬父主题和孝母主题进行区分，不同主题的法会会利用不同主题的孝子人物故事。

最后，考察融合了《孝子传》舜故事的"高僧母子再逢"型故事在什么情况下被唱导的问题。《湛睿说草》里的"高僧母子再逢"型故事共有3则，如上表所示。"高僧母子再逢"型故事在唱导时多被用于佛事法会以及追善供养法会，同是"高僧母子再逢"型故事的三个故事被使用的场合还不尽相同。"依法华功力开父母盲目事"情节是父母两人失明，因此被用在双亲追善供养法会，"悲母因缘大纳言禅师""道瑜法桥开母盲目事"情节涉及母亲失明，被用在慈母追善供养法会。可以看出，经过改写的"高僧母子再逢"类型故事在追善供养法会上是听众喜闻乐见的题材。《孝子传》里也有体现孝子在亲人亡后供养的故事，比如丁兰故事；不过整体而言，还是以生前尽孝为主。日本中世时期的唱导资料和《孝子传》强调现世对父母敬献孝

---

① 原文：内典外典讚之、嚴親之德尤高レハ、凡夫上人共報之、如高柴泣血之淚、董永壳身之志者、雖非菩提之訪、是表世俗之孝。[日]納冨常天：『金沢文庫蔵・国宝称名寺聖教・湛睿説草・研究と翻刻』，勉誠出版2018年，第377頁。笔者译。

心的思想有所不同，"高僧母子再逢"型故事有固定的唱导场合，即双亲亡故后的供养，利用《孝子传》舜故事的目的主要还是为了突出施主的孝心，体现的不是现世对父母的孝心。日本学者田中德定认为，中世时期的唱导资料如安居院的唱导资料，在亡亲追善供养表白以及亡亲追善供养法会上经常引用孝子故事的原因在于佛教中的孝养不仅指生前的孝养，还指对亡亲的供养，佛教更注重送葬仪式和祭祀[①]。《湛睿说草》利用《孝子传》的场合也多在亡亲供养法会上。本文认同田中德定的研究，同时想继续深入地谈一谈这个问题。从汉代开始一直到宋元时期，除了唐代，孝子传图在中国被利用最多的场合就是在墓葬中，这种墓葬文化体现了儒家的孝思想，而在日本中世时期的唱导资料里使用《孝子传》的场合也多在送葬仪式和祭祀上，这就说明儒家的孝思想和佛教的孝思想有共通之处，都十分重视死后的世界。总结而言，儒家的孝思想，对生和死两个世界都十分重视，而佛教的孝思想则更加看重死后的世界。

四、结语

通过以上分析，可以得出以下结论：

一是总结出《湛睿说草》对《孝子传》的传承方式，大概可以归为三类：第一类为对《孝子传》的转录或传抄即直接引用，最明显的证据是《湛睿说草》记载有8条阳明本《孝子传》故事的原文；第二类为简略引用，《湛睿说草》的唱导资料在行文中会使用《孝子传》故事进行点缀；第三类《湛睿说草》记载的故事会化用《孝子传》故事，比如"高僧再逢型"故事借鉴《孝子传》舜故事的情节结构。

---

① ［日］田中德定：『孝思想の受容と古代中世文学』，新典社2007年，第346頁。

二是《孝子传》在日本中世时期的传播，很明显已经超出了文本文献传播的范畴。《湛睿说草》这类说草是用来在追善供养法会上唱诵的，其实是唱导活动的台词脚本，并且，唱导师在不同场合会使用不同的孝子故事。这说明《孝子传》同时以口传的形式流传，具有俗文学流传的典型特征，是东亚俗文学传播的重要案例。

中国文学译介与研究

中国文学翻译原则

[俄] B.M.阿列克谢耶夫 著　张冰、宋颖 译

苏联的翻译早已和其他时期的翻译一样，不仅成为常见的译本和多次再版本，而且引入了一系列创新，当然，这可以并且也应当被认为是一种新的现象。

我们（苏联汉学家）始终面对的是翻译中国文学艺术作品的原则问题。对这一类翻译，我们大概已经尝试过了所有的翻译原则：纯字面直译，再加以复杂、冗长和连续的注释；贴近字面意思的翻译，但（如果不是俄文风格的话）会按照俄语句式结构进行修饰；韵律译法，（相应地）表现出中国诗词的格律用韵；最终是"精准"翻译，地道的俄语表达，与中文话语形式无关。我们得出的结论是，中国诗歌和散文小说并无任何固定的翻译原则，它们有其自己的创作目的，针对的是自己的读者，而译者的技能则是个人的。当然，需要明确的是，这里我们不会去讨论翻译素养的问题。

鉴于此，我们就自身翻译实践中遇到的问题和解决办法向专家委员会做了关于译者的任务及其困难等内容的报告。如果注意到中国文学作品中的象形文字（一个个的视觉符号）本身就是创造诗歌形象的手段，而俄语译文中当然消除了象形字，显然，最难理解且最大的现实困难就是将靠听觉体会不了的源语文本翻译成译者听得懂的语言。

最终，我们力图采用百年来汉语译者们积累的经验，并根据他们在翻译中的失误和缺欠，构建一种特殊形式的汉语实验语法……

与此同时，成功和失败的翻译范例给翻译者（避免了后者，也就是失败的翻译）特殊的文法打下了基础，其形式为关于语言和文本的系统学说。

在我有关人文和汉语实践研究的讲义纲要中，有一篇名为《译者的幻象》（Фантасм переводчика）的课程讲义，成为整所大学的教程。我在这篇讲义中试图追踪源自原文本的不同层次的翻译局限，以及由此产生的各种翻译类型。这篇大学教程的基本主题也就是挑战这些翻译类型。与这篇讲义类似的另一教程是《旅行者的幻象》（Фантасм путешественника），其中描绘了各种类型的旅行者，就像译者们一样，他们眼中的现实的样子仅是其自身的知识积累和个人品位水平的呈现。

1920年，世界文学出版社出版了我的《中国文学》纲要（我们在高尔基的领导下，通过世界文学出版社和高水平的专家团队首次成功地开展了中国文学名著推广活动）[①]。《中国文学》纲要篇幅不长，通俗易懂，没有任何论述，基本上是中国文学作品翻译出版推荐目录，具有某种导言的意思，或者更准确地说，是倡议大量地翻译作品。遗憾的是，虽然我们付出了大量的努力，但是完成的译作只是极少的一部分（只有小说集《聊斋志异》和唐诗）。我在法国巴黎的大学文学讲座讲的并非中国文学史，而是典型的关于中国文学史的汉学观，讨论的是关于中国文学名著翻译的理论和实践，以及中国域外读者对这一翻译的接受。

卫国战争中断了东方学所1942年和此后几年集体编写中国文学史的计

---

① Этот очерк 1920 г.и Приложение к нему《Программа переводов с китайского...》см.Алексеев В.М. Труды по китайской литературе：в 2-х книгах，книга 1 / Сост.М.В. Баньковская；Отв. ред. Б.Л. Рифтин. М.：Восточная литература，2002，с.65–91.

划。不过我在疏散区翻译了许多中国文学名作①，确保了文献翻译的完全准确。我建议在我翻译的中国诗文集（唐代）和小说（前4世纪—公元16世纪）的基础上集体撰写中国文学史，这样，这部文学史就很容易避免类似合作的普遍结局——即用来举例说明的信息零散断层，可以准确合理地引用的原文翻译以及准确的译文更是微乎其微。

此外，这些翻译为各种历史类和文学史类题材的专题著作打下了基础，部分专著已经印刷出版。

现在回顾我的中国文学译者之路，我发现自己经历了翻译原则嬗变的三个阶段。

第一阶段，我不敢偏离大众喜闻乐见的、纯粹的文学作品选集形式，实际上，只是种折中性的翻译（《诗人李白诗集：歌咏自然》，1910〔1911〕）。

我作为翻译家成长变化的第二阶段，是一项大型研究（《关于诗人的中国长诗——司空图〈诗品〉》，1916，Китайская поэма о поэте. Стансы Сыкун Ту）。这项研究是对这部长诗中的每一个字都进行详尽的探讨，以此说明我这样翻译的理由。我的译文分为三种形式：整段的综述性翻译、逐字直译和在注解中翻译文本。

随着《诗品》的翻译，我的翻译事业开始进入到一个新的阶段，可以称为文献翻译期。我对《诗品》中自己逐字翻译的每个字在司空图出生之前（9世纪）和他去世之后（17世纪之前）的文学语境都进行了考证。以前还没有人用过这种方法。《诗品》成了首个在相同语境的注疏中据理评论其他语言的译本（翟理思的译本）的范例。

《诗品》造就出一部俄汉诗词哲学辞典，一部具有伟大的思想（道、

① 疏散区：安置疏散人员的地方。这里指第二次世界大战期间，苏联实施人口疏散计划，1941—1944年，本文作者阿列克谢耶夫被疏散到北哈萨克斯坦。——译者注

人、生命、灵感、伟大的思想等）的辞典。这些词汇后来被编入汉俄辞典，使其至今为止未曾有过的内容得以充实。我把内容意义相同的逐字直译（文言文）和逐句解释（白话文）的译文（一组一组地）并列地放入文中，第一次使得这部辞典完整地可资借鉴。这部俄汉诗歌辞典《诗品》将奠定有关中国诗歌、哲学和艺术类书籍和研究专著的基础。

最终，《诗品》成为一本自学手册：仔细研读它以后，就可以拥有一把阅读任何文本的钥匙。

但是在翻译的第二阶段，因为后来许多翻译的需要，我采取了同样类型的翻译形式，尽管也还远远地算不上妥协。因此，在传达李白那些形式简洁的诗词（《李白，古风》，1923年；《李白，绝句》，1925年）饱含的古蕴时，我完全坚持了逐字逐句地直译，同时借助大量注释完成译文的翻译原则。

一般说来，韵律翻译形式是种个人爱好和尝试，语文学家并不一定要采用。只有极其精确的译文才能成为所有学者引证的文献。并且我的这些精确的李白诗词译文范本，具有高出文本数倍的结构高台。这样它还是文献吗？或许，需要澄清精确翻译的概念，并设定一个标准：不仅是逐字逐句，还要同腔合调。

很多时候我是拒绝直译的，因为译文尽管全部准确，却会令人费解，更不用说，这种译法不适用于（翻译）一部巨作。

但是，最难解决的问题是始终坚持翻译原则的译者（指阿列克谢耶夫本人——译者注）在出版《聊斋志异》故事（《狐魅集》，1922；《神僧集》，1923；《异怪故事》，1928；《异人集》，1937）时，不得不考虑到（中国人）习以为常的文学风格，对于俄罗斯读者而言却是陌生的。不过，我在此也从稍微地妥协（《狐魅集》中的注释最少）转向高度的准确（《异怪故事》中注释最多）。如此准确地翻译这些故事，其一是为了让它们成为汉学家初学者的教科书，其中总是有可资借鉴对比的汉语文本；其二是使其不会以任何形式利用俄语固有的、惯用的文学修辞手段来篡改汉语。因此，我的这些翻译具有明确的目的和意义：只是用俄语外衣勉强地遮盖在汉语文本上，译者也倾向于自我贬低。但是，作为一名汉语翻译者，恰恰是在这些译文中我没能成功地解决一个问题，因为我不得不进行的（汉语）文本翻译工作，是要将一种绝对听不懂的规范语句（参见示例《神僧集·序》）来转述（翻译）成一听就懂的话语（俄语）。毫无疑问，俄语中没有这种双重性，所以这里出现的差错也只能部分地归咎于译者。但我要重申的是，由于译者的准确翻译，《聊斋志异》不仅是最受汉学家们欢迎的读物，而且成为汉语学习者的自学手册、逐字翻译的读本和学习指南。我的这种做法有损于诱惑人的俄语化。多年来，我发表在《东方》（Восток）杂志上的许多文章也成为学生们阅读和练习的材料。

韵律翻译是我翻译的第三个阶段（《王维：画学秘诀》，《欧阳修散文名篇》）。它们基于工整的汉语节律（чередование ритмов），因此是最接近诗文原意传达文学情感的翻译。这些译文几乎不需要任何注释，内容含义问题也在流畅的文笔中迎刃而解。这一阶段我的翻译工作可以称之为翻译的艺术记录，其中，特别是目前我仍在尝试的工作，是将准确的语义与仿照汉语原文铿锵悦耳的韵律这两点结合起来。当然，这种情况下，韵律散文的翻译也会轻松和简单得多，如果不需要押韵，那么，直译和准确的翻译也不会有战胜不了的难题。

我的原则：

原文本中所有的字词翻译出来都应当是地道的（不是晦涩难懂或者华而不实的，一语以概之，而是精准的）译文表述；

"为押韵"而添加的字词，不可超出同义（近义）引申的范畴；

押韵，同腔合调，必须严格遵守节奏韵律；

无韵律之处应该标示出来；

俄语的韵律完全自由，不过在某些情况下，如果不能保留韵脚，最好也要保持原文呈现的节奏（就像音乐中的节拍）。

比较我1910年的译作和最新的韵律诗翻译①，大有教益。譬如：李白的《春夜宴从弟桃花园序》、周敦颐的《爱莲说》，有休茨基（Ю.К. Щуцкий）的译本和我目前翻译的译本；王勃的《滕王阁序》，有О.И.П.生涩的翻译②，以及我的韵律体译本；葛禄博（W. Grube）和我以前及最新翻译的王羲之的《兰亭集序》③（诸如此类的示例，不胜枚举）。

因此，我的汉语翻译之路，从翻译李白的诗（1910年）开始，发展到翻译陆机的作品，其间还翻译了司空图的《诗品》和苏洵的《六经论》④。意译式翻译也经历了这样的变化：由对《诗品》基本语义的翻译到对《画品》和《书品》充满诗意的翻译⑤，译得同腔合调，并以参考段落注释进行替代。

在我看来，我的一些精当准确的译文，当然逊色于原著，但也已经成功地成为艺术作品。譬如，那篇陆机的中国文学名作翻译，特别是经过大幅改进，将语义准确和诗意雕琢相结合的那篇二次翻译作品⑥。精准性一如既往地使得这篇译作，像《诗品》、《聊斋志异》、苏洵的作品等译作一样，进入了翻译自学课本之列。

我相信，对于兼顾相互独立的艺术性和翻译的准确性而言，我做的

---

① Часть этих переводов была издана в 1958 и 1959 гг.в сб.《Китайская класическая проза...》.

② О. И. П.Тэн-Ван-Гэ. Пер.с примеч. 《В павильоне князя Тэн》.Китайская ода времен династии Тан. СПб., тип. м-ва путей сообщ., 1874, 10 с.

③ Grube W. Geschichte der chinesischen literatur.Lpz., 1902, c.253–254（пер.соч.Ван Си-чжи на нем.яз.сделан с англ.пер.Легга）.

④ См. Алексеев В.М. Труды по китайской литературе: в 2-х книгах, книга 1 / Сост. М.В. Баньковская; Отв. ред. Б.Л. Рифтин. М.: Восточная литература, 2002, с .554–571.

⑤ См. Алексеев В.М. Труды по китайской литературе: в 2-х книгах, книга 2.М.: Восточная литература, 2003.раздел 《Поэт-ходожник-каллиграф о тайнах своих вдохновений》., с.554–571.

⑥ См. Алексеев В.М. Труды по китайской литературе: в 2-х книгах, книга 1. М.: Восточная литература, 2002, с.367–376.

替代大大好于我最初的那些尝试。我不认为这样做偏离了我的初衷。（艾德林！）

要重申的是，所有这些都指的是有节律的艺术散文。作为汉学家译者，而非其他翻译的译者，面对多姿多彩的中国诗歌，我经历着种种令译者可怕的绝望，黯然神伤，走投无路：无韵诗粗糙、单调，那些重要的译本并非有韵的诗。要使中国诗人成为面前的诗人，而不是诗者，除了韵律，别无他法。因为只有这时才能见出诗人和小说家的区别，也就是《上尉的女儿》和《青铜骑士》的不同[①]。译者决定着对他们的比较，但是已经不受原著的掌控（也就是说，译者掌控着对小说和诗歌作品的区分，如果对于后者的翻译缺乏韵律，那么原著本身无论如何都是无法做出区分的：这一点原著自己决定不了）。

无韵诗的润色的散文未必能够体现诗文原意，它们令众多的当代人和所有的后辈大惊失色。不过，已经被翻译成有韵诗的那些汉语诗词例文，看起来并没有使任何人信服，包括我在内。

显而易见，即便没有被各种作家和批评家们指明其内在韵律的押韵诗行，甚至诗歌本身也都不能摆脱无论是中国读者，还是其他各国读者，甚至诗歌翻译者本人要译者承担的责任，及其对于俄语化"自由体"的警惕。俄语音调、语气的选择当然要与汉语原文匹配，俄语词汇的选择也同样如此。面对原文和译文间如此显著的差异，许多人认为，汉学家译者应该弥补其明显的欠缺，譬如：保持格律、押韵、曲调以及声响词和轻声词间的停顿，等等。回顾屠格涅夫关于伟大而自由的俄语的预言，这才正是俄语用词的选择。

译者应该掌握和使用俄罗斯读者喜爱的语言，就像他们喜欢的本国（俄罗斯）作家们拥有的语言：俄罗斯译者首先应该是俄罗斯修辞家。东方学学

---

① 《上尉的女儿》，普希金的小说。《青铜骑士》，普希金的长诗。——译者注

者面对东方原著时常常束手无策：他使用的俄语缺乏丰富多彩的表现手段。东方诗人永远是本土语言的饱学之士：在许多亚洲（中国人、阿拉伯人、犹太人和印度人）国家，作诗是必修课，我们国家呢，对此却一知半解。伟大而自由的语言——只属于俄罗斯的语文学家、学识渊博者和诗人。东方语译者应该长期地、孜孜不倦（前所未有）地学习翻译艺术。我们作为译者必须通晓诗词，并且无论如何也要掌握韵律散文，以使译文同腔合调，避免凭空臆造和粗制滥造、不知所云。

此外，我相信，俄语的翻译语言不能完成其基本的翻译任务，即通过概念明确、规范表达具有国际元素的外来语，趋近于未能相应地转化为形象化语言的原著语言。我们的母语应该延续18世纪的历史，吸收那些难以翻译的词汇或者语义成分，最终生成仿造语（词）。

汉学家译者和每个东方学家译者一样，任务明确：尽可能多地把东方灵感及东方风格的杰作典范引入世界文学史。为此需要很多翻译人才——他们是我们幸运拥有的翻译人才——不仅数量上不能少于法语、德语、英语、意大利语等译者的人数，而且，或许更多的是因为态势使然，汉学家译者既要接受刻板的训练，还要讲求科学，主动性强，教育水平高和拥有最为常见的、顽强的开拓精神。

为了我们译者更大的荣誉，为了有利于苏联读者、学生和人才培养，应该将翻译作品的片段纳入中小学多种多样的文学思想、形象、风格和语言类读物中。

陆云诗《为顾彦先赠妇往返四首》考论

刘金鹏　[日]佐藤利行　赵建红

摘要： 西晋陆云，与其兄陆机并称为"二陆"，是西晋时期的具有代表性的文人。钟嵘在他的《诗品》中，"二陆"并称，陆机诗被尊为上品，而陆云之作被列入"中品"。"二陆"之称在钟嵘看来，概因二人是兄弟的缘故，然陆云文采并不足以比肩陆机。本文将在详细缜密地解读《为顾彦先赠妇往返四首》等作品的基础之上，探讨陆云诗的文学价值。

关键词： 陆云；陆机；二陆；西晋文学；诗品

引　言

西晋的陆云（262—303）与其兄陆机并称"二陆"，为当时最具代表性的文人之一。钟嵘曾在《诗品》中阐述了五言诗的历史渊源并对历代文人加以评述。其序中就称西晋太康年间（280—289）上承东汉建安年间（196—219），是继以曹操父子为首的"建安七子"驰骋文坛之后，五言诗的第二个兴盛期。

太康中，三张二陆，两潘一左，勃尔复兴，踵武前王。风流未沫，亦文章之中兴也。

"到了太康年间，三张、二陆、两潘、一左等诗人勃然兴起，继承了建安风骨。他们不失风雅的传统，迎来了文章（五言诗）的中兴。"这里的"三张"为张载、张协、张亢三兄弟，"二陆"指陆机、陆云兄弟，"两潘"是潘岳及其侄潘尼，"一左"即左思。正是这些文人让建安后逐渐衰落的五言诗再次兴盛起来。

再让我们看一下刘勰的《文心雕龙·明诗篇》。关于晋代诗歌，刘勰的评述如下：

晋世群才，稍入轻绮。张潘左陆，比肩诗衢。采缛于正始，力柔于建安，或析文以为妙，或流靡以自妍。此其大略也。江左篇制，溺乎玄风，嗤笑徇务之志，崇盛亡机之谈。袁孙已下，虽各有雕采，而辞趣一揆，莫与争雄。所以景纯仙篇，挺拔而为俊矣。

"晋代的诗人们，其（文风）逐渐流于肤浅绮丽。张（载、协、亢）、左（思）、潘（岳、尼）、陆（机、云）等文人比肩诗坛。他们诗歌的文采比正始时代（240—249）更加繁缛，但气势却比建安时代柔弱。他们或以讲究词句骈偶、行文丝丝入扣为能事，或偏重靡丽的文笔来自逞其美。这就是西晋诗坛大概的情形了。到了东晋时代，诗歌的创作淹没在清谈老庄玄理的风气之中。玄言诗人嗤笑从事政务的志向，而推崇出世的清谈。所以袁宏、孙绰以后的诗人，虽然作品各有不同的文采雕饰，但内容都一致趋于玄学，没有其他方面的诗歌可与之争霸诗坛。所以，像郭璞的《游仙诗》就被奉为出类拔萃的杰作了。"刘勰首推"张载、张协、张亢""左思""潘岳、潘尼"和"陆机、陆云"为西晋文人的代表，评论其作品"比正始时代更加繁缛华丽，但是气势却比建安时代柔弱。讲究词句骈偶、行文丝丝入扣，文笔流于靡丽"。

另外，刘勰在纵览汉朝至刘宋时代的诗风变迁时，称"晋世群才，稍入轻绮"，晋代的文人们逐渐变为追求轻靡绮丽的文风，失去了建安时代那种"慷慨以任气，磊落以使才"的风骨。

综上所述，无论是钟嵘的《诗品》还是刘勰的《文心雕龙》，都把陆云与其兄陆机看作代表西晋文坛的大家①。此次，笔者就陆云的《为顾彦先赠妇往返四首》为例，通过全面解读陆云的诗篇，捕捉陆云诗的特点。

一、关于陆云的生平

在探讨陆云诗之前，先让我们来看一下诗人陆云的一生。陆云作为吴国大司马陆抗（226—274）的第五子，生于永安五年（262）。陆氏一族本为吴郡名门。陆抗的父亲，也就是陆云的祖父陆逊（183—245）为吴国的重臣。

陆抗于凤皇三年（274）秋病亡。当时的情形，《三国志吴书·陆抗传》中这样记载：

> （陆抗，凤皇三年）秋遂卒。子晏嗣。晏及弟景、玄、机、云，分领抗兵。晏为裨将军、夷道监。……景字士仁，以尚公主拜骑都尉、封毗陵侯。既领抗兵，拜偏将军、中夏督。澡身好学，著书数十篇也。

陆抗死后，军队兵权由陆抗的五个儿子晏、景、玄、机、云分别率领。文中特别提到陆抗的第二子陆景洁身好学，著作颇丰。在此文后的裴松之注

---

① 参照佐藤利行《西晋文学研究》。

中引《文士传》又称：

> 陆景母张承女，诸葛恪外生。

如果陆抗的六子（云下还有一个叫"耽"的弟弟）皆为一母同胞的话，陆云之母当为张承之女。张氏为吴国四姓（朱、张、顾、陆）之一，亦为吴国名门。张承的父亲张昭是精通《春秋左传》的学者，同时亦是孙策的长史、抚军中郎将，助其成就霸业，其后在孙权手下任辅吴将军，是吴国的元老。陆景、陆机以及陆云均擅长学问，又都为作文高手，或许就得自张昭的遗传。

关于少年时代的陆云，《晋书》本传这样写道：

> 六岁能属文。性清正，有才理。少与兄机齐名，虽文章不及机，而持论过之。

陆云年仅六岁就能做文章。关于他的聪颖，《世说新语·赏誉篇》注中引《陆云别传》这样描述：

> 云字士龙。吴大司马抗之第五子，机同母之弟也。儒雅有俊才，容貌瑰伟，口敏能谈，博闻强记，善著述。六岁便能赋诗，时人以为项讬、杨乌之俦也。

可见陆云自幼就是聪颖好学的天才少年，且容貌出众，辩才非凡，博闻强记并多有著述。因其六岁能诗，世人都认为他是像项讬（七岁即为孔子师的项橐）、杨乌（杨雄之子）那样的神童。想必出生于吴国名门，自幼就才华横溢、一表人才的陆云一定被寄予众望。《晋书》本传中就有这样一段小插曲：

> 幼时，吴尚书广陵闵鸿见而奇之曰："此儿若非龙驹，当是凤雏。"后举云贤良，时年十六。

陆云在十六岁就得到闵鸿的赏识被推举为贤良。到了陆云十九岁，也就是西晋太康元年（280）时吴国灭亡。吴国的灭亡也意味着陆氏一族的灭亡。吴国凤皇三年（274），父亲陆抗亡故后，分领父兵的五子中，长子陆晏于吴天纪四年（280）被西晋龙骧将军王浚的偏师所杀，次子陆景亦遇害，年仅三十一岁。两位兄长相继阵亡，陆机、陆云的悲痛无以复加。经历了吴国的灭亡，痛失兄长的机、云兄弟退居故里华亭约十年之久。《晋书》本传中写道：

> 退居旧里，闭门勤学，积有十年。

在此期间，陆云跟随兄长陆机潜心学问。太康末年（289），陆云又随兄长陆机稍后入洛。洛为晋国都城洛阳。经过漫长艰辛的旅途，好不容易来到洛阳的机、云兄弟首先拜访了张华（232—300）。当时张华为晋王朝政界、文坛的领袖。《晋书·陆机传》中记载了当时的情形：

> 造太常张华。华素重其名，如旧相识。

《晋书·张华传》中亦称：

> 初陆机兄弟志气高爽，自以吴之名家。初入洛，不推中国人士。见华一面如旧。

张华与机、云兄弟一见如故①，竟称："伐吴之役，利获二俊。"在众多洛阳之士冷遇陆机、陆云兄弟时，张华为二人的才华所倾倒，热情地接纳了他们。张华屡次向高官们推举陆氏兄弟。太傅杨骏提拔陆机任祭酒一职。而陆云则被刺史周浚召为从事一官。周浚称赞陆云说："陆士龙，当今之颜子也。"将陆云比作孔子的高徒颜渊。陆云不久又兼太子舍人，后赴任浚仪县令。浚仪县为人口众多的要地，历来被视为难以治理的大县。在陆云作为县令赴任后，"下不能欺，市无二价"。《三国志·吴书·陆抗传》裴注引《机云别传》这样记载：

> 云为吴王郎中令，出宰浚仪。甚有惠政，吏民怀之，生为立祠。

元康元年（291），陆机为愍怀太子的洗马，后于元康三年（293）转为著作郎。当时身为惠帝贾后的侄子而掌管大权的贾谧（？—300）成立"二十四友"集团，其中就有机、云兄弟。喜好文学的贾谧集当代一流文人于门下，形成了一个文学集团，即所谓"二十四友"。不久辞掉浚仪县令的陆云在元康四年（294）和兄长陆机同任吴王晏的郎中令。那年陆云三十三岁。

史载，吴王司马晏（《晋书·武十三王传》）为武帝之子，于太康十年（289）册封为吴王，后历任射声校尉、后军将军等职。其虽为人谨慎，但才能不及中人，是武帝二十六子中最不出众的一个。辅佐此等平庸之辈，不难想象机、云兄弟的辛劳。

机、云兄弟自入洛以来不时怀念故乡，似有归吴之意。作为吴王晏的郎

---

① 在《晋书·陆云传》中还有以下逸闻："机初诣张华。华问：'云何在？'机曰：'云有笑疾，未敢自见。'俄而云至。华为人多姿制。又好帛绳缠须。云见而大笑，不能自已。"

中令，赴吴或许不失为兄弟成就夙愿的一个好机会。但是在赴任吴地后，二人的生活并不如意，加之还要辅佐凡庸的司马晏。元康六年（296），陆云再次入朝历任尚书郎、侍御史、太子中舍人和中书侍郎。兄长陆机亦于同年迁尚书中兵郎转殿中郎。此后，在赵王伦辅政后，陆机又被召为相国参军。

遗憾的是，赵王伦谄媚贾后巧取禄尚书一职，并非分要求任尚书令，而长久以来一直作为机、云兄弟的后盾守护二人的张华，因为与裴頠共同强烈反对赵王伦而招其怨恨，最终被处死。

乱世之中，机、云兄弟历经磨难。赵王伦篡夺帝位后封陆机为中书郎，导致其日后蒙冤。赵王伦在位仅三个月多就被以齐王冏为首的诸王推翻赐死。而齐王冏则因陆机曾任中书郎而怀疑他参与撰写了九锡文及禅位诏书。就在陆机大难临头时，吴王晏和成都王颖伸出援手，陆机才获恩赦。

政局掌控者又由赵王伦转移到齐王冏，而政治的昏聩却毫无改善。乱世中，陆机意欲凭借其才华声望，治理时政。陆云亦辅佐其右。但是不久，就在太安元年（302），齐王冏也遭到惠帝弟长沙王乂的讨伐。政治的中枢又转移到长沙王乂、成都王颖、河间王颙三人。机、云兄弟感念成都王颖的救命之恩，加之颖为人谦逊，便认定其必为晋室中兴之才而委身相辅。颖亦上表封陆云为清河内史，陆机为平原内史。在成都王颖欲讨伐齐王冏时，陆云为前锋都督，冏不久即遇害，陆云遂升任大将军右司马。

但是机、云兄弟所信任的成都王颖一掌握实权，就骄慢起来，怠慢时政。其间陆云屡次直谏忤逆其意。例如，颖所宠爱的宦官黄门孟玖欲让自己的父亲担任邯郸令时，左长史卢志等人皆阿谀奉承表示赞成，唯有陆云坚决反对，直言"此县皆为公府掾资，岂有黄门父居之耶"。因此陆云遭到孟玖的怨恨。

长沙王乂、成都王颖、河间王颙的政权不久便分崩瓦解了。成都王颖与河间王颙共同举兵讨伐长沙王乂。此时，颖任命陆机为后将军、河北大都督，北中郎将王粹又将牵秀等各部共二十多万军置于陆机麾下。

太安二年（303）八月，陆机率大军离开朝歌。两个月后的十月，陆机在鹿苑与长沙王乂大军交战，陆机军队大败，退守七里涧。作为败军之将的陆机于军中被处死，享年四十三岁。陆机受刑，弟弟陆云受到牵连。得知陆云被捕后，成都王颖属下江统、蔡克、枣崇等人上书请求赦免陆云，由于与陆云结怨的孟玖进谗言，请求未能被颖采纳，最终陆云也被杀，年仅四十二岁。

陆云的弟弟陆耽当时任平东将军的祭酒，与兄长一样在朝堂上下颇有声望，也和陆云一并被处刑。大将军参军孙惠在给淮南朱诞的书简中这样叹息道：

> 不意三陆，相携暗朝。一旦湮灭，道业沦丧。痛酷之深，荼毒难言。国丧儁望，悲岂一人。

世人皆对三陆之死痛惋哀悼。其后东海王越讨伐成都王颖时，发布檄文告示天下，其中就对颖无辜杀害机、云兄弟进行了批判。

二、陆云的诗

此次笔者从陆云诗作中选《为顾彦先赠妇往返四首》进行详细的解析[①]。往返四首诗中，其一、其三是假托顾彦先写给他妻子的诗[②]，其二、其四则是假托顾彦先妻子写给丈夫的，均为陆云所作。

[①] 文本选自"中国古典文学基本丛书"本《陆云集》（中华书局），并参照《文选》《玉台新咏》等。

[②] 关于顾彦先，《晋书·顾荣传》中有以下记述："顾荣，字彦先。吴国吴人也。为南土著姓。祖雍，吴丞相。父穆，宜都太守。荣机神朗悟，弱冠仕吴，为黄门侍郎、太子辅义都尉。吴平，与陆机兄弟同入洛。时人号为三俊。"

《文选》卷二五中仅收录了其二、其四，并题名为《为顾彦先赠妇二首》，但是诗的内容却均是妻子写给丈夫的。《玉台新咏》卷三有《为顾彦先赠妇往返四首》，将四首诗一并收录其中。

为顾彦先赠妇往返四首
其一
我在三川阳　　子居五湖阴　　山海一何旷　　譬彼飞与沈
目想清慧姿　　耳存淑媚音　　独寐多远念　　寤言抚空衿
彼美同怀子　　非尔谁为心

我在三川北面的洛阳城
而你在五湖以南的吴郡
之间山海相隔何其遥远
就像飞鸟与水中的沉鱼
我眼中有你秀美的身姿
耳中尚存你温婉的声音
孤枕难眠想念远方的你
醒来说话（却无人响应）仅能抚着空荡荡的胸襟
和我共相思的美人啊
除了你无人能慰我心

1.我在三川阳，子居五湖阴

〔三川阳〕"三川"是指流经洛阳的河水、洛水、伊水。陆机在《赠顾令文为宜春令》（其四）中有"三川已旷，江亦永矣"。"阳"为北。川北、山南为阳，而川南、山北为阴。

〔五湖阴〕"五湖"为太湖（吴的明湖）别名。顾彦先为吴人，故称"五湖"。"阴"为南边。

2.山海一何旷，譬彼飞与沈

〔一何〕多么。陆机《太山吟》中有"太山一何高，迢迢造天庭"，又《君子有所思行》中有"廛里一何盛，街巷纷漠漠"等。

〔飞与沈〕"飞"指空中飞鸟。"沈"指海河沉鱼。在这里将旅居洛阳的自己比作飞鸟，而将留在吴郡的妻子比作沉鱼。为感叹二人天各一方之意。陆机《悲哉行》中有"寤寐多远念，缅然若飞沈"。

3.目想清慧姿，耳存淑媚音

〔清慧姿〕"清慧"意为清秀聪慧，在此形容留守吴地的妻子。"慧"字在《玉台新咏》中作"惠"。

〔淑媚音〕"淑媚"指贤惠又妩媚，这里形容妻子的声音。

4.独寐多远念，寤言抚空衿

〔寐、寤〕"寐"为睡觉。"寤"为梦醒。此二句描写了丈夫梦里梦外都想念着远方的妻子。陆机《苦寒行》中有"离思固已久，寤寐莫与言"。

〔远念〕思念远方的妻子。

〔空衿〕空荡荡的胸襟，表达怅然若失的寂寞之情。

5.彼美同怀子，非尔谁为心

〔同怀子〕同怀相思之情的人，这里指吴地的妻子。陆机的《为顾彦先赠妇二首（其一）》中有"修身悼忧苦，感念同怀子"。另外，陆机诗的这句被李善引在《文选》卷二谢灵运《登石门最高顶》诗"惜无同怀客，共登青云梯"之后作为批注。

〔为心〕让心安稳。陆机《赠从兄车骑》诗中有"翩翩游宦子，辛苦谁为心"。

其二

悠悠君行迈　　茕茕妾独止　　山河安可踰　　永路隔万里
京室多妖冶　　粲粲都人子　　雅步擢纤腰　　巧笑发皓齿

佳丽良可美　　衰贱焉足纪　　远蒙眷顾言　　衔恩非望始

夫君你愈行愈远

独留我茕茕孑立

千山万水怎能逾越

漫长旅途相隔万里

京城有众多妖冶美人

璀璨明丽为都城出身

她们挺着纤细的腰肢步履优雅

巧笑间露出洁白的牙齿

佳丽们自然可爱

年老色衰如我又何足挂齿

夫君却从远方带来真挚的问候

感恩你的眷顾超出了我的奢望

1.悠悠君行迈，茕茕妾独止

〔悠悠〕形容遥远。《毛诗·小雅·黍苗》中有"悠悠南行，召伯劳之"，毛传解释"悠悠为远行之意"。

〔行迈〕远行。《毛诗·王风·黍离》中有"行迈靡靡，中心摇摇"。《毛诗·小雅·小旻》中有"如匪行迈谋，是用不得于道"等。

〔茕茕〕形容无依无靠、无助的样子。《毛诗·唐风·杕杜》中有"独行睘睘"。"睘"与"茕"同义。

〔妾独止〕"妾"为顾彦先妻子的自称。是说自己孤独一人留在吴地。

2.山河安可踰，永路隔万里

〔山河〕指隔断吴地与洛阳的千山万水。

〔永路〕指吴地到洛阳的漫长旅途。

3.京室多妖冶，粲粲都人子

〔京室多妖冶〕"京室"指京都，即洛阳。"妖冶"指妖娆艳丽的女子。司马相如《上林赋》中有"妖冶娴都，靓糚刻饰"。

〔粲粲都人子〕"粲粲"指华丽璀璨的服饰。《毛诗·小雅·大东》中有"西人之子，粲粲衣服"，毛传解释为"鲜盛貌"。"都人子"即京城人，这里暗将乡下粗人与京城女子相比较。《毛诗·小雅·都人子》中有"彼都人子，狐裘黄黄"。

4.雅步擢纤腰，巧笑发皓齿

〔雅步擢纤腰〕"雅步"形容城里人步履优雅。"纤腰"指细腰。"擢"指挺拔，此字在《玉台新咏》中作"袅"，"雅步袅纤腰"。

〔巧笑发皓齿〕"巧笑"形容美人的笑容。《毛诗·卫风·硕人》中有"巧笑倩兮，美目盼兮"。"皓齿"为洁白的牙齿。曹植《洛神赋》中有"丹唇外朗，皓齿内鲜"。

5.佳丽良可美，衰贱焉足纪

〔佳丽良可美〕"佳丽"指京城佳丽。"美"字在《玉台新咏》中作"羡"，"良可羡"（真令人羡慕）。

〔衰贱〕姿色衰败，身份低贱。在这里指妻子自己。

6.远蒙眷顾言，衔恩非望始

〔眷顾言〕饱含真情的言语。眷顾，关照。《毛诗·小雅·大东》中有"睠言顾之，潸焉出涕"。"睠"同"眷"。回首眷顾，此指夫君从洛阳赠诗问候。

〔衔恩〕感念恩情。陆云的《答兄机诗》中有"衔恩恋行迈，兴言在临觞"。

〔非望〕不敢奢望。《左传》宣公十二年有"非所敢望也"。

其三

翩翩飞蓬征　　郁郁寒木荣　　游止固殊性　　浮沈岂一情

隆爱结在昔	信誓贯三灵	秉心金石固	岂从时俗倾
美目逝不顾	纤腰徒盈盈	何用结中款	仰指北辰星

（我）似飞蓬般辗转流离

（而你）如松柏长青茂盛

旅途在外与留守家中不同

沉与浮怎能是同样的感受

我们在往昔已经结为挚爱

信誓感应（天地人）三灵

我秉心如金石般坚定

岂会随世俗境迁摇摆

即使美目盼兮走过我亦不顾

就算有纤腰也不过枉自美丽

用什么来维系我的真心

仰头直指天边那北极星

1.翩翩飞蓬征，郁郁寒木荣

〔翩翩飞蓬征〕"翩翩"形容随风飘零的样子。《毛诗·小雅·四牡》中有"翩翩者雏，烝然来思"。"飞蓬"是指被风吹散的茅草，在这里为丈夫自喻。

〔郁郁寒木荣〕"郁郁"形容生长茂盛。"寒木"指冬天也不凋零的常绿树，即松柏。陆机《尸乡亭》诗中有"秋草蔓长柯，寒木入云烟"。此句比喻妻子美丽长青。

2.游止固殊性，浮沈岂一情

〔游止〕旅途在外的人和留守家中的人，指在洛阳的丈夫和留在吴郡的妻子。

〔殊性〕性质迥异。

〔浮沈〕漂泊之人和固守原地的人。同"游止"，指远离的丈夫和留守的妻子。

〔一情〕同样的心情。

3.隆爱结在昔，信誓贯三灵

〔隆爱结在昔〕"隆爱"指夫妻深厚的爱情。"在昔"，在以前。《毛诗·商颂·那》中有"自古在昔，先民有作"。陆机《皇太子赐燕诗》也有"诞育皇储，仪形在昔"句。

〔信誓贯三灵〕"信誓"指夫妻之间的誓言。"三灵"指天地人。班固《典引》中有"答三灵之藩祉，展放唐之明文"。

4.秉心金石固，岂从时俗倾

〔秉心〕指秉持本心。《毛诗·鄘风·定之方》中有"匪直也人，秉心塞渊"，毛传解释"秉为操"。

〔金石固〕如金石般坚固。《汉书·韩信传》中有"今足下虽自以为与汉王为金石之交，然终为汉王所禽矣"。

5.美目逝不顾，纤腰徒盈盈

〔美目〕眼睛美丽的女性。指洛阳美女。《毛诗·卫风·硕人》有"巧笑倩兮，美目盼兮"。

〔纤腰〕苗条的腰身。对应"其二"中的"雅步擢纤腰"。与"美目"同指洛阳美女。

〔徒盈盈〕"盈盈"形容仪态轻巧美好。《古诗十九首（其二）》有"盈盈楼上女，皎皎当窗牖"。"徒盈盈"是指丈夫对她们不理不睬，纵然轻巧美丽也是徒然。

6.何用结中款，仰指北辰星

〔中款〕指真心实意，亦指出自真心的肺腑之言。这里指丈夫对妻子真心真意。

〔北辰星〕北极星。因为从地球上看北极星相对不动，所以借此比喻丈夫对妻子不变的爱情。《论语·为政》有"子曰，为政以德，譬如北辰居其所而众星共之"。

其四

浮海难为水	游林难为观	容色贵及时	朝华忌日晏
皎皎彼姝子	灼灼怀春粲	西城善雅僎	总章饶清弹
鸣簧发丹唇	朱弦绕素腕	轻裾犹电挥	双袂如霞散
华容溢藻幄	哀响入云汉	知音世所希	非君谁能赞
弃置北辰星	问此玄龙焕	时暮复何言	华落理必贱

曾经沧海难为水

游过林中其他景观就不值一看了

女人的姿色贵在青春及时

清晨盛开的鲜花担心日暮

皮肤皎洁的美女们

明丽照人怀春灿烂

洛阳西城有人擅长优美的舞蹈

掌管音乐的总章那里琴声悠扬

她们轻启朱唇吹响笙簧

洁白的手腕弹拨着朱弦

轻飘飘的下摆犹如闪电挥出

左右双袖展开宛若云霞飘散

华丽的姿容充满彩色帷帐

哀伤动人的歌声响彻云霄

世上真正知音者少

除了夫君谁能赏赞

你定会抛弃那曾对北极星立下的誓言

而倾倒于如玄龙星般光彩照人的美人

我已值暮年还有什么可说的呢

鲜花一旦凋零自然遭人们厌弃

1.浮海难为水，游林难为观

〔浮海难为水〕因海纳百川，所以观海后就会感到河流不值一提了。《孟子·尽心上》有"观海者，难为水"。这里指看过洛阳众多美女，就不会把稍有姿色的人放在心上了。

〔游林难为观〕如果在林中游览过，就不会被别的景色所吸引。与上句相同，妻子想象丈夫在洛阳阅尽美女而看不上自己。

2.容色贵及时，朝华忌日晏

〔容色贵及时〕是说女人的姿色贵在青春。

〔朝华忌日晏〕"朝华"指木槿花。木槿花朝开而暮落。

3.皎皎彼姝子，灼灼怀春粲

〔皎皎彼姝子〕"皎皎"形容明亮清丽的样子。《古诗十九首（其二）》中有"盈盈楼上女，皎皎当窗牖"。"姝子"指温顺的少女。《毛诗·鄘风·干旄》有"彼姝者子，何以畀之"。毛传解释"姝，顺貌"，集传中解释"姝，美也"。

〔灼灼怀春粲〕"灼灼"指花儿盛开。《毛诗·周南·桃夭》中有"桃之夭夭，灼灼其华"。毛传解释"灼灼为华盛"。"怀春"指少女到了适龄，期盼姻缘。《毛诗·召南·野有死麕》中就有"有女怀春，吉士诱之"之句。"粲"美丽。《毛诗·唐风·绸缪》中有"今夕何夕，见此粲者"，集传中解释"粲为美"。

4.西城善雅儛，总章饶清弹

〔西城善雅儛〕"西城"指坐落于洛阳西北隅的金墉城。晋时，魏国置宫人于此。李善注引陆机《洛阳记》："金墉城在宫之西北角。魏故宫人皆在中。"崔豹《古今注》里也有"魏文帝宫人尚衣，能歌舞，一时冠绝"。

〔总章〕为当时乐官、乐伎所在机构。李善注引孙盛《晋阳秋》中有"其总章技，即古之女乐"。

5.鸣簧发丹唇，朱弦绕素腕

〔鸣簧发丹唇〕"鸣簧"指笙簧。"丹唇"指红唇。曹植《洛神赋》中有"丹唇外朗，皓齿内鲜"。另外，陆机的《日出东南隅行》有"丹唇含九秋，妍迹陵七盘"。此句意为涂着朱唇的美丽乐人吹笙。

〔朱弦绕素腕〕"朱弦"指朱色的琴弦，用熟丝作成。《礼记·乐记》中有"清庙之瑟，朱弦而疏越"。"素腕"指乐人洁白的手腕。她们素腕穿梭演奏乐曲。

6.轻裾犹电挥，双袂如霞散

〔轻裾犹电挥〕轻飘飘的裙裾犹如闪电般挥出。"电"为闪电。

〔双袂如霞散〕两袖如云霞散开般舒展开来。"霞"字《文选》中作"雾"，今从《玉台新咏》。

7.华容溢藻幄，哀响入云汉

〔华容溢藻幄〕"华容"指华丽的容颜。《楚辞·招魂》中有"兰膏明烛，华容备些"，集传解释"华容谓美人"。"藻幄"指装饰华美的帷帐。

〔哀响入云汉〕"哀响"指忧伤的音色。"云汉"为天河。《毛诗·大雅·棫朴》中有"倬彼云汉，为章于天"，毛传称"云汉，天河也"。

8.知音世所希，非君谁能赞

〔知音世所希〕"知音"为通晓音律的人。源自《吕氏春秋·本味》伯牙与子期的故事。《古诗十九首（其五）》有"不惜歌者苦，但伤知音稀"。

9.弃置北辰星，问此玄龙焕

〔弃置北辰星〕"弃置"指扔到一旁。本诗"其三"中有"何用结中款，仰指北辰星"。夫君手指北辰星发誓真心，而妻子却仍对丈夫是否背弃前言而担心。

〔玄龙焕〕"玄龙"指轩辕星。因其呈龙形，譬喻美人。在这里指洛阳城美丽的乐伎们。

10.时暮复何言，华落理必贱

〔时暮复何言〕"时暮"指年老色衰。"复何言"三字，《玉台新咏》中作"勿复言"。

〔华落〕指容颜衰败。《毛诗·卫风·氓》的诗序中有"华落色衰，相弃背"。

三、结语

钟嵘在《诗品》中，将陆机与潘岳、张协、左思等奉为"上品"，品评如下：

> 其源出于陈思。才高词赡，举体华美。气少于公干，文劣于仲宣。尚规矩，不贵绮错，有伤直致之奇。然其咀嚼英华，厌饫膏泽，文章之渊泉也。张公叹其大才，信矣。[①]

意为：陆机的诗源自陈思王曹植。其文才高超，辞藻丰盛，作品整体上华丽美妙。文章生动不如刘桢（字公干），文采逊于王粲（字仲宣）。行文重视以往的文学规范，不崇尚丝丝入扣的行文，故而有失质朴率真。然而从陆机的诗中能品味到前人作品的优美及历代典籍的精华，真可称为文章的源

---

① 《晋书·陆机传》中有如下记载："机天才秀逸，辞藻宏丽。张华尝谓之曰：'人之为文，常恨才少，而子更患其多。'"

泉。张华赞叹他才多，的确如此啊。

另外，钟嵘又将陆云与张华，以及张翰、潘尼、石崇等列为"中品"，评价如下：

> 清河之方平原，殆如陈思之匹白马。于其哲昆，故称"二陆"。

意为：拿陆云与陆机相比较，大致就如曹植与曹彪相匹配一般。因为有贤能的兄长，所以被称为"二陆"。"清河"指在成都王颖手下任清河内史的陆云，而"平原"为任平原内史的陆机。"陈思"是陈思王曹植，"白马"为曹植异母兄弟白马王曹彪。钟嵘称陆云，是因为沾了兄长陆机的光而获得"二陆"称谓的，在排名上也是将陆机奉为"上品"，列"陆云"为"中品"。同样曹植为"上品"，曹彪则为"下品"。

然而，关于"二陆"的美称，《晋书·陆云传》中诠释如下：

> 云字士龙，六岁能属文。性清正，有才理。少与兄机齐名，虽文章不及机，而持论过之，号曰"二陆"。

此评价的根据是什么，有待对现存陆机、陆云诗进行全面解读①。笔者今后将继续研究解读陆云的诗歌，来探讨对陆云诗的评价。

参考文献

[南朝梁]刘勰著，黄叔琳注，李详补注，杨明照校注拾遗：《增订文心雕龙校注》，中华书局2012年。

[梁]萧统：《文选》，中华书局1977年。

---

① 关于陆机的诗，请参照佐藤利行《陆士衡诗集》。

[晋]陆云：《陆云集》，中华书局1988年。

《晋书》，台湾中华书局1965年。

[南朝陈]徐陵编：《玉台新咏》，台湾中华书局1965年。

[南朝梁]钟嵘著，曹旭集注：《诗品集注（增订本）》，上海古籍出版社2011年。

[日]佐藤利行：《西晋文学研究》，白帝社1995年。

[日]佐藤利行：《陆士衡诗集》，白帝社2001年。

俄罗斯汉学视野中的中国当代文学译介问题

张如奎

摘要： 当代中国文学作品的俄译问题一直被业界视为影响中俄两国文化交往的重要标志符号。随着中国综合国力在国际上的不断提升，俄罗斯社会公众对中国，特别是文学文化领域的发展的关注度不断增加。同时，我国政府也不断向国外积极推广优秀的当代文学作品。所有这些因素极大促进了中国当代文学作品在包括俄罗斯在内的俄语区国家的俄译和出版，翻译作品的数量与质量也不断提升。特别是2009年至2018年近10年期间的成果尤为显著。这些翻译作品向俄语地区读者介绍了一系列中国当代著名作家和作品。本文借助中俄相关机构及媒体提供的统计数据，对2009年至2018年乃至此后在俄罗斯汉学发展背景下中国当代小说的俄译及出版进行尝试性分析与评价。

关键词： 俄罗斯汉学；中国当代小说；中国文学认知；俄译；俄罗斯读者

引　言

中俄两国间的文化交流源远流长，文学作为文化的重要组成部分，交流也很频繁。在过去的十年间，中俄关系不断加强，并达到新的历史高度。两国间的文学交往不断发展深化。在俄罗斯，中国文学作品的翻译和出版拥有着悠久的历史，这与中俄两国深厚的文化、历史和文学底蕴紧密相关。同时，中国与俄罗斯文化传统之间的区别亦尤为明显。目前两国文学文化间的交往深受两国政治政策的影响，特别是大部分俄罗斯读者对中国文学的认知中固有的局限性比较严重。这两种因素被视为俄罗斯读者阅读理解中国文学作品的主要障碍和困难。从目前看，相比俄罗斯文学的汉译，中国文学的俄译更加落后。2009年至2018年，中国综合国力和影响力在国际社会中不断提升，俄罗斯对中国的关注度随之增强，中国不断加强向国外推广文化的力度，这些实质性的改变使中国当代小说的俄译和出版出现历史性转机。

一、俄罗斯文学视野中的中国形象与中国文学的认知

从近300年的中俄文学交流历史中不难看出，在文学作品翻译和推广方面，文学作品自身的艺术价值无疑是重要因素，除此之外，我们还应看到以下几个方面：译介文学作品内容中所蕴含的意识形态与译入国的社会主流思想意识的相容性问题；该国在当今世界中所处的国际地位，以及国家政府对文化价值观在国外的推广力度，等等。南京大学的高方、许钧两位学者曾指出：中国当代文学作品走向世界与中国实行的改革开放政策密切相关。[①]

近几年，中国文学走向国际世界的进程明显加快，其文学影响力也逐渐

---

① 高方、许钧：《现状、问题与建议——关于中国文学走出去的思考》，《中国翻译》2010年第6期，第5—9页。

扩大。近十年以来，中国在国际社会中的形象发生了巨大变化，这不仅增强了中国社会经济发展模式的吸引力，也推动了包括俄罗斯在内的世界各国汉学研究的繁荣，提高了对中国文学的认知度。

众所周知，20世纪40年代至80年代，苏俄文学是中国的主流外国文学，在两国政治意识相近的50年代，苏俄文学在我国外国文学译本总量中占56.4%，即使到了80年代，也维持在20%以上。1932年，鲁迅在作品中写道：俄国文学是我们的导师和朋友，因为从那里面，看见了被压迫者的善良的灵魂，他的酸辛，他的抗争。[1]汉萨指出，苏联文学与中国人民息息相关，除了政治因素，还归因于他们对文学的道德教化作用有着与中国类似的理解。[2]20世纪90年代在苏联解体和中国文化非意识形态化的双重影响下，中国国内对苏联和苏联文学的关注度普遍下降。据陈晓莉的研究，在20世纪90年代的儿童读物中，俄罗斯作品在国外作品总量中排名第四。[3] 这基本上反映了当时的大体情况。据中国出版社官方统计数据显示，2012年俄罗斯文学作品在中国图书市场位居第六，仅次于美国、英国、法国、日本、德国等文学大国。[4]通过对中国文学艺术作品出版物的分析，我们可以看出，尽管国人对苏联文学的关注度呈下降趋势，但俄罗斯文学仍占据重要位置。在此背景下，中国最受欢迎的俄罗斯作家仍然是高尔基（2003—2012年共425部出版物），而最受欢迎的俄罗斯文学作品是奥斯特洛夫斯基的《钢铁是怎样炼成的》（2003—2012年共277部出版物，80种译本），一些作品被纳入基础教育的教材中，对我国青年的思想教育起到了重要作用。

[1]　Лу Синь：Приветствую литературные связи Китая и России // Лу Синь. Собрание сочинений.М.：Гос. изд-во худ. лит.，1955. Т. 2. С. 98-102.

[2]　Gamza M. The Reading of Russian Literature in China：A Moral Example and Manual of Practice. New York：Palgrave Macmillan，2010. p.227.

[3]　陈晓莉：《20世纪90年代外国儿童文学译介》，《湖南大学学报（社会科学版）》2011年第25卷第4期，第93—97页。

[4]　《中国新闻图书资料汇编2012》，中国图书出版社2012年，第274页。

但是需要指出的是，大量的俄罗斯文学翻译作品出版虽然与各种官方机构的科研出版项目有关，得到实质性的经费支持，却是符合目前图书市场需求，更重要的是满足了广大俄罗斯文学爱好者的需求，因而在各大实体商店和网络书店的书架上也会看到当代俄罗斯文学大师如格鲁霍夫斯基（Д. А. Глуховский）、格拉宁（Д. А. Гранин）、博利雅科夫（Ю. М. Поляков）、普洛汉诺夫（А. А. Проханов）和斯拉夫妮科娃娅（О. А. Славниковая）的作品。但对中国读者来说，中国文学和外国文学之间还构不成激烈的竞争态势。

这个问题源于文学以外的原因，即人们对俄罗斯文学的认知发生根本性的变化。对大部分中国人来说，特别是50岁以下的人，俄罗斯现今已失去了昔日"老大哥"榜样的光环。当前俄罗斯文学作品在中国的衰减状况，不是由俄罗斯文学作品的艺术水平降低导致的，而是20世纪90年代俄罗斯国际地位的衰落，以及西方文化的全球扩张造成的。在这种环境下，俄罗斯的文学作品仍排到了第五六名，还是让人略感欣慰的。很大程度上，这得益于现代国人的文学阅读习惯，以及俄罗斯经典作品蕴含的文学魅力和商业价值。

虽然中国的文化历史悠久、内涵丰富，但是迄今为止，在俄罗斯，中国的文学作品并没有得到社会大众的广泛认可。如今在俄罗斯翻译的外国文学作品中，中国文学远不能跻身前十的位次。在中国，俄罗斯是位列美国、英国、德国和法国之后第五大中国文学图书的进口国，俄语文学作品的发行数量位居英语、日语、阿拉伯语和法语之后，位居第五。[①] 然而，不仅俄罗斯读者明显低估了中国文学的价值，而且实际上其他很多国家也同样低估了中国文学，其中包括自称完全理解中国的法国。但是与我国文化历史传统相似的日本却不是如此，王宁指出：尽管中国文学对世界文学发展做出了重要贡

---

① 《中国新闻图书资料汇编2012》，中国图书出版社2012年，第274页。

献，但仍处在世界文学版图和文学比较研究的边缘。[①]学者为此做出了解释：西方一流翻译的不足、社会意识形态上的偏见、媒体对中国的一些看法和全球书籍市场的萎缩导致了这种局面。

直到2009年之前，在俄罗斯，中国当代文学作品虽然都有俄译作品出版，但成果却不太令人满意。1992—2008年，俄罗斯仅出版了20部中国当代小说译著，总发行量为106 000册，然而其中半数出版物都在2006—2007年问世，当时正值中俄两国举办中国年和俄罗斯年活动。这些出版物大多是非商业性质的，对于俄罗斯这个拥有一亿五千万人口的国家来说，这一出版量略显不足。2008—2009年的经济危机过后，2009—2010年俄罗斯甚至没出版一本当代中国文学著作。造成这种情况有两个因素：一方面，对俄罗斯读者而言，年龄50岁以上的读者群会对20世纪50—80年代的中国文学政治化痕迹记忆犹新，他们的文学意识中需要改变的是，90年代以后的中国当代文学已改变了俄罗斯人所谓的"红色文学"；另一方面，当代新的中国文学作品在俄罗斯的知名度尚未真正普及到广大的公众读者群中。

二、2009—2018年间俄罗斯中国当代文学的翻译数量和出版动态

相关数据显示，2009—2018年俄罗斯共出版了90种不同版本的中国当代小说俄译作品，总发行量为194 100册，最小发行量为300册，最大发行量为12 000册，平均发行量为2156册。从历史角度讲，这一发行量在俄罗斯整个图书界被认为具有重大意义，因为体现了我国当代文学作品翻译方面真正意义

---

① Wang Ning: Cosmopolitanism and the Internationalization of Chinese Literature // Mo Yan in Context: Nobel Laureate and Global Storyteller. West Lafayette: Purdue University Press, 2014. pp. 167–182.

上的突破。

　　然而，遗憾的是，对于出版商来说，不仅每一部出版作品的发行量没有获得可观的利润，而且还远低于出版发行的收支亏损线。俄罗斯图书市场的标准线是出版发行量至少要达到3000册。因此，这一时期出版的90部俄译著中只有13部书能够在没有经济支持的情况下出版，其余77部书都需要依靠各类经费补贴。毫无疑问，这并不会影响翻译作品本身的文学价值。已发行的作品中有10部书还得以再版发行：分别是莫言的长篇小说《酒国》和中篇小说《变》，曹文轩的小说《青铜葵花》和《小牧羊人》，刘慈欣的小说《三体》和《黑暗森林》，王旭峰的小说《南方有嘉木》《不夜之候》《筑草为城》和安徽作家散文集《双瞳》。

　　另外，90部出版译著中的19部作品已经有了电子版，电子书所占比例在2017—2018年大幅增长。从中我们可以看出，出版商试图尽可能把自己的书籍推广到更广泛的读者群中，同时也间接刺激了纸质图书的销售。但是，不断涌现的盗版电子书严重影响了正版图书的销售和推广，这也让出版商们头痛不已。

　　2011—2015年，中国文学俄译图书出版态势好转，最高峰达到32部。其中除了中国影响力提升因素外，当代中国文学俄译作品数量激增还有以下几个原因：

　　第一，中国政府积极支持当代文学走出国门。直接参与推动这个项目的有孔子学院、中国作家协会及各地分会、丝绸之路基金会、中国新闻出版署和广播电视总局及其他中国出版社和高校。

　　第二，中国新闻出版署和国家新闻出版广电总局与俄罗斯联邦新闻署共同签署了2014—2018年互译出版的50本俄罗斯和中国文学作品的合作协议。后来又决定将作品数量扩大到100本，并将该项目期限再延长五年。2014—2018年，此项目共资助出版了多部作品，包括古典文学8部，20世纪文学（1987年前）5部，当代文学29部。由此可见，人们对当代文学作品翻译的重视程度是毋庸置疑的。

第三，中国作家多次获得国际文学创作大奖：2012年莫言成为诺贝尔文学奖获得者，这使俄罗斯读者和出版商不仅对他的作品，还对所有当代中国文学作品产生兴趣。《2012—2013年中国出版业发展报告》这样评价该奖项的意义："莫言可以被称为中国的作家品牌，他的作品毫无疑问是中国文学的品牌，使中国近现代文学有可能为世界所认可。"①

除莫言以外，2015年，科幻小说家刘慈欣荣获"雨果"奖；2016年，儿童文学作家曹文轩荣获"国际安徒生"奖。

第四，现阶段俄罗斯地缘政治开始"转向东方"。从2014年起，对俄罗斯来说，与中国合作已经置于俄罗斯国际合作的首要位置。

2014—2016年，所有这些因素同时出现，使得文学作品的翻译和出版突飞猛进。但随后出现的2017—2018年翻译量减少至12—14本，其主要原因归结于中俄两国减少对翻译项目的资金支持力度。

中国文学作品在俄罗斯翻译出版的商业化决定了需要更多迎合广大俄罗斯读者的与日俱增的阅读需求，而目前这种需求尚未形成，因为普通俄罗斯读者根本不知道哪些当代中国文学作品已译成俄文，又有哪些作品值得他们去阅读。从目前看，短时间内解决这个问题的办法是出版商单独为某个作家和作品进行有针对性的广告宣传和推广工作。

同时还需要我国政府在全球范围内重新分配部分项目经费支持，将补贴从对翻译作品补贴转向对已翻译作品的广告推广上来。基于此，2017年11月，在孔子学院总部的支持下，圣彼得堡大学东方系和圣彼得堡大学孔子学院合作，分别在圣彼得堡和莫斯科两地成功举办了作家刘震云文学作品改编的电影作品展示和宣传活动，在俄罗斯汉学界与俄罗斯普通读者中反响很大，超出预期的宣传效果。

---

① 《2012—2013年中国出版业发展报告》，中国图书出版社2013年，第345页。

2015年12月和2018年4月，俄罗斯作家协会和上海外国语大学分别在莫斯科和上海举办了中俄青年作家第一次和第二次论坛。此后，青年作家的译文发表在文学杂志上。我们认为，更积极地将中国文学家引入俄罗斯人的文化生活中、中国文学作品获得俄罗斯文学奖项、借助电影推广等措施，都将有助于促进中国当代文学在俄罗斯汉学界甚至普通民众中的广泛推广。

2008—2019年，有17家出版社出版了当代中国文学俄译作品，其中只有8家出版的书籍超过3部。遥遥领先于其他出版商的前三家出版社分别是：《尚思》出版社（《Шанс》），出版32部；"超离子"出版社（《Гиперион》），出版15部；"东方文学"出版社（《Восточная литература》），出版12部。但是遗憾的是，在俄罗斯，这些专门从事东方文学出版发行的机构只能算是一些小众性质，没有自己强大的图书发行渠道。

现实主义文学作品在中国当代小说俄译本出版量中占了90%，这些作品内容涉及当代中国社会现状，包括中国的新价值观和社会问题，也有关于中国历史的，比如20世纪的抗日战争、"文化大革命"等。许多作品在中国获得了"茅盾"文学奖、"老舍"文学奖等较高层次的文学奖项。在中国，能够得到各种支持而被推广传播到国际文学舞台的正是这些高端文学和少数民族文学作品，而并非一般意义上的大众文学。同时，俄译作品中也涉及其他题材，比如读者们对麦家间谍小说和方一平侦探小说，特别是对刘慈欣的科幻小说十分关注。值得注意的是，翻译作品中儿童文学占7%（作者曹文轩、黄蓓佳等）。这一时期俄译作品的另一特点是它们都带着鲜明的地域符号。这些文集作者分别来自安徽（2015年、2018年）、广西（2018年）、广东（2017年）、贵州（2013年）和陕西（2016年），由伽罗（《Каро》）、超离子《Гиперион》、东方文学《Восточная литература》和新世界（中）《Новый мир》（КНР）等几家出版社出版发行。这些俄译文集的出版在很大程度上还得益于各地作家协会的积极协助和支持。

令人高兴的是，于2009—2018年出版的291部中国现代小说译本中，除了刘慈欣的四部科幻小说是由英语翻译过来的以外，其余多部翻译作品全部从中文直接翻译而来。有77名专家参与翻译工作，其中有4名是中国学者，他们是作为汉语为母语的合作翻译者的身份，其余73名均为俄罗斯人。1992—2008年，仅有43名专家参与翻译。这里不难看出，翻译人才数量明显增加许多。虽然1992—2008年参与这一时期中国文学翻译工作的专家不多，但他们却成为翻译权威专家的代表，代表人物有斯佩施涅夫（Н.А.Спешнев，1931—2011）和瓦兹克列申斯基（Д. Н. Воскресенский，1926—2017），这使得新的翻译队伍实力更加强大。需要指出的是，翻译队伍中有28名专家来自圣彼得堡国立大学的教师和研究生。90部俄译作品中有40部出自他们之手，18部出自莫斯科国立大学的11位专家。俄罗斯科学院远东研究所、新西伯利亚国立大学、远东联邦大学及其他一些大学的学者也参与了翻译。圣彼得堡国立大学和莫斯科国立大学作为俄罗斯汉学高水平的代表，凭借着自身深厚的翻译实力和专业水平在其中发挥了尤为重要的作用。另外值得注意的是：在翻译组织工作中，俄罗斯翻译出版机构还邀请了在中国留学或工作的俄罗斯、哈萨克斯坦和乌克兰人员参与相关翻译工作，从某种程度上提升了译文的质量。

三、当代中国文学俄译作品的作家和作品体裁

我们知道，我国是一个实力雄厚的文学大国，大约有100万名作家。近十年来，共计有174名中国当代作家的作品被翻译成俄语，包括毕飞宇、王安忆、王蒙、刘震云、刘慈欣、莫言、苏童、铁凝、曹文轩、贾平凹、余华，等等。具体数据统计如下表所示：

当代作家俄译作品出版数量排行信息表①

排名	作者姓名	个人作品出版数量（部）	俄译作品集和期刊发表作品数量（部）	单版发行数量（册）	俄译作品数量（部）
1	曹文轩	12	1	15 800	8（7长篇小说，1短篇小说）
2—3	莫言	6	7	37 000	8（4长篇小说，2中篇小说，1短篇小说，1短评）
	王旭峰	6	0	6000	3（3长篇小说）
4—5	刘震云	4	3	6000	5（4长篇小说，1短篇小说）
	余华	4	2	18 000	5（3长篇小说，1散文集，1短篇小说）
6	刘慈欣	3	1	20 000	4（3长篇小说，1短篇小说）
7—10	毕飞宇	2	4	6500	9（1长篇小说，5中篇小说，3短篇小说）
	沈石溪	2	0	5300	2（2长篇小说）
	老马	2	0	2000	7（1长篇小说，6中篇小说）
	小毛	2	0	1000	2（2短篇小说）
11—37	张贤亮	1	2	3000	7（3中篇小说，4短篇小说）
	盛可以	1	4	3000	5（1长篇小说，1中篇小说，3短篇小说）
	贾平凹	1	6	1000	3（1长篇小说，1中篇小说，1短篇小说）
	巴金	1	0	1000	6（6短评，有三部重版书）
	王蒙	1	1	1000	5（1长篇小说，1中篇小说，3短评），其中有三部重版书

---

① 中国版本图书馆 [Китайский издательский архив]. URL:http://www.capub.cn（дата обраще-ния:16.07.2019）.（На кит. яз.）

续表

排名	作者姓名	个人作品出版数量（部）	俄译作品集和期刊发表作品数量（部）	单版发行数量（册）	俄译作品数量（部）
11—37	王安忆	1	3	1000	3（1长篇小说，2短篇小说）
	铁凝	1	3	1000	3（1长篇小说，2短篇小说）
	凡一平	1	2	1000	2（1长篇小说，1中篇小说）
	阿城	1	0	1000	3（3中篇小说）
	董奚	1	1	1000	2（1长篇小说，1中篇小说）
	路遥	1	1	1000	2（1中篇小说，1短篇小说）
	张炜	1	1	3000	2（1长篇小说，1短篇小说）
	麦家	1	1	3000	1（1长篇小说）
	冯骥才	1	1	1000	1（1散文集）
	严歌苓	1	1	5000	1（1长篇小说）
	王祖铭	1	0	500	1（1短篇小说）
	古华	1	0	1000	1（1长篇小说）
	达万茜	1	0	3000	1（1短篇小说）
	陆天明	1	0	1000	1（1长篇小说）
	肖克凡	1	0	1000	1（1长篇小说）
	唐浩明	1	0	1000	1（1长篇小说）
	方方	1	0	1000	1（1中篇小说）
	付文正	1	0	500	1（1短篇小说）
	黄蓓佳	1	0	1000	1（1长篇小说）
	何建明	1	0	1000	1（1小说集）
	蔡皋	1	0	500	1（1短篇小说）
	张洁	1	0	1000	1（1长篇小说）
	张哲鸣	1	0	3000	1（1短篇小说）

从上表中可以看出，就个人出版物的数量而言，儿童作家曹文轩位居首位（12部），莫言和鲜为人知的王旭峰排第二、第三名（6部），排名第四和

第五的是中国读者最受欢迎的刘震云和余华（4部）。但是，如果看翻译作品的数量，那么心理小说大师毕飞宇处于领先地位（9部：1部长篇小说，5部中篇小说，3部短篇小说），排在第二、第三位的是莫言（8部：4部长篇小说，2部中篇小说，1部短篇小说，1部短评）和曹文轩（8部：7部长篇小说，1部短篇小说），老马（7部：1部长篇小说，6部中篇小说）和张贤亮（7部：3部中篇小说，4部短篇小说）分别占第四名和第五名。同样，如果我们按作品的发行量来排名，那么莫言（37 000册）将排名第一，第二名是刘慈欣（20 000册），第三名是余华（18 000册），第四名是曹文轩（15 800册），第五名是毕飞宇（6500册）。除老马和王旭峰外，按这三种方式排名，前五名的排名是毫无疑问的，而第五名之后的排名就要受到某些人为主观因素的影响了。

四、结语

综上所述，中国当代文学在俄罗斯的翻译出版在经历了1992—2008年相当长的低潮期，以及2009—2010年处于一种完全停滞状态的时期之后，接下来的十年间中国文学俄译作品数量出现可观的增长，俄译作品的题材也发生了很大变化，中国文学经典作品出版的停滞落后状态也有可观的改善，涌现出一批日益成熟的专业翻译人才队伍，文学作品俄语翻译工作全面展开。但是，有待进一步提高俄罗斯公众对中国文学的关注度，特别是各相关机构对文学作品俄语翻译的支持力度。此外，俄译作品的出版发行还会受到各种限制。大部分俄罗斯读者对中国文化和历史以及当今社会现实的认知匮乏，有关中国当代文学翻译的信息闭塞缺失，再加上西方文学在俄罗斯文化图书市场上的霸权地位，以及各大出版商对中国当代文学俄译作品出版发行的参与积极性不足，等等，这些因素无疑都会阻碍俄罗斯读者对当代中国文学作品的深度认知和广泛接受。

日本戏曲对中国文化的受容与变异

——以杨贵妃的爱情故事为例①

唐晓可　　江可欣

摘要：昆曲与能乐这两个古典戏剧剧种，虽生于不同土壤，却在一定程度上反映着中日两国一衣带水、紧密联系的历史与文化。对于能乐的创作而言，中国的历史故事向来是其重要的素材来源。两国戏曲领域的关联也反映在歌、舞、乐器等一些重要戏剧形式早期由中国传入日本的输入式交流中。中国唐代舞乐传入日本后，在一定程度上影响着日本传统艺能的发展。对于这样一个戏剧领域的受容与变异问题，笔者希望借助比较昆曲《长生殿》和能乐《杨贵妃》中杨贵妃的爱情故事，分析剧种发展背景与剧本内容，深入考察中日两种传统戏曲艺术的异同，进而探究上述两出戏剧如何处理相同的故事题材并展现各自的民族特质等问题。

关键词：昆曲；长生殿；能乐；杨贵妃

---

①　2020—2021年首都师范大学本科生科学研究与创业行动项目。项目名称：日本能乐中的中国传统戏曲要素研究——以日本能乐《杨贵妃》和中国昆曲《长生殿》中的戏曲要素分析为例。项目成员：江可欣、乐亚美、刘艺、孙赫辰。

引 言

对于昆曲与能乐两个剧种的关联，翁敏华、回达强已在《中日古典戏剧形态比较——以昆曲与能乐为主要对象》一文中提出：

> 两国最能够体现民族文化特性的古典戏剧，日本的能乐，中国的昆曲，是古老而崭新的戏剧艺术样式……与西方戏剧形态相比，两者都是歌舞剧样式，具有许多共同或谓共通之处；若是将其置于戏剧学的视野细细比较，会发现，两者存在着同根异花般的联系与区别。[①]

回顾昆曲与能乐这两个古典戏剧的发展历史，两个剧种虽生于不同土壤，却在一定程度上反映着中日两国一衣带水、紧密联系的历史与文化。对于能乐的创作而言，中国的历史故事向来是其重要的素材来源。能乐中有诸如《西王母》《昭君》《项羽》等直接以中国历史人物命名的剧目，主要讲述并演绎出围绕这些人物的历史故事。此外，两国戏曲领域的关联也反映在歌、舞、乐器等一些重要戏剧形式早期由中国传入日本的输入式交流中。中国唐代舞乐传入日本后在一定程度上影响着日本传统艺能的发展。

然而，令人思考的是，尽管能乐在自身的创作中，借用了不少中国的故事元素，却能够在本国的土壤中蓬勃发展，这种文化的受容与变异又是如何完成的？对于这样一个戏剧领域的受容与变异问题，笔者希望借助李、杨爱情故事，在昆曲《长生殿》和能乐《杨贵妃》这两出剧目的分析中，通过对比分析剧种发展背景与剧本内容，进一步考察两个传统戏曲艺术的同异之处，从而探究有着相同故事来源的两出戏剧，是如何在各自的戏曲作品中呈现出中日两国各自的民族独特性的。

---

① 翁敏华、回达强：《东亚戏剧互动史》，上海古籍出版社2014年，第367页。

一、从曲种的发展看不同

在民族土壤之上孕育出具有极高艺术水平的代表性戏剧，无论在中国还是日本都并非一朝一夕可成。一个剧种最终能够成形并不断发展，需要一代代从业者苦心孤诣、切磋琢磨，需要多年创作与演出的实践演练，同时也离不开关键之处的时代契机。可以说戏曲诞生与其所处时代的政治环境、文学的创作风气、从业者的继承与革新皆密不可分。昆曲与能乐的发展演进同样反映着戏曲的这一历史性特征。对于昆曲来说，明清时期文人士大夫阶层的大力支持举足轻重；而在能乐的发展过程中，武士将军阶层支持下不断探索着能乐发展路径的观阿弥父子起到了关键作用。对于昆曲与能乐两个剧种来说，支持群体的不同特征，在很大程度上左右着两个剧种从表现形式、演出方式到审美追求等各方面不同的取向。循着他们不同的艺术发展路径，不难探得昆曲与能乐各自曲种的独特民族特质。

（一）昆曲

提及文人士大夫对昆曲的影响，昆曲并非在其诞生之初便受到文人士大夫阶层的支持，而是随着戏曲中音乐元素、文学剧本的改良，其雅化的魅力逐渐吸引了贵族士大夫们的关注与追捧。当士大夫们逐渐参与到昆曲的创作与演出过程中时，昆曲便逐渐绽放出其绝佳的艺术魅力，成为士大夫们甚为喜爱的抒发情感、展现个人才华的方式之一。下文主要针对文人士大夫对昆曲的影响这一角度，从声腔发展、文学剧本创作、演出场所及演员培养几个方面分析昆曲的发展背景。

1.声腔发展的历史

魏良辅等人改革昆山腔这一事件是一个重大的转折点。早期，作为昆曲前身的昆山腔与余姚腔、海盐腔、弋阳腔一道被赋予中国四大声腔之名。那时，还是地方性曲唱的昆山腔带有较强的地方口音及地方人民的自娱自乐性，其声腔特征在《猥谈》一书中被祝允明描述为"无端"而"大乱"，十分不受文人们的待见。然而，在不到三四十年的时间里，明代地方曲艺从业者魏良辅通过使用明代官话也就是南京音为标准音的语言——中州韵代替苏地方言进行歌唱，改随心令式唱为依字声行腔的唱，极大增添了曲腔的风雅、优美的韵味，由此一来，昆曲唱腔的雅化极大地提升了其艺术水准，昆曲受到了文人士大夫们的一致好评。

此外，戏曲创作者梁辰鱼在魏良辅改良声腔的基础上，创作了剧目《浣纱记》，从实践上全面展现新昆山腔流丽悠远、典雅精致的特征。经历了这样的改革与调整，祝允明在《南辞叙录》一书中对昆山腔的评价已是"流丽悠远，出乎三腔之上，听之最足荡人"。祝允明、沈宠绥等文人、曲家对其赞赏不绝，其优美、典雅的艺术特质勾起了更多文人士大夫的兴趣。也正是在这样的契机之下，有着极高文化修养的文人们逐渐开始参与到昆曲的创作当中。财力充足、悠闲高雅的士大夫阶层在后来昆曲艺术的民族化发展、批判性传承中可谓是顶梁柱一般的群体。

2.昆曲的文学性及剧本的创作

早期的剧本写作主要由戏曲的从业者或是底层文人从民间、地头搬演日常生活中的故事，偶尔才有士大夫的参与。当下已知最早的文人写作传奇是明代高明创作的《琵琶记》。文人传奇的剧本创作具有明显的增加，大致始于魏良辅、梁辰鱼等人对昆曲的改革。魏良辅的改革、梁辰鱼的创作揭开了新昆山腔流丽悠远的典雅面目，上层文人与士大夫被其吸引，越来越多地开始了传奇的写作，并成了传奇写作的主要群体。这一时期，以李玉为代表的苏州派，以及以沈璟为代表的吴江派作为文人传奇创作的主力军，创作了诸如"一人永占"、《双鱼记》、《义侠记》等诸多优秀的作品。此外，昆曲著名作品"临川四梦"的创作者汤显祖、《长生殿》的作者洪昇、《桃花扇》的作者孔尚任，以及诸多日后堪称昆曲精华的名作便在这些具有极高艺术水准的剧本基础上喷涌而出，蓬勃发展。

3.演出的场所及演员的培养

明中叶之后，随着地方商品经济的发展，江南地区许多富庶家族开始自己设计搭建园林院落，并在家中自设亭台、戏台，每逢节庆、婚丧等诸多重大的场合，便请戏班来家中演出。正是在这一时期，政局相对安稳、经济逐渐繁荣，一群有着较高社会地位、不俗文化见解，以及充足财力与闲暇时光的文人士大夫开始寻找既可以寄托才情志趣又能消磨时光、无伤大雅的高级娱乐方式。正如《红楼梦》一书中所记录的，富贵人家的贾府专门出钱在苏州购买小戏子，组建家班，为其请来专业师傅教导，专门为自家家主演出。如此动用了钱财、精力所营造的家班在戏剧演出的过程中全然以主人的喜好为标准，不断打磨自身技艺，演练主人喜好的曲目。可以说当时这群培养家班的富贵人家其文化素养与追求在很大程度上代表着戏曲演出的最高水准。这样没有票房压力、不考虑上座率的问题，又有着充裕的资金与艺术指导的家班成就了昆曲发展的艺术高峰。1704年，有记载的最后一次《长生殿》全本演出正是洪昇亲自指导，受邀在曹寅府中演出，整出剧连演三天最终落幕。不过，洪昇自己也不知这将是他最后一次指导演出，离开曹府后，洪昇不幸溺水而亡。在其后的三百年间，史料中再无有关《长生殿》全本演出的记录。

（二）能乐

相比之下，能乐在日本的发展则有所不同。能乐在日本的起源，可以追溯到镰仓、室町时代。当时的日本社会，在经历了平氏政权与源氏政权的交替之后，进入了封建社会时期。这一时期，能乐成形、繁荣，集中呈现于以观阿弥、世阿弥父子及其传承者为中心的创作及演绎中。

观世流一派的能乐在几代幕府将军不同个人态度的取舍下，几番起落。足利义满将军对观阿弥父子的极大支持推动着猿乐能从地方性演出走到中央的舞台。在足利义满的支持下，观阿弥父子不仅享有最佳的演出机会，而且在幕府将军势力的辐射下，受到地方诸大名的爱护与厚待。这时的观阿弥改革音曲，推动其艺术形式在同期的"田乐能""猿乐能"以及歌舞写实剧中脱颖而出[①]。也是在这一时期，作为前摄政关白，同时也是连歌、和歌创作者的二条良基对世阿弥十分器重，一方面影响着少年世阿弥终生以能乐为志的观念，另一方面也在"花"的基本理念上影响着其对戏曲表演艺术的认识。上层武家和公家文化的影响与他们的扶持为世阿弥日后的能乐创作定下了基本的色调，打下了坚实的基础。然而，随着恩人南阿弥与父亲观阿弥的相继逝世，世阿弥的创作进入了第一个苦闷、困难的境遇当中。19年里，世阿弥遵从父亲遗训，在写实表演的基础上探究幽玄志趣的能乐表达方式，并成《风姿花传》一书，推动了能乐的进一步发展，形成能乐以"幽玄"为中心的新模式。

足利义持将军上台后对世阿弥的能乐持厌弃的态度。没有了将军支持的世阿弥不改己志，面对这一困境，充分利用自由的时间与空间梳理半生的表演经验，提升自己的艺术认识，著书立说，推动能乐向着歌舞剧化以及幽玄美的方向前进。流放中的世阿弥，不断地打磨自身的能乐演技，思考能乐的精神性、审美性追求，最终著成《花镜》等一系列能乐表演理论著作，将能乐理论系统地阐述出来，奠定了能乐在日本戏剧史上不可撼动的艺术高峰地位。

对于能乐的发展而言，从父亲观阿弥对能乐写实表演风格的实践以及幽玄美的探索，到儿子世阿弥对能乐艺术表演、创作以及理论化总结的进一步深化、承上启下，不仅使能乐艺术从早期的诸多舞曲、乐能的艺能表演中脱颖而出，而且不断地借鉴融合各类民族文化的精华，推动能乐艺术走向民族戏曲艺术高峰，使之成为以幽玄为核心追求的日本民族性剧种。

从以上的分析可以看到，能乐与昆曲两个剧种各自有着不同的发展脉络

---

① 唐月梅：《日本戏剧史》，昆仑出版社2008年，第126页。

与支持群体。在不同的土壤之上，文人士大夫与观阿弥父子及其继承者们充分发挥自己的力量，不断探寻着各自曲种艺术表达的最佳方式。翁敏华、回达强在其文中写道：

> 由于文人长期的摸索把玩，昆曲具有文人化、女性化的阴柔美，能乐则洋溢着威武的、刚劲的男子气；昆曲悦耳悦目，自有一种感官之美，能乐则无论是伴奏者还是演员，其声口皆如发自灵魂深处，具有撼动人心灵的悲剧力量。①

昆曲的典雅化及能乐的幽玄特征的发展强化使得两个曲种逐渐被赋予民族代表性，两个特质也逐渐成了展现两个剧种不可磨灭的民族性精华之所在。

接下来笔者将通过对两出剧目一步步的深入分析，具体比较同一故事中的剧目演绎究竟有何不同。

二、从剧本内容看同一题材作品的受容与变异

（一）剧本的题目

在分析剧目中的具体内容前，首先，让我们通过《长生殿》与《杨贵妃》这两个题目的命名方式来粗略感受同一段爱情故事在昆曲与能乐演绎中的差异之所在。在昆曲与能乐剧目中，从文学作品到舞台表演作品，题目在定义作品、提示内容、吸引观者等各个方面都发挥着不可忽视的作用。

1.昆曲中的《长生殿》

昆曲《长生殿》是以剧中所出现的地名"长生殿"作为题目。对于这一

① 翁敏华、回达强：《东亚戏剧互动史》，上海古籍出版社2014年，第382页。

题目，可以将"长生殿"拆分为"长生"与"殿"两部分来分析。"长生"一词，象征着人们对寿命长久的一种美好愿景，也可以表示"永恒存在，不灭不消"的意味。正如剧中所写"长生殿下庆长生"，长生殿不仅代表了剧目中唐玄宗为杨贵妃庆生之地，也是"在天愿作比翼鸟，在地愿为连理枝"的盟誓之地，是对永生永世恒久不灭的爱情的美好希冀，象征着长生殿下的爱情同样长长久久。而"殿"则令人联想至静静伫立在大地上、典雅华美的宫殿景致，可谓是一种"相对静止""高雅精致"的意象。"长生殿"之语蕴含着杨贵妃与唐玄宗生死难绝、缠绵长久的情感基调，由"长生"与"殿"结合组成的题目，既有"殿"之高雅静谧，又有"情"之动人肺腑，以静称动，别有一番韵味。昆曲剧目在命名中使用的词汇都富含精致典雅、古色古香之感，由三个字组成的题目也精练而精巧，在韵律上朗朗上口，充分体现了昆曲的文人作者们的文采飞扬以及他们对于典雅的追求。

2.能乐中的《杨贵妃》

能乐《杨贵妃》的命名与昆曲《长生殿》有所不同，该剧选取剧中核心人物之一的杨贵妃作为题目，一方面提示剧目内容与李、杨两人间的爱情息息相关，反映出中国故事是能乐创作的重要来源之一；另一方面，在李、杨两人的爱情当中，单挑出杨贵妃这一人物为整个剧目命名，在一定程度上反映了文化受容过程中，中国故事在日本土壤中变异的特质。不同于《长生殿》中以李、杨两人为故事主人公，并增设爱情"第三者"梅妃，政治人物郭子仪、安禄山等一众人物，能乐《杨贵妃》直接舍去所有枝叶，乃至唐明皇这位杨贵妃爱情的对象也未出现，只以杨贵妃命名；更在情节设计中，截取杨玉环死后在蓬莱宫与受唐玄宗之命前来寻找的方士对话以及自己思绪的变化作为主要情节，以求在"幽玄"这一能乐核心审美观的创作指导下，杨贵妃个人的怅惘叹颂，为整出能乐赋予一份浓烈的幽深寂寥之感，凸显出能乐对于幽玄的审美追求。两个人的爱情故事集中到了杨贵妃一人的思绪变化中。这样的命名方式，充分利用了杨贵妃这一人物在日本较高的流传度，以及日本贵族受众者们对于"幽暗隐蔽的抽象化情感"的偏爱，吸引观众、展开故事叙述的同时，通过杨贵妃这一人物在爱情中的悲惨境遇，奠定全剧凄清的基调，演绎并展现幽玄的审美主题。

（二）剧本的情节

在静谧雅致的《长生殿》宫殿中，在幽深寂寥的《杨贵妃》思路里，两出剧目分别就不同的生死场景向观者道出别样的爱情力量。下文主要从剧目的情节走向上窥探不同曲种对人物表达的差异。

1.《长生殿》的"团圆"

昆曲《长生殿》描写了唐明皇和杨贵妃两人相恋，于长生殿前盟誓，杨贵妃安史之乱中命丧马嵬坡，唐明皇派人上天入地寻觅她的魂魄，杨贵妃也深深想念着唐明皇，最终感动上天，在织女星等的帮助下团圆月宫的故事。国家因国君昏庸、政治腐败招致灾难，两人也因此惨遭阴阳相隔，《长生殿》表现了一出政治悲剧，爱情也带有悲情色彩，但是其结尾却是与《杨贵妃》截然不同的团圆。

一是因为中国人的集体观念、家族观念自古流传至今，深深植根于每一个人的内心。其"一家人就是要整整齐齐"的观念强调了家族成员的不可分割性，使得中国人自古以来便有着注重团圆的观念。唐明皇与杨贵妃最终月宫团圆之日是中国的传统节日中秋节，"最团圆夜是中秋"，在这种明显的背景暗示下，"有情人终成眷属"便是一种必然趋势。观众在阴阳两隔却绵绵不绝的爱情终于修成正果的愉悦感与感动中叫好，这不仅是因为耳濡目染了舞台上还算美满的结局，也是因为这一结局满足了自己内心的价值观念。

二是因为这一结局与中国传统的礼乐秩序相契合，同样能够发挥教化的作用。在洪昇的《长生殿》中，是唐明皇沉迷美色误国而导致的政变出现，最终引导杨贵妃走向生命的终结。洪昇在歌颂忠贞不渝的爱情的同时，也表现了一场政治悲剧，对唐玄宗在位时奢侈无度、沉迷女色、乐不思蜀的行为提出了批判并对后世之人做出劝诫。洪昇在《长生殿》自序里也曾写自己希望借《长生殿》言明"垂戒来世""逞奢心而穷人欲，祸败随之"之理，他认为应当"嘉其败而能悔"，死后能有所悔改也是好的。因此第二十五出"埋玉"后着重描写了二人的追悔莫及与对彼此深深的思念，终于感动上天得以月宫团圆。杨贵妃与唐明皇两人经历生死相隔后在月宫重圆的结局，在保证一个圆满漂亮的结局的基础上，满足了教化的目的。

2.《杨贵妃》的"死之恋"

能乐《杨贵妃》中，主要描写了唐玄宗命身边方士寻找杨贵妃魂灵之所在，方士找到太真殿与杨贵妃相遇，贵妃将定情信物之玉簪交与方士，并诉以与玄宗二人间不为人知的密语，最后舞一曲《霓裳羽衣》之曲，挥泪送别方士的故事情节。相爱之人最终依旧阴阳相隔，唯有挥泪作别相思无限。《杨贵妃》略过唐玄宗与杨贵妃生前的缠绵，而描绘了贵妃死后的"死之恋"，从头到尾都弥漫着相思却永不得一见的悲伤，毫无疑问是一部悲剧。《杨贵妃》之所以会选择以贵妃死后在蓬莱岛的生活为主要内容，源于其本身的特殊性。

首先，在能乐之前，日本的艺能也有多种形式，有供奉佛陀的演出艺术"伎乐"、驱除不祥之物之象征的鬼的"傩礼"、供奉神明的"舞乐"和"神乐"，也有民间百戏"散乐"，这些艺能形式都对后来的"能""狂言"等戏剧形式有着或多或少的影响。从起源上来看，许多日本的艺能形式都受到了宗教与信仰的影响，产生并发展于寺庙和祭礼之中，作为一种献祭神明的贡品和除灾驱魔的形式而存在。如此一来，《杨贵妃》采用杨贵妃死后的情节进行编排，借用其神魔题材的要素，并非不可理解。

其次，能乐由室町时代猿乐的乐者观阿弥和世阿弥创作发展而来，其中世阿弥擅长一种名为"复式梦幻能"的戏剧创作方法。复式梦幻能常用的设置，是身为主角的幽灵以反思的形式在舞台上重现他们所居住的时代和历史，叙述他们的历史故事，因此能乐也常被称为"鬼魂出现的表演艺术"。

而《杨贵妃》的作者金春禅竹，也是世阿弥的女婿，既继承了这种创作手法，也在其中加入了"幽玄"的审美元素，创作出反映现实社会人物故事的剧目。日本著名学者大西克礼先生曾对"幽玄"做了详细的释义，认为"幽玄"包含有"与露骨、直接、尖锐的感情表现相反，具有优美、安详、柔和性"，"有一种神秘性和超自然性，虽关乎宗教、哲学的观念，但仍可感受到其中的'美的意识'"等特征。比起《长生殿》热热闹闹、和和美美的大团圆结局，《杨贵妃》这样悲剧性的情节与结局更能使整体的舞台表演与呈现都处于一种追忆流逝岁月、悲伤而柔美的气氛之中，在优美悲寂、灵魂对话中表现出能乐特有的美的意识。

三、从人物形象看作品的主题

在《长生殿》之前，杨贵妃这个人物，在民间与文学作品中有着不同角度的描写，以及不同程度的表现，而无论在中国的戏剧舞台还是历史记载中都不乏风流韵事，人物形象也充满劣迹污点。

对杨贵妃的文学形象塑造，起源于白居易的《长恨歌》与陈鸿的《长恨歌传》。白居易在《长恨歌》中，着重于对其美的描写。作者运用了大量的对比与夸张，塑造了一位"天生丽质难自弃"的美妃，在马嵬坡与李隆基生死离别后，仍然思念着君王，留下了"在天愿作比翼鸟，在地愿为连理枝。天长地久有时尽，此恨绵绵无绝期"的真情佳话，痴情纯真的绝代美人形象也由此确立。

而在《长恨歌传》中，陈鸿选择了不同的议论角度，在描绘杨贵妃之美，抒发对其不幸境遇感叹的同时，将她的存在与李隆基的昏庸无能联系在一起。作者在《长恨歌传》中指出了自己"不但感其事，亦欲惩尤物，窒乱阶，垂于将来"的创作宗旨。不同于《长恨歌》，陈鸿也从政治批判的角

度，丰富了杨贵妃"祸国尤物"的形象。在最开始的人物定位中，杨贵妃是
从寿王妃被收作贵妃，不仅拥有"光彩焕发，转动照人"的突出美貌，也拥
有"才智明慧、善巧便佞"的讨巧性格。马嵬坡之变被赐死时虽最终"仓皇
展转"，但如此"红颜祸水"从此也成了杨贵妃这一人物在后代文学作品议
论中的重点。

　　元代白朴创作的杂剧《梧桐雨》中继承了对杨贵妃的政治批判，描写也
更加具体生动。杨贵妃在《梧桐雨》中是一个工于心计、自私、奸诈的妃子
形象。她抓住李隆基的心，只是为了满足自己的欲望。《梧桐雨》的开头还
指出了杨贵妃与安禄山的私情，因此安禄山叛乱的目的也成了"单要抢妃子
一个，非专为锦绣江山"。这种情节更是强化了对杨贵妃"祸水"形象的批
判。最后在马嵬坡兵变，作者还设计了马践其尸的情节，也反映了对其祸国
殃民行为的鞭笞。在白朴所作元杂剧《唐明皇秋叶梧桐雨》中，楔子便交代
了杨贵妃一开始便是唐玄宗的儿媳，因唐玄宗觉其"绝类嫦娥"遂命为女道
士，再娶入宫中册为贵妃，仍然某种程度上有违伦理的、儿媳变妃子的身份
转变。安禄山被收为义子后，与杨贵妃在后宫中喧喧闹闹做洗儿会，在楔子
中便已经"与贵妃有些私事"，起了反叛之心了。第一折中，杨贵妃前一会
儿还"妾心中怀想，不能再见"，后一会儿便与唐玄宗起誓世世永为夫妇。
面对赐死，她先是以退为进"妾死不足惜，但主上之恩，不曾报得，数年恩
爱，叫妾怎生割舍"，后为保身直说"陛下，怎生救妾身一救"，直到最后
口中说的仍是"陛下好下的也"，没有《长生殿》中深明大义、甘愿赴死的
果敢。她是传统的红颜祸水、祸国殃民的美女形象，是含恨赴死的怨妃形
象，同样也是在帝王妃身不由己的命运中挣扎的人物。还有《杨太真外传》
《长恨歌》等这些在《长生殿》中都多次有所引用的作品，其中杨贵妃的人
物形象都是大同小异的。

（一）《长生殿》中的杨贵妃

清代洪昇创作的昆曲《长生殿》像是为杨贵妃洗清冤屈一般，一反前人的批判论调。在《长生殿》的序中，洪昇道明了"凡史家秽语，概削不书"的创作原则。因此，杨贵妃被塑造为一个痴情、专一、忠贞的贵妃形象。《长生殿》中的杨贵妃与安禄山没有私情。她是凭自己的才艺与聪慧，才得以在三千佳丽中脱颖而出，得到了玄宗的宠爱。面对社稷的危机，杨贵妃明白国家的重量，也明白李隆基的无奈，便主动请死。故事结尾安排两人在仙界重逢，永结连理，也正是体现了对两人坚贞崇高爱情的歌颂。杨贵妃出场时的身份便已经做出了改动，在第二出"定情"中，唐玄宗在政务闲暇之时寄情声色，忽然遇见"宫女杨玉环"风姿绰约，三千粉黛尽失色，便册封为贵妃。杨贵妃不再是从寿王妃入道士再至贵妃，这一改动脱出史实的污点，使杨贵妃本身与二人间的爱情都添了一笔纯真与纯洁。除身份上的改动外，《长生殿》中的杨贵妃不仅继承了先前众多作品中所称道的美貌，也具有许多独特的人格魅力。

《长生殿》的作者洪昇生活在清朝年间，正是宋明理学"存天理，灭人欲"思潮之后，人们逐渐从封建走向开放，女性地位提升，思想逐渐解放的年代。一夫一妻制自宋代以后虽然是有明文规定、受法律保护的，但民间仍有不成文的纳妾风气，更何况是在原本就后宫佳丽三千的帝王家。但是《长生殿》中的杨贵妃却向往一生一世一双人的纯粹爱情。虢国夫人受圣宠后，杨贵妃忤旨被送回丞相府，后又截发献君；梅妃再次受宠后，她闯入阁中寻人"望赐斥放"，也颇有"妒妇"的泼辣色彩。有许多戏剧作品都丑化了妒妇形象，刻画其脑中除了情爱别无他物，只因所爱之人心另有所属，便成天悲伤乃至含恨寻仇之情景，阐释出一个将妒妇与毒妇、无知之妇的形象绑定的妇女观，否认嫉妒为人之常情而加以贬斥。实际上，正因为杨贵妃坚守从一而终的爱情观，款款深情之上才会生发对于被抛弃、被背叛的焦虑与反其道而行之的勇气。她并非毫无头脑的妒妇，也并非除了情爱一无是处，事实上她洞悉与帝王的相处之道。截发送君时，她顺着高力士给的台阶，在那个认为"身体发肤受之父母"的年代将自己的一缕香丝送上，靠着唐玄宗由这一缕秀发生发的回忆，不远不近、不追不赶的情思暗述，成功地让唐玄宗自愿找她回来。在她吃梅妃的醋假意想"望赐斥放"时，也不忘拿出两人的定情信物钗盒交还唐玄宗，引他回想当年誓言，反过来让皇帝"总朕错，请莫恼"，让皇帝为她低头。

只有姿色与讨巧自然无法让一位帝王心甘情愿深深坠入情网，杨贵妃还兼具出色的音乐与舞蹈才华。她在梦中游月宫听得《霓裳羽衣》之曲之时，虽感叹此曲本已经是天上所得，她依旧觉得"其间转移过度，细微曲折之处，需索自加细审"，用自己对于乐曲独特的审美与思考加以改编，最终使唐玄宗拍案叫绝，连连称赞此曲"真乃千古奇音"。后来在第十六出"舞盘"中，杨贵妃在翠盘中伴着《霓裳羽衣》舞了一曲，更是"逸态横生，浓姿百出"，"宛若翩风回雪，恍如飞燕游龙，真独擅千秋矣"。历史上的唐玄宗同样具有出色的艺术才华，不仅擅长书法和绘画，还精通乐器，在作曲、编舞等方面同样富有足以传世的佳作。历史传说中的《霓裳羽衣》实际上是由唐玄宗创作出的，而《长生殿》巧妙地将这一角色改为了杨贵妃，为杨贵妃添上一份卓越的艺术才华，使她成为一个灵魂有内涵、有层次的女性。虽然她创作《霓裳羽衣》的出发点有一部分是为了压倒梅妃的《惊鸿》曲，赢得唐玄宗更多的宠爱，但她并非只是一个空有姿色与醋意的"花瓶"，而是有着自己灵魂上独特深度和闪光点的女性。艺术的创作者往往更容易对同样有才华的人产生深层次的欣赏与共鸣，她在这一曲一舞之间展露出的艺术造诣与极强的人格魅力，成功地让同样热爱艺术的唐玄宗对她由对姿色的激情，转变为灵魂上的欣赏与珍惜。容颜终将老去，激情与誓言也可能惨遭岁月风化，但真正琴瑟和鸣的灵魂伴侣之情，只会随着岁月打磨而更加惺惺相惜。唐玄宗与杨贵妃的爱情是建立在相互之间灵魂的吸引之上，是深层次而富有内涵的，而不是单纯的红颜祸水、美色误国。想必这也是作者洪昇想要表达的一种真正的爱情应有的状态。

除才华与美貌，《长生殿》中的杨贵妃还拥有深明大义的自省观。不论是《唐明皇秋叶梧桐雨》还是《长恨歌传》，戏曲文学作品中的杨贵妃都或多或少有着贪生怕死的小家子气，至死无法接受自己被赐死的事实。而《长生殿》中的杨贵妃一开始也曾有过悲痛与不舍，哭诉"痛生生怎的舍官家"，但她痛哭后却甘愿赴死，只求定军心，只要唐玄宗能够安稳到蜀地，她"虽死犹生"。此时的杨贵妃为了心爱之人，为了自己心中的爱情，甘愿献出自己的一切乃至性命。甚至她还希望在她死后，唐玄宗能够忘却她，"今后休要念我"。她在心中确确实实地做出了再无相见之日的觉悟，只希望爱人今后能够幸福平安，哪怕这是以牺牲她与他们之间的感情为代价。如果她的死亡对她的爱人是有价值的，那么她纵使有千万般不舍也甘愿献出生命，这无疑凸显了她的无比深情。如果说马嵬坡的她走向死亡的举动仍然是出于极致的爱情，后文的她对于自己的死亡却多了一丝思考与悔悟。她自知"只想我在生所为，哪一桩不是罪案"，"况且兄弟姊妹，挟势弄权，罪恶滔天，总皆由我，如何忏悔得尽"。朝政的倦怠与崩塌，她难逃责任，悲惨的现状和如今的结局她都难辞其咎，实为罪恶深重。她在一次又一次回忆与唐玄宗过去的种种时，理性也随之而生，对她过去的罪孽做出了总结与反思。钗盒情缘自然是放不下、忘不掉的，她的罪孽也难以洗清，她不奢望罪孽深重的自己能做回蓬莱仙班，只是始终放不下能与唐玄宗再续前缘的希望。如前文所述，洪昇创作《长生殿》的目的之一便是借它阐述"垂戒来世""逞奢心而穷人欲，祸败随之"之理，且死后能有所悔改也是值得嘉奖的。人难免有过，无节制的欲望会为自己招致祸败，但又有几人会真正对自己的过去进行反思，为自己的行为感到忏悔呢？杨贵妃纵使生前未能走上正确的道路，但随之而来的祸患使她失去了生命，她也在这份失去中回归理性，反复咀嚼过去，从而有了对于自己深刻的悔悟，这便已经切合了作者的写作目的。因此土地爷在看见她的悔悟后，直言"这一悔能教万孽清"，她的悔悟成了她能够得到天庭帮助的重要契机，也提醒着千千万万读者反省自身，不逞心穷欲才是人生正道。

《长生殿》中的杨贵妃不止延续了杨贵妃一贯的美丽姿色，更为杨贵妃增添了丰富的内在。她脱出了既往红颜祸水的历史形象，成为一名既有女人味，又有才华与智慧的皇帝宠妃。她的这些突破绝非是剧情需要，而是作者洪昇有意为之，而这也反映出他拥有着进步的妇女观，才能创作出这样一名立体而独立的角色。同时，《长生殿》中的杨贵妃形象也更多孕育于作者希望传达的政治警示之中，她身上独有的特点很多都为主旨的具象化表达，是由中国特色的文化土壤与历史环境而来的。

（二）《杨贵妃》中的杨贵妃

相比于《长生殿》中鲜活丰满的女性人物，《杨贵妃》中的杨贵妃集中从其沉浸于悲痛或者说看破世间红尘的醒悟这一角度进行表现。她不像《长生殿》中的杨贵妃，在死后仍然有土地老的同情和织女的帮助，最后收获了相对圆满的团圆结局；她从殒命后一直孤身处于孤岛蓬莱宫。在《杨贵妃》中，没有见到她与蓬莱宫的任何人有所交谈。在剧目最开始，为方士指路的蓬莱宫男子也只是知道名为玉妃、心系尘世的女性的住所所在，言语间并未透出几分亲昵，而且杨贵妃在殿内的歌声外部是可以听见的，他不需要与杨贵妃有什么接触也能得知她的境况与心境。可想而知，她不像《长生殿》中的杨贵妃，太真殿内还有侍女，有人陪伴，有人倾听；她只是独自沉浸于失去之中，独自在墙内歌唱哀伤，日复一日承受着悲痛，这无疑会给她的精神带来极大负担。根据美国的心理学家伊丽莎白·库伯勒-罗丝的"哀伤五阶段模型"，"丧失"后的哀伤共有五种不同阶段：否认、愤怒、交涉、沮丧和接受。从她"难逃生者必灭理"的论断中可以看出她已经认识到"丧失"的到来，并且思考着万事万物最终都会步入丧失与轮回的不止循环之中，世事"无常"永恒不再，尘世之缘难以长久也是必然的，渐渐步入了一种"沮丧"的超脱之中。尽管最后她仍然禁不住思念,落下一语"历历往事忘却难,依依不舍别尘世",但其实已经失去了与唐玄宗重圆的希望,毕竟无论是现实本身还是她对现实的思考都没有给她希望。她用"相逢即是离别时""难逃生者必灭理",用她与所爱之人的感情迎来终结是不可违抗的命运来劝慰自己,让自己接受已经再无回天之力的残酷现实,或许已经离步入"接受"的阶段、能够平静地认识和接受自己已经与所爱之人死别的事实不远了,从而最终看破、看淡这世间一切的"无常",走入一种宗教精神上的"悟"。

与《长生殿》中角色性格丰满进步、心存希望想尽办法与唐玄宗重逢的杨贵妃相比,《杨贵妃》给这个人物蒙上了一层消极意味。一方面,这是由于作品篇幅上的不同。《长生殿》从李、杨二人相遇到马嵬坡惊变,再到月宫重圆整条故事线都进行了相当完整的陈述。而《杨贵妃》的情节内容主要展现着《长生殿》一出的内容,并未涉及现实中的政治问题,也缺乏两人间的爱情互动,情节焦点大有不同,相对而言没有足够的篇幅来展示杨贵妃多方面的性格特质,这也是详略得当的表现。另一方面,就如《长生殿》的历史背景和作品主旨孕育了一个全新的杨贵妃一样,这是由能乐的文化土壤决定的。

"幽玄"居能乐要素之首位。幽玄的审美观走向社会文化主流地位是在镰仓时代末期之后。镰仓时代,禅宗传入日本,至室町时代,日本与中国禅文化的交流进入一个高峰。而在此期间,经历了漫长的战火纷争,社会剧烈变革,人心动荡不安,禅宗"明心见性"的主观唯心主义思想与当时社会上消极厌世的思潮相碰撞,推动与禅的"空寂"相连的幽玄审美观进入主流。那时的幽玄是一种难以用语言表述的精神境界,由空远深寂的景致所描绘出的意境可为幽玄;由外物生发的寂寥、空寒之感可为幽玄;由内心生发的漂泊、愁绪之情亦可为幽玄;总而言之,是一种缥缈难以捉摸、空远、寂寥、幽深的巨大精神宇宙。之后,能乐的奠基人观阿弥将先前的幽玄理念引入能乐,将一种以"高雅优艳"为特点的幽玄融入能乐的表演之中。其子世阿弥则对观阿弥的幽玄理念做出全新的解释，幽玄成为通往最高艺术境界的必经之路。他强调能乐表演必须"动十分心，动七分身"，"即表演含蓄才有深度，也才有幽玄"，"强调要达到幽玄，就必须有'心'，并且有意识地将'有心'与幽玄更紧密地联系在一起，提高幽玄在艺术上的理念性的价值"。①而《杨贵妃》的作者金春禅竹兼收并蓄，既在谣曲中保持世阿弥"优艳"的优美文学色彩，又在表演中吸取世阿弥所述"有心"的重要性，达到了艺术性与文学性的更高融合，创造出一种全新的幽玄理念。幽玄理念进入能乐后，有了新的艺术性观念，但其本质依旧是剧作者所追求的目标。能乐《杨贵妃》中的杨贵妃，本身依托能面与含蓄的表演已有了一分难以捉摸的高远寂寥之美感，情节选取在仙宫中杨贵妃的经历，使得幽玄的空寂美更易具象地营造出来，她身处与爱人生死相隔的境地为全剧奠定了一份寂寥的基调，而她从满怀悲伤的情绪中渐渐体悟出"无常"之理的思绪，也让幽玄的美感表达得淋漓尽致，带给观众符合主流审美却又别样的审美体验。这样的杨贵妃，是随日本戏剧与历史时代发展而来，也是最适宜日本这块文化土壤的杨贵妃。

（三）"杨贵妃"形象在日本的受容

杨贵妃进入日本后，基于原本的故事线，又生发出了许多不同的改编版本。若要追溯杨贵妃这一人物是如何进入日本的，白居易的《长恨歌》自然是绕不开的话题。日本从7世纪圣德太子广纳以儒学、佛学为中心的中国文化开始，便先后派出了遣隋使和遣唐使，与中国进行大量的文化交流，使得中国文学对日本汉学界乃至日本古代文学都存在巨大影响，而白居易更是其中举足轻重的人物。《源氏物语》中就直接引用了"在天愿作比翼鸟，在地愿为连理枝"的诗句，日本学者对《长恨歌》的研究也一直延续至今。《长

---

① 唐月梅：《日本戏剧史》，昆仑出版社2008年，第156页。

恨歌》在日本的广泛流传使杨贵妃的形象深入人心，她的故事也受到不同程度的改编，由"马嵬坡下泥土中，不见玉颜空死处"一句发出贵妃未死的推测，由"忽闻海上有仙山，山在虚无缥缈间"描绘出贵妃逃入日本的想象。日本明星山口百惠曾对外宣称自己是杨贵妃的后代，在日本山口县久津村还设有杨贵妃的坟墓与雕像。杨贵妃受日本人的喜爱之深不言而喻，论及文学作品，相关作品更是数不胜数。平安时代《今昔物语》中有《唐玄宗后妃杨贵妃依皇宠被杀的故事》，镰仓时代《曾我物语》中有《玄宗皇帝故事》，室町时代有能乐《杨贵妃》，江户时代有古净琉璃剧《杨贵妃物语》等。相较于能乐《杨贵妃》，歌舞伎《杨贵妃》则更多一分醒悟。歌舞伎《杨贵妃》选用的情节与能乐《杨贵妃》相同，都是方士前来蓬莱宫寻找杨贵妃的片段，同样都是描绘生死情、死后身，但歌舞伎中的杨贵妃在感慨生前帝妃情时，却抒发出"你看那凡间尘欢，总被无常弄，怎比我日月长久蓬莱宫"的思考。长生殿下"在天愿作比翼鸟、在地愿为连理枝"的盟誓是真，情也是真，有"钗为证"，但却是"去路重重，来路失，回首一场空"，一切都仿佛是一场幻梦，无影无踪难寻迹，世事无常弄人，不如"且自留住蓬莱宫，远无常，歌清平"。相比能乐中的杨贵妃在情感上的难以割舍，歌舞伎中的杨贵妃的思考更倾向于对世事无常的看破和淡泊。二者都提及了"爱恋"与"无常"的情感和思想，都有对纯洁爱情的歌颂和无常的宗教思绪，但占比却有鲜明的不同。而若再与中国的杨贵妃叙事相比，则有更加鲜明的差异。

四、总结

本文试从曲种的发展路径与文化土壤出发，通过对昆曲《长生殿》与能乐《杨贵妃》两出剧目的比较，以及两出剧目中具体人物的分析，从大体上把握昆曲与能乐两个曲种的民族性特征。从两种曲目在文化传承中的受容和变异的特点，深刻解析了昆曲《长生殿》与能乐《杨贵妃》各自曲种中对李、杨爱情的最佳表达方式。

首先，在昆曲的剧种特征这一方面，围绕昆曲从地方性唱腔昆山腔向民族性剧种昆曲的转变这一过程，对魏良辅、梁辰鱼在理论改革与创作实践等基础上的变革，以及昆曲的雅化、文人士大夫的大量创作与演绎指导作用，进行了粗浅的分析。从中我们看到，一方面昆曲在"中州韵"依字声行腔的唱腔中焕然一新，展现出流丽悠远、典雅精致的曲风特征，另一方面文人士大夫写作传奇为戏剧的演出积累了大量的优秀剧本，同时组织家班指导舞台表演，极大地提升了昆曲的艺术水准并代表了昆曲艺术的最高水准。对于能乐的发展，本文围绕观世流一派尤其是观阿弥、世阿弥父子的成长路径展开。青年时期便立志从事能乐事业的世阿弥在不断实践与思考中总结能乐艺术的精神追求与精神特质，"幽玄美"的理念集中突出能乐艺术以柔和、优美的手法营造着神秘、超自然意境的特征，为能乐从同时期传统艺能中脱颖而出，并走向有着独特艺术追求的民族性剧种做出突出贡献。

在情节的对比分析中，笔者从《长生殿》的团圆结局与《杨贵妃》"死之恋"的情节选择角度进行了对两种戏种的探讨。《长生殿》之所以以大团圆的结局作为故事的终点，一是源于作者洪昇希望借《长生殿》"垂戒来世""逞奢心而穷人欲，祸败随之"之理，让悔悟了自身错误的杨贵妃获得了好的结局；二是由于中国人重视团圆的价值理念。《杨贵妃》采用贵妃死后的时光作为故事的舞台，一是由于宗教祭祀对先行艺能的潜在影响，二是因为采用了"复式梦幻能"的戏剧创作方法。

在人物的对比分析中，笔者对《长生殿》与《杨贵妃》中的杨贵妃形象以及造就其形象的文化因素进行了详细探讨。《长生殿》中的杨贵妃一反先前作品中红颜祸水、小家子气的特点，不仅拥有美丽的容颜，还具有出色的音乐及舞蹈才华。她深明大义的自省观源于洪昇劝诫后世的创作主旨，她追求从一而终的爱情观也反映出思想走向开放、女性地位提升的时代背景。《杨贵妃》中的杨贵妃则集中表现其沉浸于悲痛，或者说看破世间红尘的醒悟这一角度。这是由于"幽玄"这一审美理念在能乐中的发展变迁与重要地位。"死之恋"使幽玄的空寂美更易具象营造出来，而她体悟出"无常"之理的思绪，也让幽玄的美感表达得淋漓尽致。

经过分析可以看出，才华与美貌并存的杨贵妃在关键时刻是顾念大局的，舍去一生所依附的帝王之爱，如此的大义观赋予了平日里争风吃醋、惹是生非的娇小女子以强大力量，正是在这样的人物故事设置之下，自然而然引发出唐明皇无比的惦念，在中国团圆导向的常见思路下，最终将剧目引向中秋的团圆。整出剧目中有吃醋惹祸的贵妃，也有不顾家国沉迷声色的帝王，但是这并非这出剧目最动人的地方。复杂的情感交织、无奈的人生选择，《长生殿》已是一出非凡的人间故事。但它更有一分出奇，奇在赋予了人间沉重真相之中情感的真挚之处一双飞升的翅膀。这或许正是中国传统戏曲中的独特表达，也是中华民族传统文化的土壤之中孕育出的独特文化特征。

与以往的李、杨爱情不同，昆曲《长生殿》在其独特的曲种特征和作品主旨下孕育了一个全新的杨贵妃。同样，能乐的文化土壤与世阿弥所留下的幽玄审美追求中，能乐《杨贵妃》为日本社会留下了一位在不可抗拒之命运中接受离别、看破世间无常，在寂寥高远之宫殿中逐渐悟道的女性形象。

在李、杨爱情故事这一同一创作来源的背景下，我们透过昆曲与能乐两个民族剧种看到了全然不同的人物塑造、内容取舍与主题表达。尽管在戏曲发展之初或是作品创作过程中，两个剧目在表演形式与创作内容上有着一定的相似性，但是经过能乐曲种自身的艺术创作与审美修整，可以说杨贵妃这一中国古代人物形象较好地实现了文化输出，并在一个全新的土壤上蓬勃生长。从当代中国文化强国的建设目标与优秀经典文化输出的思路来看，杨贵妃形象在戏曲领域的传播不失为一个具有一定典型性或是借鉴性的成功案例。

在中日两国的跨文化交流中，无论是何种因素的传播或是学习，在进入了另一个民族社会以及另一个文化领域当中时，其本身的内容便随着地域、领域的变化而发生改变，这或许与语言文字不通所造成的误解或是文化背景知识的缺失所带来的错解有关，笔者希望在接下来的研究中进一步探究在文化受容过程中产生变异的各种因素。

总体来看，昆曲与能乐是两个有着独特艺术特征的民族代表性剧种，无论是士大夫指导之下昆曲演绎的典雅精致，还是世阿弥思索总结中能乐表演的幽玄有心之意，都极大地展现了传统戏曲在艺术领域的民族性追求。

井口驹北堂李杜诗集评释研究①

荣喜朝

摘要： 汉诗评释类著作与作法类著作是日本明治时代汉诗创作指南类著作的两大组成部分，是研究日本诗学的重要文献。对大学馆"汉诗入门丛书"（1906—1910）中的井口驹北堂李杜诗集评释著作进行文本细读可知：明治时代的日本汉学家已经开始用西方的诗学阐释东方的诗歌，具备了会通东西的意识；在我国长期不受学界注意的乾隆帝御选《唐宋诗醇》在日本颇受欢迎；近藤元粹《李太白诗醇》受到当代中国学者的肯定。可以说，井口驹北堂李杜诗集评释是中日诗学交流的代表性著作。

关键词： 李白；杜甫；汉诗；评释

明治时代是日本汉诗的最后一个隆盛期，大量汉诗人，包括文人、学者、政治家甚至军人，创作了数量众多的汉诗。同时，汉诗诗学理论著作和汉诗创作指南类著作也大量问世，共同铸就了明治时代汉诗繁荣的基础。前者有森槐南（1863—1911）的《古诗平仄论》、野口宁斋（1867—1905）的

———————————

① 本文系2020年度河南省哲学社科规划项目《日本明治时代汉诗创作文献研究》、首都师范大学研究生高水平学术创新项目《日本明治时代汉诗创作指南类文献研究》的阶段性成果。

《少年诗话》等，后者包括各种各样的汉诗创作指南类教材。国内关于该时代汉诗作品的研究成果丰硕，然而尚未见到关于该时代的诗学理论著作和汉诗创作指南类著作的研究。对汉诗作品进行文本细读，能够明了这些诗作的具体内容和深刻内涵，达到"知其然"，而对诗学理论著作和创作指南类教材进行分析，能够探明明治时代汉诗成立的具体过程和原因，达到"知其所以然"，进而明确在东西文化激烈碰撞的时代背景中，日本汉诗面临的机遇、困境以及自身的迷茫和发展。

　　接下来，本文就明治时代的著名出版社大学馆于1906至1910年间出版的"汉诗入门丛书"中的井口驹北堂（生卒年不详）李杜诗集评释进行分析，以期有所收获。之所以以该丛书为研究对象，是因为该丛书中的评释类著作是明治时代末期的汉诗评释类著作，已经处于成熟期，因而具有重要的文献价值。大学馆"汉诗入门丛书"目前已知出版了5编，分别是：第1编《汉诗独习》，室直哉，1906年，别名《作法详解汉诗独习》；第2编《白乐天诗集评释》，井口驹北堂，1907年；第3编《李太白诗集评释》，井口驹北堂，1907年；第4编《杜子美诗集评释》，井口驹北堂，1907年；第5编《苏东坡诗集评释》，井口驹北堂，1910年。该丛书第5编内容不明，第2编无法获得原文，第1编的内容是作诗法，第6编与第3、4编隔了三年出版①，且李杜在中国和日本更具影响力，因此本文主要以第3编《李太白诗集评释》和第4编《杜子美诗集评释》为研究对象。

---

　　① 由于第3、4、6编皆大量引用《唐宋诗醇》中的评语，而且与《唐宋诗醇》的6个收录对象李白、杜甫、白居易、韩愈、苏轼、陆游重合4个，因此笔者推测该丛书应该还有第7编，第5、7编的评释对象应为韩愈和陆游。

一、选诗来源及所选诗歌

《李太白诗集评释》和《杜子美诗集评释》所选诗作基本上都来自《唐诗选》和《古文真宝》。正如作者所言：

> 关于诗的选择，似乎没有一定的标准，然而欲为专资初学者，所以仅收录最脍炙人口、最逸调佳丽者。因此很多诗材皆得之于《唐诗选》《古文真宝》等，这是必然的趋势。①

因为是为了"专资初学者"，所以本书沿袭日本江户时代以来的传统，诗作基本上选自《唐诗选》《古文真宝》。这从《静夜思》等诗作的形态亦可得到验证。《静夜思》在《唐诗选》中的形态是"床前看月光／疑是地上霜／举头望山月／低头思故乡"，这与我们基于《唐诗三百首》的常识有一定的差别。由此可知，这与国人选唐诗多来自《唐诗三百首》有着明显区别；同时也说明，在日本《唐诗选》《古文真宝》中的作品"最脍炙人口、最逸调佳丽"。

《李太白诗集评释》所选诗作共计68首，具体为：《早发白帝城》《峨眉山月歌》《越中怀古》《苏台览古》《经下邳桥怀子房》《登金陵凤凰台》《送储邕之武昌》《清平调词（3首）》《结袜子》《江上吟》《静夜思》《秋浦歌》《塞下曲》《送友人》《春夜洛城闻笛》《陪族叔刑部侍郎晔及中书贾舍人至游洞庭湖》《子夜吴歌》《乌栖曲》《长相思》《客中行》《横江词》《长门怨》《月下独酌》《苏武》《独坐敬亭山》《题峰顶寺》《北风行》《乌夜啼》《蜀道难》《金陵酒肆留别》《秋思》《送友人

---

① 井口驹北堂：《李太白诗集评释》，东京：大学馆1907年，"绪言"第1页。原文为日文，译文由笔者翻译而成，以下引文同。

入蜀》《待酒不至》《望庐山瀑布》《上皇西巡南京歌（2首）》《采莲曲》《王右军》《秋登宣城谢朓北楼》《友人会宿》《怨情》《见京兆韦参军量移东阳》《灞陵行送别》《思边》《把酒问月》《紫骝马》《对酒忆贺监（2首）》《望天门山》《闻王昌龄左迁龙标尉遥有此寄》《黄鹤楼送孟浩然之广陵》《早春寄王汉阳》《题东溪公幽居》《金陵城西楼月下吟》《春日醉起言志》《山中问答》《南陵别儿童入京》《王昭君》《玉阶怨》《送张舍人之江东》《嘲王历阳不肯饮酒》《秋下荆门》《与史郎中钦听黄鹤楼上吹笛》《山中与幽人对酌》《襄阳歌》《三五七言》。

《杜子美诗集评释》共收录杜甫诗作42首，分别是：《贫交行》《楠树为风雨所拔叹》《哀江头》《登岳阳楼》《宣政殿退朝晚出左掖》《秋雨叹》《玉华宫》《梦李白（2首）》《漫成一绝》《丹青引》《短歌行》《兵车行》《旅夜书怀》《秦州杂诗》《登高》《复愁》《绝句（江碧鸟逾白）》《后出塞》《春归》《江畔独步寻花（3首）》《饮中八仙歌》《丽人行》《茅屋为秋风所破歌》《春宿左省》《禹庙》《船下夔州郭宿雨湿不得上岸别王十二判官》《紫宸殿退朝口号》《秋兴（2首）》《佳人》《江陵望幸》《重经昭陵》《赠花卿》《绝句（两个黄鹂鸣翠柳）》《奉和严武军城早秋》《送孔巢父谢病归游江东兼呈李白》《重赠郑练》《解闷》《书堂饮既夜复邀李尚书下马月下赋》。

这些诗作中的《早发白帝城》《峨眉山月歌》《静夜思》《秋浦歌》《送友人》《春夜洛城闻笛》《子夜吴歌》《月下独酌》《独坐敬亭山》《望庐山瀑布》《把酒问月》《黄鹤楼送孟浩然之广陵》《山中问答》《山中与幽人对酌》，以及《绝句（江碧鸟逾白）》《登岳阳楼》《旅夜书怀》《登高》《秋兴》《兵车行》《梦李白》是日本当代小学、初中、高中国语教科书中经常收录的汉诗，位列日本人眼中最美中国古诗之列①。这说明该书所选的诗作至今依然很受日本人欢迎，无愧于"最脍炙人口、最逸调佳丽"的称号。

二、体例和特色

《李太白诗集评释》由绪言、李太白传、目次、正文组成，其中"李太白传"来自《旧唐书》，正文部分一般包括解释和评言两个部分，解释又分句解和意解。"评言"是本书的核心和创新部分，为了使读者能够充分理解所选诗作，本书"特设'评言'一项，插入与其诗相关的古今名家评论以及私家愚见"②。之所以这么做，是因为：

> 自古以来李杜之诗难解，学者们甚为棘手，因此议论、评言百出也是必然结果。余眼界所及之评论皆网罗之，此于初学者必非赘事。③

尽管日本汉诗人、汉学家常言"诗非可与解释者"④，但是作者依然希望"读者宜同等对待解释和评言，感悟李白诗之真谛"⑤。

《杜子美诗集评释》由绪言、杜子美传、目次、正文组成。与《李太白诗集评释》相比，本书的特色十分明显：第一，作者没有像《李太白诗集评

---

① 参阅根据日本当代小学、初中、高中国语教科书编纂的《风月同天——日本人眼中最美中国古诗100首》（李均洋、佐藤利行、荣喜朝主编，人民文学出版社2020年）。参阅荣喜朝：《日本当代国语教科书中的中国古诗》，《北研学刊》2021年总第18号，第167—175页。

② 井口驹北堂：《李太白诗集评释》，"绪言"第1页。

③ 同上，"绪言"第1—2页。

④ 同上，"绪言"第2页。

⑤ 同上。

释》那样直接使用史书原文，而是亲自撰写了诗人小传"杜子美传"；第二，不再专设"评言"部分；第三，在正文中添加了"解题"，由此正文包括解题、句解、意解三个部分。不专设"评言"是因为作者认为"'评言'对于初学者没有太大的必要，高深的评言反而不符合本书的目的"①。不过作者还是在部分诗的"句解"末尾处添加了必要的评语。在新设的"解题"中，作者主要添加了各诗的创作原委以及与各诗相关的逸闻等，以增强文章的趣味性。

作者在本书中偶尔会发表一些关于唐诗的看法，例如："绝句，诗之一体，五言绝句古于七言绝句，起自六朝时代乐府体者也。"②不过，其系统性的认识基本都在诗人小传中。在"杜子美传"中，作者首先阐述了自己关于唐诗的认识：

自汉以后，经魏晋六朝，愈发隆盛起来的中国文学，及至唐朝绽放出了灿烂的华彩。经学、散文、诗赋散发出来的文华之芳，不仅仅停留在唐代三百年，宋以后的诗坛也颇受影响。不仅如此，其馥郁的香气在我国平安朝的文坛也经久不衰。

如此，虽说唐朝是文学极致的时代，然其中最值得夸耀的仍属诗坛，唐诗之盛无与伦比。李太白、杜子美、韩退之、白乐天等出类拔萃，在中国文学史上无可比类。王勃等初唐四杰，陈子昂，沈宋体之沈佺期、宋之问，贺知章等吴中四士，柳宗元、孟东野、元微之、李长吉、刘梦得、杜牧、温庭筠等，皆称霸于一方，此等人物不可枚举。即使见之于宋以下之金元时代，抑或较之于明清，未尝有如此盛况也。③

---

① 井口驹北堂：《杜子美诗集评释》，东京：大学馆1907年，"绪言"第1页。
② 同上，第128页。
③ 同上，"杜子美传"第1—2页。

井口驹北堂不但充分肯定了唐诗在中国文学史上的地位，而且特别强调了对日本的影响。可以说，仅从诗学角度而言，以上内容足可称之为唐诗简史以及简要的中日诗歌交流史。

其次，作者对李白和杜甫进行了对比：

> 杜甫与李白同时代，并为唐诗两大巨匠，呈日月并悬之奇观。然此二人虽交情甚笃，但性情、诗风截然相反。杜甫世俗，属于实际派，而李白超然，颇有理想派的倾向。杜甫以激情出色，李白以风骨倾倒一世。其诗风一沉郁，一缥缈，盖自然之结果也。杜甫评自己诗云：沉郁顿挫，要之，非不善知自己之言也。其作诗也，虽专用力有格调，但又决不忽视炼句。宜哉，持"语不惊人死不休"之自信也。有此惨淡苦心，其诗作才千古不磨，锵然永劫，有金玉之声也。①

在此基础上，作者给予了杜甫诗歌极高的评价：

> 杜甫之情炎烈烈，所到之处皆燃。或发为忠君之情，为思乡之念，或为怀妻子、慕眷属之心，时时刻刻，皆依其彩笔化为诗作。换言之，其诗集全然无愧于一篇诗史者也。②

这在《李太白诗集评释》中未曾见到。此外，作者认为在唐朝的众诗人中，"作为多泪多恨的激情诗人，于群星间绽放出灿烂光彩的实为杜子美其人也"③。由此可见，比起李白，作者更加推崇杜甫。

---

① 井口驹北堂：《杜子美诗集评释》，东京：大学馆1907年，"杜子美传"第6—7页。

② 同上，"杜子美传"第7页。

③ 同上，"杜子美传"第1—2页。

再次，作者还将杜甫与苏格兰诗人罗伯特·彭斯（Robert Burns，1759—1796）进行了比较：

> 其诗与苏格兰诗人罗伯特·彭斯十分相似，其触事应物，感极不能默，血涌肉跃，披沥淋漓满腔心血处，其拘泥于世间俗世不能乐天处，虽东西风格自不相同，然甚觉有类同之处。①

尽管是简单的比较，但是足以说明明治时代的日本，已经有人开始用西方的诗学阐释东方的诗歌。在该领域，井口驹北堂是否是开创者尚不得而知，但是其部分做到了东西诗学的会通却是事实。此外，在《苏东坡诗集评释》中，井口驹北堂将苏轼的自然描写与当时的世界文学巨匠屠格涅夫（Ivan Sergeevich Turgenev，1818—1883）的自然描写相比较，认为苏轼的作品毫不逊色，称赞苏轼于几百年前已经倡导了近代文士经常所言的现代性乃至自然主义，给予苏轼极高的评价。②可以说，这是该丛书最大的特色。

综上所述，在《李太白诗集评释》中井口驹北堂未对李白做任何评论，诗人小传直接引用了《旧唐书·李白传》中的内容，而在《杜子美诗集评释》中，作者却亲自为杜甫写了小传，并对杜甫的诗作进行了评论。他还在评论的过程中将杜甫与李白、苏格兰诗人罗伯特·彭斯进行了对比。作者不评论李白只评论杜甫，或许是因为杜甫的诗歌与罗伯特·彭斯一样更具世俗性，其"或发为忠君之情，为思乡之念，或为怀妻子、慕眷属之心"的诗句更能够引起普通人的共鸣吧。

---

① 井口驹北堂：《杜子美诗集评释》，东京：大学馆1907年，"杜子美传"第2—3页。

② 井口驹北堂：《苏东坡诗集评释》，东京：大学馆1910年，第92—93、160—161页。

三、中日诗学著作的影响

（一）《李太白诗集评释》

由于作者收集了"眼界所及"之评论，因此，我们可以从中了解此时日本人掌握的诗学著作情况。具体情况见表1。

表1 《李太白诗集评释》引用诗学著作表

序号	时代	作者／编者	著作名	引用次数
1	清	爱新觉罗·弘历	《唐宋诗醇》	44
2	明	胡应麟（元瑞）	《诗薮》	5
3	明	杨慎（用修、升庵）	《升庵诗话》	1
4	清	沈德潜（确士）	《唐诗别裁》	6
5	明	高棅	《唐诗品汇》	8
6	明	王世贞（凤洲）	《艺苑卮言》	1
7	明	王世懋（麟洲）	《艺圃撷余》	1
8	江户-大正	近藤元粹	《李太白诗醇》	25
9	明	李攀龙	《唐诗训解》	6
10	宋	严羽（沧浪）	《李太白诗集》	12
11	清	王尧衢（冀云）	《唐诗合解》	9
12	明	钟惺（伯敬）	《唐诗归》	4
13	清	王琦（琢崖）	《李太白全集》	6
14	元	萧士赟	《分类补注李太白诗》	8
15	明	唐汝询（仲言）	《唐诗解》	10
16	元	范梈（德机）	《唐诗选》	1
17	元	范梈（德机）	《李翰林诗选》	2
18	清	徐增	《而庵说唐诗》	1
19	清	文元辅	《唐诗三百首》	2

续表

序号	时代	作者/编者	著作名	引用次数
20	江户–明治	长梅外	《唐宋诗醇抄》	4
21	宋	蔡绦	《西清诗话》	1
22	宋	郭茂倩	《乐府诗集》	1
23	唐	孟棨	《本事诗》	1
24	宋	范温	《潜溪诗眼》	1
25	宋	胡仔（苕溪）	《苕溪渔隐丛话》	2
26	宋	苏轼	《东坡志林》	1
27	元	方回（虚谷）	《瀛奎律髓》	1
28	明	凌宏宪	《唐诗广选》	1
29	宋	陆游	《入蜀记》	1
30	宋	杨万里（诚斋）	《诚斋诗话》	1
31	宋	蔡正孙	《诗林广记·前集》	1

由上表可知，乾隆十五年（1750）清高宗爱新觉罗·弘历敕编《唐宋诗醇》被引次数最多，其次是近藤元粹（1850—1922）选评《李太白诗醇》，然后是严羽评点《李太白诗集》和唐汝询著《唐诗解》。这说明编者在编写时主要依据的是中国宋代至清代的诗学著作，同时也关注到了日本自己的汉诗评论类著作。

值得注意的是其中的《李太白诗醇》和《唐宋诗醇抄》。《李太白诗醇》是近藤元粹选编，大阪嵩山堂出版社于1901年出版的诗学著作，和装袖珍本，共五卷，选诗474首，据严羽评点，杨、萧、王注，其评注根据《唐诗合选》《唐诗品汇》《唐诗正声》《唐诗鼓吹》《唐诗合解》《唐诗纪事》《唐宋诗醇》《唐诗贯珠》《诗林广记》《诗人玉屑》《唐才子诗》诸书，评注、眉批，或解诗意，或加评述，资料丰富。①该著作不仅在日本影响颇

---

① 张忠纲主编：《全唐诗大辞典》，语文出版社2000年，第1089页。

大，而且深受中国学者的青睐。表2是1996年以来国内部分引用《李太白诗醇》的著作目录。

表2　1996年以来国内引用近藤元粹《李太白诗醇》著作

序号	作者／编者	著作名	出版社	出版时间
1	詹锳	《李白全集校注汇释集评》（二）（四）（五）（七）（八）	百花文艺出版社	1996年
2	张忠纲	《全唐诗大辞典》	语文出版社	2000年
3	章培恒、王国安	《大学古诗文辞典》	汉语大词典出版社	2001年
4	郑国周	《中国古典诗词赏析》	贵州大学出版社	2008年
5	吉文斌	《李白乐辞述论》	凤凰出版社	2011年
6	赵昌平	《中国古代文史经典读本：李白诗选评》	上海古籍出版社	2011年
7	卜延中	《中学生文化经典品读》	福建教育出版社	2012年
8	赵昌平	《李白诗文选评》	上海古籍出版社	2012年
9	郁贤皓	《李白选集》	上海古籍出版社	2013年
10	郁贤皓	《李太白全集校注》2、3、4、5、6	凤凰出版社	2015年
11	李白著，崇贤书院译	《图解李太白集》	黄山书社	2016年
12	石高峰	《中华古典诗词读本》	南京师范大学出版社	2016年
13	詹锳	《詹锳全集》	河北教育出版社	2016年
14	何家荣	《李白皖南诗文千年遗响》	安徽文艺出版社	2017年
15	中华诗词研究院、复旦大学中国古代文学研究中心	《中华诗词研究 第3辑》	东方出版中心	2017年
16	李白著，郁贤皓注评	《李白全集注评》（上）（中）（下）	凤凰出版社	2018年
17	周啸天	《啸天说诗 2 江畔何人初见月》	四川人民出版社	2018年

这些著作既有注评类，也有辞典、学术类。其中，郁贤皓《李白全集注评》引用《李太白诗醇》的次数高达130余次。由此可知，近藤元粹《李太白诗醇》已经得到了国内学者的认可。

《唐宋诗醇抄》是长梅外著，长冰校，万字堂于明治十五年（1882）出版的诗学著作，共五卷。长梅外（1810—1885）本姓长谷，名允，字允分、允文、世文，号梅外、南梁，师从广濑淡窗（1782—1856），主要著作除了《唐宋诗醇抄》外，还有《梅外诗话》等。其在《唐宋诗醇抄》中，关于《乌栖曲》第二句"吴王宫里醉西施"中"醉西施"的理解与众不同。

允文曰："醉西施"三字，世人皆读为"使西施醉"，吾师淡窗则读为"醉于西施"，此则李白本旨，言君臣上下皆醉于西施也。[①]

在日本，通常认为"醉西施"的意思是"使西施醉"，本书亦持该观点[②]，但是长梅外引用广濑淡窗的观点认为"醉于西施"才是李白的本意。国内关于该句的理解一般是"西施醉"[③]，或者是与广濑淡窗大体一致的"迷恋西施"[④]，"为西施迷醉"[⑤]，抑或兼有两者的意思[⑥]，但是未见日本常用的"使西施醉"的解释。这表明中日两国在理解诗句时还是存在着一定的差异。

---

① 井口驹北堂：《李太白诗集评释》，第103页。
② 同上，第98页。
③ 李志敏主编：《唐诗名篇鉴赏》（卷二），民主与建设出版社2016年，第112页。施树禄：《全唐诗赏析》，中国言实出版社2017年，第346页。晓茅注评：《崇文国学经典普及文库·李白诗》，崇文书局2017年，第24—25页。马玮：《李白诗歌赏析》，商务印书馆2017年，第37页。
④ 孙大雨译：《英译唐诗选（汉英对照）》，上海外语教育出版社2007年，第51页。
⑤ 詹锳译注：《李白诗选译》（珍藏版），凤凰出版社2017年，第35—36页。
⑥ 刘逸生：《唐诗小札》，广州出版社1998年，第119页。周啸天：《啸天说诗2 江畔何人初见月》，四川人民出版社2018年，第229页。

（二）《杜子美诗集评释》

由上文可知，尽管本书没有专设"评言"部分，但是在部分诗作的末尾，作者还是附录了部分相关诗学著作的评语。具体情况见表3。

表3 《杜子美诗集评释》引用诗学著作表

序号	时代	作者／编者	著作名	引用次数
1	宋	苏辙	《诗病五事》	1
2	宋	唐庚	《子西文录》	1
3	明	李东阳（宾之）	《怀麓堂诗话》	1
4	清	爱新觉罗·弘历	《唐宋诗醇》	12
5	明	凌宏宪	《唐诗广选》	2
6	清	仇兆鳌	《杜少陵集详注》/《杜诗详注》	3
7	明	李攀龙选，袁宏道校	《唐诗训解》	3
8	明	胡应麟	《诗薮》	1
9	宋	许顗	《彦周诗话》	1
10	明	唐汝询（仲言）	《唐诗解》	3
11	宋	黄彻	《碧溪诗话》	1
12	宋	刘辰翁（会孟、须溪）	《集千家批点杜工部诗集》	1
13	清	钱谦益	《杜工部集笺注》	1
14	明	周珽	《唐诗选脉会通评林》	1
15	明	杨慎（用修、升庵）	《升庵诗话》	1
16	清	徐增	《说唐诗》/《而庵诗话》	1

与《李太白诗集评释》相比，本书在引用诗学著作方面呈现出以下特点：第一，本书在引用数量和次数上均明显处于劣势，当然，这是作者故意

为之的缘故；第二，本书没有引用日本自己的诗学著作①；第三，在所引诗学著作中，乾隆帝敕撰《唐宋诗醇》依然占据着绝对优势，或许可以说，在中国长期不受学界注意的乾隆帝御选《唐宋诗醇》在明治时代却于各种诗学著作中最具影响力②。

四、不足之处

首先，《李太白诗集评释》中存在一定的张冠李戴性错误。其一，误将《唐诗解》中的评语当作《唐诗训解》中的内容。这些评语有"虽曰狂奴故态，要是逐臣美谈……"③、"夫玄宗弃国出奔……"④、"美人之恨，盖有不可语人者……"⑤、"上三句写天门之景……"⑥（本文为"上三句为天门之景……"），以及关于《黄鹤楼送孟浩然之广陵》的评语"黄鹤分别之地，扬州所往之乡……"⑦。其二，误将《苕溪渔隐丛话》中关于《金陵酒肆留别》的评语"《诗眼》云……"写作"《诗话》云……"⑧。《杜子美诗集评释》与《李太白诗集评释》一样，在评语部分也存在着一些张冠李戴的错

---

① 在本书引用的评语中，有两处出处不明，分别是《楠树为风雨所拔叹》中的"说者曰：……"（第16—17页）、《赠花卿》中的"徐观澜曰：……"（第266页），不知是否出自日本诗学著作。

② 莫砺锋主编，顾友泽标点：《御选唐宋诗醇·李白》，商务印书馆2019年，"总序"第3页。

③ 井口驹北堂：《李太白诗集评释》，第111页。

④ 同上，第187页。

⑤ 同上，第202页。

⑥ 同上，第232页。

⑦ 同上，第239页。

⑧ 同上，第172页。

误。例如，将《唐诗解》关于《禹庙》的评语"禹之功莫大于凿峡……"①、关于《书堂饮既夜复邀李尚书下马月下赋》的评语"第三句是倒装法……"②误认为是《唐诗训解》中的内容等。当然，这或许是笔误。

其次，关于评语的理解有与国内学者不同之处。例如，针对严羽评点《李太白诗集》和《唐宋诗醇》中关于《怨情》的评语"写怨情已满口说出却有许多说不出使人无处下口通问直如此幽深"，国内学者通常认为是"写怨情，已满口说出，却有许多说不出，使人无处下口通问，（直）如此幽深"③，而本书的断句则为"写怨情，已满口说出，却有许多说不出，使人无处下口。通问如此幽深"④。国内学者通常将《唐诗解》卷二十五中关于《望天门山》的评语理解为："上三句写天门之景，落句言己之来游。时盖初去京华而适楚，故有'日边'之语。"⑤而本书的理解则是："三句为天门之景，落句言己之来游时，盖初去京华而适楚，故有'日边'之语。"⑥从汉语的语法来看，显然国内学者的断句更为正确。

五、结语

在东西思想文化激烈碰撞的明治时代，以井口驹北堂《李太白诗集评

---

① 井口驹北堂：《杜子美诗集评释》，第213页。

② 同上，第298页。

③ [唐]李白著，郁贤皓注评：《李白全集注评》（下），凤凰出版社2018年，第1639页。郁贤皓选注：《李白选集》，上海古籍出版社2013年，第621页。陈伯海主编、孙菊园、刘初棠副主编：《唐诗汇评（增订本）》（二），上海古籍出版社2015年，第1118页。詹锳主编：《李白全集校注汇释集评》（七），百花文艺出版社1996年，第3694页。

④ 井口驹北堂：《李太白诗集评释》，第202页。

⑤ 何家荣：《李白皖南诗文千年遗响》，安徽文艺出版社2017年，第369页。陈新璋：《唐诗宋词名篇注评》，广东人民出版社1997年，第104页。

⑥ 井口驹北堂：《李太白诗集评释》，第232页。

释》《杜子美诗集评释》为代表的汉诗评释类著作既展现了大量引用以《唐宋诗醇》为代表的中国诗学著作这一传统的一面，同时也展现了有意识地运用西方诗学理论阐释东方诗作，会通东西、与时俱进的一面。当然，除了井口驹北堂的著作外，还有很多其他评释类著作，对其进行深入研究，无疑是今后一个有意义的课题。

论日本"《三体》热"的成因①

黄丹婷　史金燕

摘要：中国文化"走出去"是我国文化建设的重要内容和课题，而《三体》在海外的译介与传播无疑是中国文化"走出去"的一个典型案例。本文主要以《三体》系列第一部《地球往事》在日本的阅读与接受为考察对象，指出日本的"《三体》热"具有热度大、持续时间长的特点，同时从文本外部和文本内部两个层面分析了日本"《三体》热"的成因。本文认为《三体》兼顾趣味性的同时，讨论了"人性""科学"等超越民族文化、具有普遍价值的人类共通的话题，这一内部因素才是《三体》受欢迎的根本原因。此外，在作为商品的《三体》的译介和传播的过程中，媒体的宣传也是形成"《三体》热"的一个不可忽视的方面。

关键词：日本"《三体》热"；文学译介；刘慈欣

《三体》三部曲为刘慈欣创作的长篇科幻小说。小说一经发表，不仅受到国内读者的喜爱，也受到了日本读者的追捧。《三体》作为中国科幻小说掀起的热潮，在日本可以说是史无前例的。在《三体》斩获雨果奖后，日

① 2020—2021年首都师范大学研究生高水平学生创新项目。项目名称：从日本"《三体》热"现象看中国文学对外传播，项目成员：黄丹婷、史金燕、杜欣。

本的早川书店决定引进《三体》系列的第一部，出版后很快就在日本引起了"《三体》热"。可以说，《三体》系列的第一部是日本"《三体》热"的开端，因此，本文以《三体》系列的第一部为研究对象（后文简称为《三体》），尝试梳理《三体》在日本的传播与接受现状，并分析"《三体》热"的成因。

一、《三体》在日本的传播现状

《三体》于2019年在日本出版，译者为大森望。《三体》一经出版便引爆日本的社交网络，日本的朝日新闻、每日新闻等主流媒体也都争先进行报道。截至2021年，朝日新闻上有关《三体》的报道共有23件，且推出了与《三体》有关的采访、报道、书评的特辑专栏。除朝日新闻外，周刊文春等多家日本媒体、新闻网站都发表过与《三体》相关的介绍、采访等。不仅如此，日本读者也积极展开了对《三体》的评价。截至2021年5月，《三体》在日本亚马逊售书网站上，共有评论1166条评价记录，评论327条；而在"日本メーター"（bookmeter）网站上，共有感想、评论1957条；还有一些日本读者在博客、论坛等个人平台分享了与《三体》有关的读书感想。可见日本社会对《三体》一书给予了极大关注。

通过分析日本与《三体》相关的报道、亚马逊网站上的书评，可以看出，《三体》的日本读者可以分为两大类：一是从事文学相关研究的专业读者，这类读者的文章多集中于新闻媒体，少数会发表在个人平台中；二是普通读者。其中，通过分析日本亚马逊评论可以发现，普通读者又可以分为三类：一是科幻小说书迷，二是中国文学作品爱好者，三是因新闻报道、朋友推荐而慕名购买书籍的一般读者。一般读者的出现可以看作《三体》系列小说从"小众亚文化"圈子走向大众市场的一个标志。通过对《三体》在日本图书馆的馆藏量进行统计发现，《三体》一书主要藏于大学图书馆。可见，《三体》的读者有着年轻化的趋势。

从时间维度上看，在亚马逊平台发布的327条评论中，2019年共有评论165条，2020年共有评论128条，评论数量未见大幅度减少。媒体方面，对《三体》的相关报道在书籍发布当月呈现出井喷态势，而后报道数量虽逐渐减少，但从出版当年起，每年都有相关的报道发表。可见，日本社会对《三体》系列的关注并非一时，而是持续性的。

然而，与网络、媒体范围内的热潮相反，在学术研究方面，日本对于《三体》的研究还停留在起步阶段。从2019年《三体》在日本发表开始至今，仅有14篇有关《三体》和刘慈欣作品的研究，大多数为2021年新发表的文章，而文章作者多为《三体》一书的翻译者，还包括刘慈欣本人的投稿，少见其他学者对《三体》的研究。

虽然一些专业学者在新闻媒体上发表过相关的书评，但这些并非学术类书评，文章的主要目的多为向读者推荐《三体》一书。因此，可以说日本的"《三体》热"是以互联网为中心、以年轻读者为主体的阅读热潮，而非学术研究热潮，且"《三体》热"具有社会关注大、持续时间长的特点。这与中国文学以往在海外传播的模式不同。以往，中国文学的读者多是对中国文化感兴趣的人或者直接从事相关研究的学者，而《三体》的日本读者则以大众为主。

因此，为了探究日本一般读者对《三体》一书的具体评价与兴趣点，本文调查了日本售书网站——日本亚马逊网站的读者评价模块中，读者对《三体》一书的星级打分和书评，尝试去分析两点：（1）形成日本"《三体》热"的文本外部原因；（2）日本读者倾向于关注《三体》中的哪一部分。

二、"《三体》热"形成的原因

（一）文本外部原因

在《三体》的传播过程中，首先，媒体对于《三体》获得雨果奖以及奥巴马因《三体》这部书而通过美国国务院联系刘慈欣这则趣事的报道起到了巨大的作用。在亚马逊网站上，提到购书动机的68名读者中，有38人表示自己了解《三体》的途径是雨果奖和奥巴马对媒体的推荐。

其次是媒体发布的专业书评以及专业读者对《三体》的极高评价，为读者了解《三体》提供了重要契机。《三体》的书评主要发布在以《朝日新闻》为代表的面向大众的新闻媒体上。柳下毅一郎认为《三体》系列重新向世界宣告了科幻文学是未来的文学（笔者译）。[1]而小岛秀夫在其推特上评价《三体》在题材上虽然不算新颖，但在具备历史背景和科学知识的同时，还兼顾了文学性，是独一无二的科幻文学作品，值得我们关注（笔者译）。[2]可见，专业读者对《三体》给予了相当高的评价。

不仅是少部分专业读者，《三体》在日本可以说是受到了广泛的好评。在日本亚马逊网站上，共有1247名读者对《三体》一书进行了星级打分，读者对《三体》一书的评价如表1所示：3星以上好评为94%。可以看出，日本读者对《三体》一书给予了很高的评价。总体上，虽然评价褒贬不一，但《三体》一书仍获得了大多数读者的认可。至此，《三体》一书在日本社会上下都获得了很高的评价。这又会进一步促使更多人慕名购买、阅读

---

[1] 原文为：『三体』シリーズはあらためてＳＦが未来の文学である。（柳下毅一郎：「三体」柳下毅一郎さん書評　壮大で呆れるほど単純、これぞＳＦの原初のパワー，https://book.asahi.com/article/13540497，最后访问日期：2021年5月31日）

[2] 原文为：題材的には、僕ら世代の接触物だが、歴史的背景と科学知識、文学のセンスで、唯一無二のSF文学として際立っている。（摘自小岛秀夫2019年6月9日下午9点36分发布的推文）

《三体》。

表1　《三体》在日本亚马逊网站的打分情况

星级	数量	占比
5	773	62%
4	274	22%
3	125	10%
2	38	3%
1	37	3%
总计	1247	100%

综上，媒体对《三体》作为亚洲文学获得雨果奖一事以及相关趣事的报道，使这部作品在日本有了极高的关注度。而日本社会上下对《三体》的高度好评，也使得越来越多的普通人加入阅读《三体》的队伍之中。这是日本产生"《三体》热"的文本外部因素。

（二）文本内部因素

读者评论是了解读者真实阅读感受的重要渠道，读书评论也能真实反映出一部书籍在某一地区的真实接受情况。因此，为了找出日本读者对《三体》的关注点以及对《三体》评价如此之高的原因，本文以亚马逊书评为中心进行分析。

日本亚马逊中，共有327名读者对《三体》一书进行了评论。因评论数量较多，本文统计了赞同人数超过20人的读者评价进行分析。经过统计，读者对《三体》一书的评价可以概括为：（1）《三体》这部书具有严谨的人物关系。（2）本作将历史、科学理论体系有机地结合起来，发挥想象力，构成了庞大的世界观。（3）本作围绕"三体之谜"，给读者留下悬念，是推理与悬疑并存的科幻作品。但另一方面，少数读者对《三体》也持消极评价，如故事冗长、术语过多、不习惯中国人的名字等导致难以理解文本内容，或内容枯燥等。

部分读者的"故事冗长""术语过多""不习惯中国人名"等反馈可以反映出两国之间的文化、文学传统的不同或许是中国文学在日传播的一大阻碍。日本的科幻小说受到欧美影响，叙事通俗易懂、内容丰富，而中国科幻则呈现出较强的精英意识，多以文艺小说的叙事方式进行叙述，只有少部分采用了通俗化叙事。①《三体》中，作者大量使用了物理学相关概念，这导致部分读者可能会感觉枯燥乏味。但除去对具体物理概念的描写之外，作者通过在文中设置了"反常识的倒计时""宇宙闪烁""被暗杀的科学家"等悬念来引起读者兴趣，让读者能够紧跟叙述者汪淼的视角来层层揭开事情的真相。从这一层面来看，《三体》将推理、悬疑元素与科幻很好地结合起来，给读者带来了阅读享受，突破了以往中国科幻小说的叙事传统。对此，读者Kyle这样评论道："作者用自己庞大的理论体系一边对化学、物理知识进行解释，一边揭开故事中的谜题，让人意犹未尽。（笔者译）"②可以说，《三体》这部小说在保留了部分精英意识的同时，结合了通俗性的推理解密的叙述模式。这是《三体》在日本受到认可的原因之一。

除此之外，大部分给予好评的日本读者也格外关注《三体》中的"科学理论知识"。科学理论知识是《三体》行文中不可或缺的部分，日本读者夢民认为"要创作一部好的作品，必须要创作出一整套生态系统。特别是科幻

---

① 姚利芬：《日本科幻小说在中国的译介（1975—2016）》，《中国比较文学》2017年第3期，第192页。

② 原文为：様々な物理現象、化学現象、自然現象ですら、見事な著者の豊富で膨大な理系知識で解説され謎が解きほぐされていくときの爽快さがたまりません。（摘自日本亚马逊https://www.amazon.co.jp/-/zh/dp/4152098708/ref=mp_最后访问日期：2021年5月31日）

小说，必须要有一种'科学主义嗜好'，才能大卖"（笔者译）。①《三体》这部作品中，"三体文明"是建立在"三体"问题之上的。因为"三体"问题无解，所以"三体文明"不得不寻找新的住所，于是决定侵略地球。因此，在《三体》中，外星文明体系是建立在科学知识体系之上的。在文中，汪淼通过VR游戏，逐步猜测出VR游戏世界的恒星运行真相是"三体运动"，又使得读者随着故事的推进能够逐步理解"三体运动"这一概念。因此，《三体》世界观的基础是"科学"，从作者在文中绞尽脑汁地向读者叙述"三体运动"的结构中，也能感受出刘慈欣本人对理论知识的热情和喜爱。这种对"科学"的执着与热情，既是《三体》的一大特色，也是其作为科幻小说能够在日本获得成功的一个原因。日本读者对"科学"元素的关注与日本对"科学技术"的看重是分不开的。并且，叙述时又加入"秦始皇"等日本人熟知的中国历史人物，具有中国特色的同时，又能拉近与读者之间的距离感。而作品中基于中国历史完整、宏大的世界观，又方便后续电影、周边产品的推出，能够更好地适应日本已有的产业生态。

小说《三体》勾勒了复杂、丰富、立体的人物形象和具有张力的人物关系，这也是这部作品的一大魅力。对此，日本读者キーラ这样评论道："人物与人物之间关系的描写逻辑严谨，使人物之间紧密联系在一起，十分精彩。（笔者译）"②实际上，小说《三体》围绕主人公女科学家叶文杰，细致地刻画了人与人之间的信任与猜忌，真实地展现出了人性的复杂。叶文杰在内蒙古建设兵团结识了白沐霖。白沐霖和叶文杰进行了交流，白沐霖表示自

---

① 原文为：文化的に昇華された作品ができるためには、ある一種の「科学主義嗜好」的なものがどうしても必要。いいＳＦを書いても、それがないと売れない。（摘自日本亚马逊https://www.amazon.co.jp/-/zh/dp/4152098708/ref=mp_最后访问日期：2021年5月31日）

② 原文为：緻密で重厚な人物相関とまで絡み合ってるのだから見事としか言いようがない。（同上）

己认为不应该继续砍伐树木来发展生产力，因此想写信提建议，并以自己书写字迹潦草为由，提出让叶文杰代为誊写的要求。后来白沐霖却背叛称自己并不知道信的具体内容。在小说中，白沐霖一直以一个温和、友善的知识分子形象出现，但他却设计了一整套方法防止自己被牵连。这充分表现出了人性的复杂。刘慈欣呈现出了一个个真实的、有血有肉的角色，其笔下的人物通常具有多个侧面。叶文杰感受到了人性的邪恶、自私、暴力和疯狂后，毫不犹豫地希望外星生命摧毁人类社会和地球，为了达到这个目的，她不惜杀死了自己的丈夫，在描述作案的感受时，她回答道："冷静、毫不动感情地做了。"展现出了她残酷的一面。然而，在文中她也曾展现过善良的一面：在待产期间，她会为居住在基地附近的孩子们热心辅导学习。而记者白沐霖也有热心、温和、善良的一面和自私、保守的另一面。小说中人物之间的互动还具有一种张力。叶文杰从基地回到母校后，带着女儿去见母亲和母亲现在的丈夫时，母亲虽细心周全地招待了她，但饭后母亲却一边委托丈夫警告叶文杰不要翻旧账，指责叶文杰的父亲对自己的信念过于执着，没有负担起家庭的责任，一边"掀开窗帘的一角偷窥"叶文杰和丈夫的对话。这一段描写细致入微地表达了几个人之间微妙的关系和各怀心思的状态。同时，还引发了读者对"人性"的思考。是选择生存还是信仰？人性是否真的是邪恶的？这两个问题是人类社会共通的疑问，这一命题跨越了文化壁垒，能够引起全世界读者的共鸣和思考。

综上，《三体》能够获得日本读者认可的文本内部原因有三点：第一，作品中结合了"推理和科学"两个要素，给读者带来了阅读享受，读起来具有趣味性。同时，作品中展现出的对"科学"的执着和热情使其在重视科学技术发展的日本大受欢迎。第二，人物角色丰富立体，突破了单一的人物形象。第三，小说对"人性善恶"与"生存和信仰"两个问题的探讨突破了文化的壁垒，使不同文化背景的读者能够理解、讨论这部小说。

三、结语

中国文化"走出去"是我国文化建设的重要课题和内容，而《三体》无疑是中国文化"走出去"的一个成功典范。本文指出"《三体》热"主要是以大众为中心的阅读、讨论热潮，具有热度大、持续时间长的特点。而《三体》能在海外，特别是日本获得成功的原因主要有两点：一是在新闻媒体、社交网站上的宣传力度大，使作品突破了小众群体走向大众。二是文本塑造了复杂立体的人物角色，在兼具趣味性的同时，做到了跨越文化壁垒。①

本文通过分析日本亚马逊的读者评论，发现《三体》的文本能够获得日本读者认可的主要原因有三点：一是其文本结合了"推理和科学"，推理、悬疑为读者带来了阅读享受和趣味性。而"科学理论知识"和丰富的想象力构建出了一套基于中国历史的完整而庞大的世界观。这既迎合了日本对"科学技术"的关注，基于现实的世界观又方便了后续电影、周边产品等的推出，能够更好地适应日本已有的产业生态。二是《三体》塑造了立体、丰富的人物形象。三是文本引发了读者对"人性的复杂"这一人类共通命题的思考，突破了文化壁垒。

总体来看，中国文化"走出去"的阻碍有两点：一是在于各国拥有不同的文化、文学传统。而《三体》突破了传统中国科幻小说中的文艺小说的叙事方式，使作品更加通俗易懂，并且着重讨论人类社会的共性问题，如"科学""人性"等，使作品得以突破文化壁垒，引起广泛共鸣，同时又插入了读者熟知的中国历史文化，恰到好处地突出了中国的文化特色。二是以往的中国文学作品普遍在海外的宣传力度不够，因此海外读者多集中于学术研究者等少数人群之中。而《三体》则通过持续性的媒体报道，提高了自身在日

---

① 除此之外，人们对《三体》的关注还源于人类对自身生存的不安。而新冠肺炎疫情的爆发无疑加剧了这种不安。这也是人们关注《三体》、关注科幻文学的一大原因。因该点在文中未做详细论述，故在此注明。

本的知名度，扩大了读者群体。因此，吸取《三体》在日本的传播经验，今后还应加强中国文学在海外的宣传力度。

参考文献

陈颀：《文明冲突与文化自觉——〈三体〉的科幻与现实》，《文艺理论研究》2016年第1期。

刘慈欣：《三体》，重庆出版社2008年。

李广益：《中国转向外在：论刘慈欣科幻小说的文学史意义》，《中国现代文学研究丛刊》2017年第8期。

缪佳、余晓燕：《麦家〈解密〉在海外阅读接受情况的调查及启示——基于美国亚马逊网站"读者评论"的数据分析》，《当代文坛》2019年第2期。

王亚文：《中国本土文学译介传播能力的提升：从走出去到走进去——以刘慈欣小说〈三体〉为例》，《中国出版》2019年第1期。

徐彦利、王卫英：《香中别有韵　静待百花开（上）——论刘慈欣〈三体〉系列小说》，《科普研究》2017年第5期。

ハコオトコ：「三体」翻訳者・大森望さんインタビュー　中国「若かったころのＳＦの、野蛮な魅力に溢れている」，https://book.asahi.com/article/13522904，最后访问日期：2021年5月31日。

国际中国学史

汉学的前世与今生

阎纯德

一、汉学（SINOLOGY）的诞生

一个生命的诞生，不是单方面的行为；"汉学"的诞生，也是一样，是双方的，即须有中外两种文化的碰撞，才可能产生一种"新"的文化。

人类社会，无论是历史悠久的埃及，还是两河流域，或是稍晚的希腊与古罗马，整体来说，还是处于初级阶段。因为，那个时期，不同的民族和族群，都还相对处于封闭的状态，人类各个角落，不同的文化还处于相对不自觉或是相对蒙昧的历史时期，即人类互相寻找的时代。

公元前5世纪，希腊人就已有记述天山南北居民的情况，并以地中海、黑海为界，最早把世界分为欧罗巴（Europe）和亚细亚（Asia）。此外，希腊人克泰夏斯（Ktexias）在公元前4世纪就有了对中国人的记述。被称为"万王之王"的马其顿国王亚历山大，远征波斯和印度途中，命令他的部下"把世界当作自己的故乡"，"大地上固定的一切，将是我们的疆土"；公元前334年至公元前323年，他用十年的时间东征，但最终没有越过葱岭征服中国。希腊历史和地理学家居维特·埃庇·弗拉维优斯·阿里安（希腊文Ἀρριανός，拉丁文Lucius Flavius Arrianus）根据当时随行者的记录，写出了《亚历山大远

征记》（*Anabasis Alexandri*），但其中基本没有涉及中国。到了罗马帝国时代（前27—476年），情况发生了较大变化，这在东西方交流史上具有重大意义。罗马帝国时代的文献里开始出现中国地理、物产、居民的记载。公元元年前后，中国人被称为赛里斯（Seris），中国叫作赛里加（Serice）；另一种叫法，中国人被称为秦尼（Sinai，Thinai），称中国为秦（Sin，Thin）。西方人的这种称呼，均源于秦始皇时期。随罗马之勃兴，希腊罗马文化扩大于西欧，结果才出现了"东方"（Orient）这一概念，并成为欧罗巴之外的特殊世界。在此意义上的东方，始见于罗马时代著述家的笔下；在《法国大百科全书》《小百科全书》及《世界历史大事表》上，人们可以找到这样的记载：公元170年，罗马帝国时，马克·奥尔雷（Mark Aurle）作为特使到过中国。这大概是东西方最早、最明确的交往记录。

在比较遥远的时代，在人类互相试探的寻找和交往中，中国人也不落后。公元前139年，张骞奉汉武帝之命，先后两次出使中亚各国，历时十多年，越过葱岭，亲历大宛、康居、大月氏、大夏、乌孙、安息等地，直达地中海东岸，千辛万苦开创了贯通古代欧亚非的陆路"丝绸之路"，为人类实实在在的交往，为其他民族了解中国开了先河。

汉学（Sinology）的诞生，便是前世的开始。它的"前世"尽管比较久远，但与张骞通西域有着很大关系。从古罗马时代开始，就有冒险家、旅行家和商人东来，他们跋山涉水，漂洋过海，寻找心目中神秘的东方，实际上寻找的就是传说中的中国。无论是先秦两汉，还是隋唐，幅员辽阔、山川美丽、繁荣富庶、善良好客，这是那个时代的中国留在他们的"书信""日记"和"游记"里的形象。这些实在的历史"文献"，较早的有851年成书的描述大唐帝国繁荣的阿拉伯帝国（大食国）旅行家苏莱曼（Sulayman）的《中国印度见闻录》（*Ancient Accounts of India and China*，1983年，中华书局出版此书，由穆根来、汶江、黄倬汉根据法国索瓦杰1948年所刊阿拉伯原文及法文对照所译，为此书最佳译本，比刘半农的译本《苏莱曼东游记》更严谨；另外，"苏莱曼"之名只在第10页出现过一次，因此，有人怀疑此书不一定为苏莱曼所著）、1254年方济各会修道士威廉·吕布吕基斯（又名吕布鲁克，拉丁语Gulielmus de Rubruquis，1215—1219）的《远东游记》、意大利雅各布·德安克纳（Jacob d'Ancona）的《光明城》（*The City of Light*，因为至今没有出现此书古代原稿，被认为是"伪造"）。尽管学界看法各异，但于中外关系史上的意义显而易见。在这类著作中，最著名且影响至今的当属《马可·波罗纪行》（*The Travels of Marco Polo*，又名《东方见闻录》）。马可·波罗（Marco Polo，1254—1324）于1275年随父亲和叔父来中国，觐见过元世祖忽必烈，1295年回国后出版了这本书。它以美丽的语言和无穷的魅力翔实地记述了中国元朝的财富、人口、政治、物产、文化、社会与生活，第一次向西方细腻地展示了"惟一的文明国家"的方方面面。

这些记录中国所见所闻所思的文字，被称为"旅游汉学"。"旅游汉学"算不上真正的"汉学"，因为它缺少对中国文化经典的传播与研究；真正的汉学诞生于明末清初传教士来华之后。

在传教士来华之前，人类社会有过一个"大航海时代"。一说到"大航海"，人们就会想到意大利的克里斯托弗·哥伦布（Cristóbal Colón，1452—1506）和葡萄牙人费尔南多·德·麦哲伦（Fernão de Magalhães，1480—1521）为代表的航海家对于人类的贡献。其实，在他们之前，中国就有明朝郑和（1371—1435）"七下西洋"的伟大创举。从1405年到1433年，郑和七次下西洋，随船人员均超过27 000人，第一次下西洋所携带的船只就有208艘。下西洋一是安抚东南亚诸邦，"宣德化而柔远人"；二是为同印度诸国建立联系，以便从腹背夹击帖木儿帝国；三是开辟新航路，使海外远国"宾服"于中国。郑和率领的舰队是当时世界上最庞大的舰队，探索了交趾支那、马六甲、暹罗、爪哇、加尔各答、斯里兰卡等东南亚与南亚的大部分地区，还到达了波斯湾、东非与埃及。英国皇家海军潜艇编队指挥官加文·孟席斯（Gavin Menzies）在指挥鳁鲸号（H.M.S. Rorqual）期间，曾沿着麦哲伦的足迹环游世界，离开皇家海军后，又多次来包括中国在内的远东地区，在他研究"1421年"的过程中，访问了120个国家，参观了900多个博物馆和图书馆，还造访了中世纪后期的每个重要海港。2002年11月，他发表了《1421：中国发现世界》（*1421: The Year China Discovered the World*），他根据自己掌握的无数资料得出研究结论："郑和在哥伦布之前就到达了北美洲，是发现新大陆的第一人。"1421年3月3日，郑和率领107艘船只第六次下西洋，抵达古里国（又作"古里佛"），这是南亚次大陆西南部的一个古代王国，在今印度西南部喀拉拉邦的科泽科德（Kozhikode）一带，为古代印度洋的交通要塞。在中国古籍中，宋时称南毗国（Namburi），元时称"古里佛"，明时称作"古里"，摩洛哥旅行家伊本·白图泰（ابن بطوطة，拉丁文ibn Baṭūṭah，1304—1377）的游记中称作卡里卡特〔Kalicut〕）。1421年11月，郑和率一支船队回国，其余船队由洪保、周满、周闻等率领继续航行，绕过非洲好望角，沿非洲西海岸到达大西洋佛得角群岛的圣托交脱（Santo antao），沿大西洋赤道洋流西航，然后他们开始各自航行。其中，洪保和周满的船队到达南美洲，还到了澳大利亚，周闻的船队到达北美等地。他的主要证据是航海图，并运用了考古学和人类学等新的研究视角和方法作为参考。这里要特别申明，郑和下西洋纯粹是为了友谊和交流，没有丝毫"殖民"之意，即使中国再强大，也没有侵犯他国。郑和航海建立了亚非国际间的和平局势，促进了国际贸易的发展，传播了中国文化。利玛窦说，中国的"皇上和人民从未想过要发动侵略战争"，因为他们"满足于自己已有的东西，没有征服的野心"。

1497年，葡萄牙的瓦斯科·达伽马（Vasco da Gama，1469—1524）受葡萄牙国王的派遣，率船队绕道好望角，只到了印度的果阿（Goa）。1492年，哥伦布在伊莎贝拉女王资助下开始为西班牙和葡萄牙做探险活动，但他没有抵达亚洲，却意外地发现了美洲新大陆。接着，麦哲伦于1519年9月20

日，率领他的手下从桑卢卡尔-德巴拉梅达出发，开始了人类历史上的首次环球航行，这一次葡萄牙人到达了澳门。其实，法国、荷兰、英国为了争夺殖民地，在非洲和印度洋与葡萄牙展开了竞争，先后十数次环球竞赛，掠夺资源、屠杀与奴役当地居民、贩卖奴隶，这些暴行造成了如今亚非拉地区总体落后的局面。

欧洲的文艺复兴之前，人类社会发展处于艰难爬坡阶段，文艺复兴之后，西方人的思想智慧大开，使得整体社会文化发生了巨变。这种变化体现在科学技术的进步上，这时，欧洲人已经开始从对世界知之甚少到知之较多。从十五六世纪开始，社会走上具有一定加速度的时代。

明末清初之前，虽然已经有耶稣会士来过中国，但是他们没有造成"西学东渐"和"中学西传"的交流局面。我们之所以说明末清初是耶稣会士创造"汉学"的重要契机，是因为这期间大批耶稣会士来华后融入中华，终生滞留于中国社会，说是传教，但多数都埋首于对中国文化经典的耕耘，为中西文化交流做出了贡献。

1540年，罗耀拉（S.Ignatins de Loyola，1491—1556）、圣方济各·沙勿略（Francisco Xavier，1506—1552）等九人来华，开始了以意大利、西班牙传教士为主的第一时期的传教活动；当然，他们之中，有的只到了澳门，未能进入中国内地。接着，又有意大利的范礼安（Alexandre Valigani，1543—1607）、罗明坚（Michel Ruggieri，1543—1607）等著名传教士来华。1583年，即明朝万历十一年，罗明坚将利玛窦神甫（Matteo Ricci，1552—1610）带到中国，从此耶稣会士在中国的宗教文化活动，无论是对西方还是对中国，都开始了一个新的历史时期。但在耶稣会士东来初期，我们首先要说一说西班牙的胡安·冈萨雷斯·德·门多萨（Juan González de Mendoza，1545—1618），他在1588年出版了《中华大帝国史》（*Historia del Gran Reino de la China*），这部大书第一次对中国的自然环境、政治、历史、地理、文字、教育、科学、军事、矿产资源、物产、衣食住行、宗教信仰、风俗、礼仪等做了百科全书式的介绍，被誉为汉学的第一部著作。这部著作先后以七种不同文字印行，风靡欧洲。虽然门多萨没有来过中国，但是他受教皇委托，根据其收集的历来西方冒险家、旅行家、商人和早期传教士的文件、书信、日记、报告等文献，以及被译成欧洲各种文字的关于中国的书籍，写出了轰动欧洲的汉学巨著。

至于以罗明坚、利玛窦为首的耶稣会士，他们抱着"真善美圣"来到中国，发现"儒释道"精神其实与基督教的教义有不少相似之处，这给他们增强了信心，于是他们没有偏见地融入中国社会和文化之中。"知儒教之不可攻，则附会六经中上帝之说，以合于天主，而特攻释氏以求胜然。"（《钦定四库全书》）利玛窦的"补儒"补的是"先儒"，即孔孟以前的中国文化中较原始的"儒家"思想，实则策划通过"合儒、补儒、超儒""阳辟佛而阴贬儒""贬佛毁道，援儒攻儒"之策略超越儒家，取而代之，以达到以夷变夏的目的。不管怎么说，利玛窦弃佛依儒传教，学习中国文化，运用"四书""五经"来宣讲基督教的教义，而赢得了信赖和支持，开始了对中国文化的全面开垦。

那个时期的传教士，除了关注中国社会生活及习俗，主要是关注中国文化经典，比如"四书"（《大学》《中庸》《论语》《孟子》）、"五经"（《诗经》《尚书》《周易》《春秋》《礼记》）等，除了"学习"，更有"译介"，译介既是"传播"，也是"研究"。把中国文化经典译介到西方，他们不仅带来了"西学东渐"，还创造了"中学西传"，"东渐"和"西传"的交流与碰撞，便诞生了一个混血的文化产儿，就是SINOLOGY（汉学）。

利玛窦本人不仅著译了《几何原理》（与徐光启合译）、《天学实义》、《关于耶稣会进入中国》（即《耶稣会与天主教进入中国史》）等，开创了"西学东渐"，还著有《中国札记》，把"四书"等中国文化经典译成西文，首开"中学西传"之先河，使中国文化对西方产生了重要影响。他的《中国札记》和大量日记、信札和报告留下了明末中国社会第一手史料，成为汉学形成期具有奠基价值的著作，使这位思想家和观察家"可以当仁不让地被视为西方汉学的鼻祖"。其他先后到达中国的著名耶稣会士，对中国及其文化都有较深的了解与研究，著书立说，致力于传播中国文化，推动西学东渐和中学西传。这些耶稣会士，在著述方面，意大利罗明坚的《圣教实录》，葡萄牙曾德照（P.Alvarus de Semedo，1585—1658）的《中国通史》和《字考》，比利时柏应理（Philippe Couplet，1624—1692）的《天主圣教百问答》、《永年瞻礼单》（三卷）、《周岁圣人行略》、《徐光启行略》、《西文四书直译》（即1678年以拉丁文出版的《中国哲学家孔子》），意大利卫匡国（原名马尔蒂尼，Martino Martini，1614—1661）的《中国先秦史》、《鞑靼战纪》和《中国新地图志》，殷铎泽（Perosper Intorcetta，1628—1696）的《中国布教纪要》、《中国祭祀例证》、《中国智慧》（即"四书"之一的《大学》译本）和《中国的政治道德学》（即《中庸》译本），以及比利时的南怀仁（Ferdnand Verbiest，1623—1688）、鲁日满（François de Rougemont，1624—1676），德国的汤若望（Jean Adam Schall von Bell，1591—1666）、基歇尔（Athanasius Kircher，1602—1680），法国的龙华民（Nicolas Longobardi，1559—1654）、金尼阁（Nicolas Trigault，1577—1628）、邓玉函（Jean Terrenz，1576—1630），葡萄牙的罗如望（Jean de Rocha，1566—1623）、阳玛若（Em.Diaz Junior，1571—1659），意大利的熊三拔（Sabbathin de Ursis，1575—1620）、艾儒略（Jules Aleni，1582—1649）、毕方济（François Sambiasi，1582—1649）等，数百名传教士身后所留下的关于中国及其文化的各种著作和文字记录，都成为汉学成长的沃土；尤其以柏应理为主，多位传教士翻译的《中国哲学家孔子》于1678年以拉丁文出版后，被译成法、英、西、德、俄等多种文字，使中国文化得以广泛传播，这个标志性的"事件"，便是SINOLOGY（汉学）诞生最明显的标志。

在这些耶稣会士中，还有一位重要的汉学家是波兰的卜弥格（Michael Boym，1612—1659），他不仅著有《中国地图册》（*Mappa Imperii Sinarum*，1661），还是第一个向欧洲介绍《黄帝内经》《脉经》的汉学家，著有《单位药》《中国医药概说》《中国诊脉秘法》《医学的钥匙》，在翻译和传播中医学术方面贡献极大；他也是一位将东方文明介绍给西方的传教士。此外，《中国植物志》（*Flora Sinesis*，1656；收入基歇尔的《中国图说》）这部著名的著作，最早向欧洲描绘了中国植物和自然生态。《中国图说》还收录了卜弥格编写的欧洲第一部汉字–拉丁文字典（Boym，1656 & 2013；Pelliot，1934；Golvers，2011）。这位耶稣会士，病殁于中国，把一生献给了中国。

传教士钟情于中国文化经典，因为"四书""五经"是我国早期以孔孟为核心的儒家思想及其他各家关于政治、军事、外交、文化之经典。《中庸》说："天命之谓性，率性之谓道，修道之谓教。"即人要学习、省察及领悟，提高自己的道德境界和思想境界。只有"闻道"，才能率性而"从心所欲"行正途；顺天命而行，才能像庄子所言，"万物与我为一"，使自己和天地万物融为一体；也就是《中庸》所云："致中和，天地位焉，万物育焉。"这也就是朱熹解释的："天地万物，本吾一体，吾之心正，则天地之心亦正矣，吾之气顺，则天地之气亦顺矣。"《大学》开篇即云："大学之道，在明明德，在亲民，在止于至善。"这也就是为官之道，"正心""修身""亲民"，也就是"齐家""治国""平天下"。无论是《论语》《孟子》，还是那个时代的其他著作，都是旨在"克己复礼""仁者爱人""己所不欲，勿施于人""为政以德"等高尚的德行，等等。"四书""五经"这些美好的精神，甚为传教士们所信服，而成为日后"汉学"（Sinology）的生命土壤。

我们说传教士对于汉学诞生的贡献是决定性的，但他们是如何实现的呢？应该说，这与他们掌握了汉语密不可分。如果没有"汉语"的习得，就很难发生文化上的交流与传播，这样，"汉学"这个混血的文化产儿，也就不会诞生。

1814年12月11日，26岁的雷慕沙作为法兰西学院"汉文与鞑靼文、满文语言文学讲座"（法文名称为La Chaire de langues et littératures chinoises et tartares-mandchoues）教授，将汉学推上"课堂"，为"汉学"上了第一课，从而为"汉学"成为学术奠定了基础，揭开了"专业汉学"的序幕，开启了西方汉学的新时代。虽然，后来戴密微（Paul Demiéville，1894—1979）曾说汉学的先驱是葡萄牙、西班牙和意大利，但是，汉学作为学术研究和一种文化形态，举大旗的则是法国人。

说到传教士对于汉学诞生的特殊贡献，还要特别说到英国的理雅各、法国的顾赛芬、德国的卫礼贤这三位汉学家。理雅各（James Legge，1815—1897），是系统研究、翻译"四书""五经"的汉学家，从1861年至1886年的25年间，出版了中国主要典籍28卷。他的多卷本《中国经典》《法显行传》《中国的宗教：儒教、道教与基督教的对比》和《中国编年史》等，都在西方汉学界占有重要地位。法国汉学家顾赛芬（Couvreur Seraphin，1835—1919）除了编写不少学习汉语的辞典，主要功绩是向西方译介了中国重要的儒学典籍"四书"、《诗经》（1896）、《书经》（1897）和《礼记》（1899）。他的译著几乎都是以法文、拉丁文和汉文原文三者对照出版的。他的译文简洁，行文自由，翻译忠于朱熹学派的诠注，严谨而很少带有个人偏见。德国的卫礼贤（Richard Wilhelm，1873—1930）在19世纪末20世纪初，就先后翻译出版了《老子》、《庄子》和《列子》等道家著作，还著有《易经》《实用中国常识》《老子与道教》《中国的精神》《中国文化史》《东方——中国文化的形成和变迁》《中国哲学》等，他是一位"中学西传"的伟大功臣！2019年逝世的德国著名汉学家、海德堡大学汉学系主任鲁道夫·瓦格纳（Prof. Dr. Rudolf G.Wagner，1941—2019）教授，用了23年的时间研究王弼，写就一本《王弼〈老子注〉研究》（包括三编：《注释的技艺》

《文本的批判性重构与翻译》《语言哲学、本体论和政治哲学》）的哲学著作，成为整个学界研究王弼及《老子》思想不可不读的经典。当然，他的汉学成就不止在这个跨文化的研究领域。

西方的传教士和汉学家，尤其是在十八九世纪之后，直至二十一世纪，汉学家对中国文化经典以及文学作品的译介从未停止。译介与传播，为西方和东方的外国人了解一个真实的中国，修筑了一个文化通道。对于这些贡献，西方许多国家的汉学家都做出了可贵的耕耘。

梁启超曾经这样评论以利玛窦为首的耶稣会士："八股使得学界贫血，至万历利玛窦等西洋人来，学术界风气才为之一新。"（《中国学术三百年思想史》）这就是为什么我们把利玛窦及其他东来的传教士，视为中国文化思想发生变化的关键人物。

二、汉学（SINOLOGY）的今生

汉学的诞生是人类文化史上的盛举，成为沟通东西方文化与思想的伟大桥梁。汉学之水浩荡至今，在这个地球村里不断成长。但是，关于这门学问，我们关心它、研究它似乎来得太晚了。今天，国外的汉学家越来越多，国内的汉学研究者也在逐年增加。全国不少大学成立了汉学研究院、汉学研究中心、国际中国学研究中心或研究所、中国研究院等汉学研究机构，培养硕士生和博士生，尤其是越来越多深谙外语的硕士生、博士生、博士后、讲师、副教授和教授、年轻学者的积极参与，使国内生气勃勃的汉学研究呈现出从来没有过的喜人局面。就《汉学研究》而言，早期每年只出版一本，从2014年起，改为半年刊，每期65万字，每年来稿量近四百篇。但是，因为经济问题——除了交付"出版管理费"，稿费标准也从千字几十元提升到100元，我们暂时没有能力将其改成"双月刊"或"季刊"。现在的汉

学出版物，除了《国际汉学》和《汉学研究》，还有中国社会科学院、北京大学、中国人民大学、天津师大、华东师大、湖南大学、首都师大等院校关于"汉学"（或"中国学"）的刊物；另外，现在有一百多家人文学术期刊也都积极接受和发表汉学研究的专业论文，使汉学研究明显呈现"显学"的征兆。

汉学（Sinology）从哪里来？究竟该如何解读？现在，中国学术界对Sinology有十几种称谓：汉学、国际汉学、国外汉学、海外汉学、域外汉学、世界汉学、中国学、国际中国学、中国研究，还有国际中国文化研究，等等。虽然人们不再将其视为"两汉汉学"和"乾嘉汉学"，但是，这个被标新立异得如此多姿多彩、穿戴着不同学术域名的"实体"，其实所指就是外国学者研究的中国文化，而且，这"文化"既是中国传统文化，也是中国现代文化。一位法国汉学家对我说："我很迷惘，你们中国为什么给很严肃的汉学起了那么多的名称？"这里说的"汉学"是Sinology，"版权"属于汉学家。

1995年，《汉学研究》创刊时英文名采用了Chinese Studies；因为这个"刊物"才成立了北京语言文化大学汉学研究所。当时想得简单，觉得这个英文名的内涵既涵盖了传统汉学，也包含了现代兴起的"中国学"。那时创办这个杂志纯属"白手起家"，学校没给钱，所以曾通过我在巴黎教过、后在法国驻中国大使馆工作的学生寻求"资助"，大使馆痛快地表示愿意"资助"。但是，当文化参赞见到我传过去的《汉学研究》的封面采用了"Chinese Studies"时，就变卦了，回复说，他们支持的是"Sinology"！"创刊号"因此陷入困境。后来我又找国家"汉办"常务副主任赵永魁，才得到3万元的资助（包括出版管理费和稿费），得以在中国和平出版社出版，创刊号也因此推迟至1996年出版。这便是我最早遇到"Sinology"（汉学）和"Chinese Studies"（中国学）两者"打架"的令人纠结的故事。

　　随着时间的推移和编刊中与汉学家的接触，我个人的看法也越来越清晰。我认为关于外国学者（汉学家）对中国文化的研究，无论是对中国传统文化的研究，还是对现代中国的文化研究，二者均可包容在"Sinology"或"Chinese Studies"之中。"汉学"和"中国学"虽然名字不同，从传统到现代，实质上它们已经是"异名共体"了，如同一母生出的双胞胎，名字有异，基因则有相同之处，内涵完全一样。2004年5月，我曾在《文史哲》上发表一篇题为《从"传统"到"现代"：汉学形态的历史演进》的文章，讲的就是这个问题，就是说"汉学"既涵盖传统汉学，也包括以研究现代中国为主的"中国学"。当然，也有的汉学家是把"汉学"与"中国学"分开的。

　　2020年10月11日，日本汉学家海村惟一在给我的一则微信中讲到日本学术界的基本认识时说："研究现代中国学问的是'中国学者'，此外的是'汉学家'。"就是说，在美国、日本和朝鲜半岛，学术界是把"汉学"和"中国学"的研究范围分开的。但是，尽管是"分开"的，即使是研究"现代中国"的学者，一般还是被他们称为"汉学家"。

　　有人说"汉学"只是"中国学"的一部分，又说"中国学"是"中国研究"的一部分。如此解释，我不敢认同，我认为这完全误读了Sinology的历史与深厚而广阔的学术内涵。事实上，现在西方汉学家，其研究也包括中国现当代人文社会科学，中国政党、政治及国际关系都是他们研究的内容，如法国汉学家魏柳南（Lionel Vairon，1960—2020），先后出版了《中国的威胁？》（王宝泉、叶寅晶译，人民日报出版社2009年3月）、《伟大的变革：中国追梦新时代》（韩冰、鹜龙译，东方出版中心2021年1月），就是说，不仅汉学家把对中国各个领域的研究都纳入了Sinology，不少汉学家还将藏学、蒙古学、突厥学、满学也视为汉学的一部分。

　　美国汉学受欧洲汉学影响而兴起，自19世纪中期在传教士的带动下而崛起。美国早期汉学特征有二：一是以来华传教士为主体，他们精通中文，熟悉中国历史文化，汉学研究水平较高、范围较广；二是后来部分汉学家开始特别关注对中国近代以来社会现实的研究，摆脱了欧洲传统汉学的束缚。美国早期汉学的代表人物是卫三畏（Samuel Wells Williams，1812—1884），他在中国传教和生活四十来年，熟知中国文化，写下一些传播中国文化的著作，其初衷是学术的，被称为"美国汉学之父"。但到了费正清（John King Fairbank，1907—1991）时代，以其为代表的汉学家的研究丧失了"汉学"原来的学术初衷，为适应当时的"国际关系"，转变为服务于政治的"中国学"，因此，费正清也成为美国"整个中国研究领域"的主要缔造者和被效仿者，"他的大部分著作都'旨在影响美国的外交政策'"。但是，史景迁（Jonathan D. Spence）先生又说，"他自己却没有这样的宏愿，他的写作是为了引起人们对中国的兴趣"。这是一种说法，但是，对于费正清先生的"中国学"还有一种较为普遍的看法是：第二次世界大战前后，一些美国与日本的学者为了"国家利益"，将汉学研究的方向转到了政治、社会和国家关系等领域，于是就有了"中国学"。其实，就当下而言，美国和日本研究中国文化的学者，并不都是只将自己的眼睛盯着中国的政治、历史、社会等内容，中国的传统文化从来都是他们最钟情的研究领域。美国那些著名的研究中国古典文化的学者，诸如唐诗研究家薛爱华（Edward Hetzel Schafer，1913—1991）、宇文所安（Stephen Owen）、主编《哥伦比亚中国文学史》的梅维恒（Victor H. Mair）、参与《剑桥中国文学史》撰写北宋文学的汉学家艾朗诺（Ronald Egan），等等，无论他们自己，还是别人，都称他们为汉学家，很少有人叫他们"中国学家"。

学术是随着岁月的前进而发展的。对于汉学（Sinology）的发展，到了20世纪中期之后，欧洲汉学也包含了很多"中国学"的内容。法国在很长的时间里都是欧美汉学的中心，它的汉学是典型的传统汉学，而现在法国的汉学家，也不是只研究中国传统文化，政治、经济、教育、社会、民族、民俗、"文革"、"中共党史"，甚至太极拳，都是汉学家研究的对象。我仅用法国各大学中文系所开设的课程就可以证明，这个传统汉学大国，也充满了"现代汉学"的研究内容。比如我曾执教过的国立巴黎东方语言文化学院、埃克斯-马赛第一大学，除了语言课程和"远古至13世纪末的中国历史""元明历史""中国艺术史""中国史前艺术史及考古""中国哲学""佛教""孔子思想""老子的《道德经》""老子""中国古典诗歌""中国戏剧研究""中国音乐""唐诗""《红楼梦》"等，还开设有"当代中国""中国概况""中华人民共和国政治""1945年以来的远东国家关系""远东当代国际关系""中华人民共和国对外政策""中华人民共和国经济""19—20世纪中国社会经济史""中国社会学引论""中国法律和商业政策""中国近代史""中国近现代史""新中国历史（1949—1981）""中国地理""中国地理和海外华人""中国文学""中国当代文学""中国20世纪文学""中共党史""中国文化大革命史"等；埃克斯-马赛第一大学开设过的课程有"汉语和中国文明""中国历史和文明""中国历史（从远古到唐）""中国地理""中国古代史（唐朝至宋元明）""中国近代史（从鸦片战争到1949年）""中国当代历史""中国古代哲学""中国道教""中国人类学""中国艺术""中国绘画""中国20世纪文学""中国当代文学""中国当代文学作品"等。巴黎第七大学和波尔多第三大学中文系所开课程，也体现了从古至今的精神。从以上课程可以发现，即便是法国汉学，也在兼顾古今，既有纯粹古代汉籍与文化研究，也有对近现代和当代政治、经济、教育和中国社会问题的研究。

中国20世纪80年代的改革开放，不仅拯救了我们的国家，同时也给Sinology（汉学）注入了生命活力。新一代汉学家，不仅提升了对中国文化研究的能力，还普遍有着地道汉语的运用能力，使其研究更直接、更深入，中国文化的经史子集，佛、道、中庸，正在被新一代的汉学家从中"再发现"一次价值。

汉学（Sinology）之名来自我国"两汉汉学"和"乾嘉汉学"；中国的汉

学，其实就是"国学"。外国学者借"汉学"之名来指代中国文化，这是他们对中国文化的尊重。对于中国学者对汉学域名的各种表述，不少汉学家就不以为然；有的汉学家就说："这个域名的命名的版权属于汉学家！我们只是借用了'汉学'之名，我们的研究毕竟与中国文化会有所差异，甚至会差异较大。"

我认为"Sinology"完全可以译成"汉学"或"中国学"。但是，若用中国学者所"赐"的十来种名字取代"Sinology"（汉学）或"Chinese Studies"（中国学），无论对外国汉学家还是对中国学界，都是不可接受的。这门学问发展到今天，无论是"汉学"还是"中国学"，都包含中国传统文化的内容和现当代人文社会科学的内容。

积淀了数百年的汉学，内容非常广泛，中国文化有多丰富，汉学就有多丰富。汉学既有对中国哲学、史学、文学的研究，也有对中国教育学、政治学、社会学和民俗学的研究，凡是发生在中国历史及社会生活中的一切，皆为汉学家研究的对象。

多年前，我曾向欧洲多位著名汉学家征询"汉学"和"中国学"之区别，他们几乎一致认定最权威的看法是历史铸就的学术域名"汉学"和"汉学家"。现在的日本是否就没有"汉学家"了？2020年10月11日，我问日本海村惟一教授："在贵国学术界，是常用'汉学家'还是'中国学家'？"他在微信上回复说："研究现代中国学问的是'中国学家'，此外是'汉学家'。但是，最常用的是'汉学家'。"

欧洲学者将中国学问的研究称作"汉学"，这样的学者叫"汉学家"，这是常识！汉学（Sinology）这个"域名"是世界性的。我想"汉学"和"中国学"这两个学术域名可以同时风行于世，因为，"Sinology"既可以译成"汉学"，也可以译成"中国学"。我如此说是有根据的。"Sinology"一词源自拉丁词语"Sina"（China，中国）和希腊词语"logia"（其意为科学，或含有考古学或哲学的部分意思），前者所示是"中国"，后者所示是

"科学"或"研究"，两者相加就是Sinology——关于"中国的科学研究"。
Sinology（汉学）这个学术域名最早的使用始于"后利玛窦时期"，出自传
教士的智慧，只是借鉴了"两汉汉学"和"乾嘉汉学"所代表的中国文化，
从那时起，传教士就将中国文化研究称为Sinology（汉学），将研究者称为
Sinologist（汉学家）。这便是在国外沿用了三百多年，"约定俗成"的至今
流行于世界的Sinology（汉学）。

　　我以一家之言认为，在这个领域，应该尊重汉学家的选择，"汉学"与
"中国学"属于异名共体，它们都可以既包含传统汉学的内容，也包含现当
代人文社会科学的内容。

　　前面，我们说到汉学与国学（中国文化），它们是一根藤上的两个
瓜；但这是两个并不一样的瓜！虽说它们的根都是中国文化，不过，一个是
"西瓜"，一个是"东瓜"；或者还可以说，一个是"馒头"，一个是"面
包"。它们的基因都是小麦"淀粉"，但是，做出来的"成品"不一样，味
道也不同。外国学者研究中国文化，有他们的文化背景，出发点和视角不会
与中国学者一样。中国人一辈子受中国文化的影响，看问题、看世界的角度
与汉学家一般不会相同。同一个问题，同一个东西，你从那边看，我从这边
看，不会一样。汉学与国学是一对双胞胎，但这是两个不一样的双胞胎。
"国学"又黑又亮的眼睛是中国的，而Sinology（汉学）的眼睛又大又蓝，
显然是个混血儿。这个混血儿既有中国文化的基因，又有外国文化的因子，
就是说，它的DNA虽然主要来自母亲（中国文化），但在其孕育的过程中发
生了变异。为什么会发生变异？因为在其孕育过程中所吸收的营养不完全来
自母体之故。原因在于汉学家获得中国学问后，受自己文化和知识背景的影
响，研究之结论一般都会强烈地打上自己文化的烙印。视角不同，看问题自
然就会有差异，这种差异，可能是"创新"，这"创新"又可能被我们视为
"误读"，"误读"又可能是我们意想不到的新意。这就是所谓"他山之
石"的价值，大概可将汉学作为我们认识自己文化的一面镜子吧。就是说，

汉学家研究中国文化的新视角、新观点、新方法、新模式，是值得我们去研究、去探索，甚至是去借鉴的。

2021年7月11日修改于半亩春秋

战后日本中国学研究的学术组织及发展动向

金凌卉

摘要： 20世纪90年代以来，随着中日交流的日益频繁，无论是日本的中国学研究还是国内学者对日本中国学的考察都不断推陈出新。在这样的学术背景之下，对战后日本中国学研究进行回顾，尤其是对近三十年来的国内日本中国学研究进行梳理，并研究日本中国学研究的发展变得迫切和必要。

本文第一部分阐述了日本中国学在日本学科分类里的所属，以及随着近现代学科分类的变化，这门学问的名称从"汉学"到"支那学"再到"中国学"的演变过程。第二部分利用实证考察的方法，梳理了国内三十年来日本中国学学术出版物的研究成果。第三部分使用2016年开始开放使用的日本学术团体数据库"学会名鉴"，考察了各中国学相关学术组织的研究目的、规模、研究领域和相互关系，在确定了当代日本中国学的主力学会、协会的同时，明确了这些学术组织的架构和发展。

关键词： 现当代；日本中国学；学术组织；发展动向；数据库

一、日本中国学名称的演变

在日本，中国学是指有关中国的所有事物，是中国的思想、文化、语言、历史等方面的学问的总称，特别是由中国人以外的人进行的与中国相关的学术研究，是"东洋学"的一种。

日语的"东洋学"是英语"Orientalism"的翻译语，从"东"表示"东方"的语义考虑，也可译作"东方学"。"东洋学"是以"东洋"的国家、地区为对象的学问、研究和史学的总称。但直到18世纪后半期至19世纪，"东洋学"才作为一门独立的学问类别被固定下来。因此可以说"东洋学"是门具有近代性的学问。

中日学术交流源远流长，众所周知，从飞鸟时代甚至更早的时期开始，直到江户时代，明治维新之前，在日本，知识阶层作为教养的一部分，一直在不断研学中国的汉字、经史子集等典籍、唐诗、宋词、元曲、中国的律令制度，以及儒学、道教、佛教思想、汉文化等各方面与中国相关的学问，彼时称为"汉学"。与"汉学"对应的，是我们今天所说的广义和狭义的"国学"。

明治维新以后，受西方知识体系的影响，在日本京都帝国大学设立之初，先是在文学部分设了东洋史学、支那哲学、支那文学三个研究领域，而后以留学法德和中国的学者为核心形成了"京大支那学"学派。日清、日俄战争之后，随着日本对东亚的帝国主义野心日益膨胀，在当时的社会大背景之下，日本中国学的相关研究者及其学术组织将"汉学"改称为"支那学"。

这之后直到新中国成立，日本的这门与中国相关的学问才逐步回到称其为"中国学"的道路上。①

---

① 日本的中国学；フリー百科事典『ウィキペディア（Wikipedia）』（2021/06/04 08:28 UTC 版）：https://www.weblio.jp/wkpja/content/%E4%B8%AD%E5%9B%BD%E5%AD%A6_%E6%97%A5%E6%9C%AC%E3%81%AE%E4%B8%AD%E5%9B%BD%E5%AD%A6，最后访问日期：2021年7月12日。

二、国内近三十年来的日本中国学研究

战后随着中日关系的发展，国内学界对日本的中国学研究也给予了持续的关注和逐步考察、交流、研究与合作。下文整理了国内学界自20世纪90年代以来有关日本中国学研究的出版物。

期刊方面，阎纯德先生主编的《汉学研究》于1996年创刊，历经中国和平出版社、中华书局、学苑出版社至今已出版了29辑，是涉及国内外汉学研究、海外汉学家研究的学术论文集。1997年创刊，1998年首次发刊的《世界汉学》至停刊为止共出版了17卷册，同属于涉及世界汉学研究的论文集。此后，创刊于2014年7月的《国际汉学》由北京外国语大学主办，为季刊，有专门的网站主页，在学界走在了学术期刊信息电子化公开的前列。

丛书方面，李学勤主编的《国际汉学漫步》（河北人民出版社1997年，2册）是关于国外的部分现代著名汉学家及其学术成果的论述和译介。2005年开始，中华书局陆续出版了日本中国学文萃系列，至2011年共出版了21册，目的是译介一批深入浅出、一般读者比较容易读懂的日本中国学学术书籍，以观近现代日本中国学界的风貌。这一系列丛书包括如下品种：

《东洋史说苑》 （日）桑原隲藏著　钱婉约、王广生译

《中华名物考（外一种）》 （日）青木正儿著　范建明译

《风与云 中国诗文论集》 （日）小川环树著　周先民译

《中国古典文化景致》 （日）兴膳宏著　李寅生译

《梁山泊〈水浒传〉一〇八名豪杰》 （日）佐竹靖彦著　韩玉萍译

《王维研究》节译本 （日）入谷仙介著　卢燕平译

《谷崎润一郎与东方主义——大正日本的中国幻想》 （日）西原大辅著　赵怡译

《"鬼"之来路 中国的假面与祭仪》 （日）广田律子著　王汝澜等译

《纵谈十二生肖》 （日）南方熊楠著　栾殿武译

《日本古代汉文学与中国文学》 （日）后藤昭雄著　高兵兵译

《〈万叶集〉与中国文化》 （日）中西进著　刘雨珍、勾艳军译

《敦煌文书的世界》 （日）池田温著　张铭心、郝轶君译

《21世纪与中国文化》 （日）加藤周一著　彭佳红译

《白居易写讽喻诗的前前后后》 （日）静永健著　刘维治译

《唐宋诗文的艺术世界》 （日）笕文生、笕久美子著　卢盛江等编译

《陶渊明·陆放翁·河上肇》 （日）一海知义著　彭佳红译

《琴棋书画》 （日）青木正儿著　卢燕平译注

《中国绘画史》 （日）内藤湖南著　栾殿武译

《书斋闲话》 （日）幸田露伴著　陈德文译

《中国的美术及其他》 （日）冈仓天心著　蔡春华译

《中国学文薮》 （日）狩野直喜著　周先民译

同时，中华书局从2009年开始，出版了一套由复旦大学文史研究院编写的复旦大学文史专刊，这套丛书共13册，刊载涉及日本中国学领域论文的分册有7册，分别是《从周边看》（2009年）、《都市繁华——一千五百年来的东亚城市生活史》（2010年）、《世界史中的东亚海域》（2011年）、《民族认同与历史意义——审视近现代日本与中国的历史学与现代性》（2013年）、《中国思想文化史研究的新视野》（2015年1月）、《中国的日本认识·日本的中国认识》（2015年4月）、《全球史、区域史与国别史——复旦、东大、普林斯顿三校合作会议论文集》（2016年）。

学术专著方面，首先为大家所熟知的是严绍璗先生的诸多著作：《日本的中国学家》（中国社会科学出版社1980年）、《中日古代文学关系史稿》（湖南文艺出版社1987年）、《日本中国学史》（东方文化丛书，江西人民出版社1992年）、《汉籍在日本的流布研究》（江苏古籍出版社1992年）、《中国文化在日本》（新华出版社1993年）、《日本藏汉籍珍本追踪纪实》（上海古籍出版社2002年）、《比较文学视野中的日本文化：严绍璗海外讲

演录》（北京大学出版社2004年）、《日藏汉籍善本书录》（中华书局2007年）、《日本中国学史稿》（学苑出版社2009年）、《中国与东北亚文化交流志》（北京大学出版社2016年）。

王晓平先生先后出版的专著有《近代中日文学史交流史稿》（湖南文艺出版社1987年）、《佛典志怪物语》（江西人民出版社1990年）、《国外中国古典文论研究》（江苏教育出版社1998年）、《亚洲汉文学》（天津人民出版社2001年）、《梅红樱粉——日本作家与中国文化》（宁夏人民出版社2002年）、《远传的衣钵——日本传衍的敦煌佛教文学》（宁夏人民出版社2005年）、《唐土的种粒/人文日本新书》（宁夏人民出版社2005年）、《日本中国学述闻》（中华书局2008年）。钱婉约女士于2004年出版了《内藤湖南研究》（中华书局2004年），涉及内藤湖南的中国学思想，2007年出版了《从汉学到中国学》（中华书局2007年），宏观地论述了日本中国学的发展历程，2020年出版了《内藤湖南的中国学》（九州出版社2020年）。

译著方面的数量和规模，比起专著更为显著，主要分两大类。

首先是日本中国学方面的学术专著的译著。生活·读书·新知三联书店出版的关于日本学者沟口雄三（1932—2010）的系列书籍中的《作为方法的中国》论述了日本近代的中国学研究以及方法论问题。此外，狩野直喜的《中国学文薮》（中华书局2011年）从经学、目录学、儒学、古代小说、戏曲诗词、清朝科举等方面介绍了先生自己所熟知的日本中国学的世界。还有仓石武四郎讲述、杜轶文翻译的《日本中国学之发展》（北京大学出版社2013年）。

其次是日本中国学者的某一领域的学术研究成果，如沟口雄三著有《中国前近代思想的屈折与展开》、《中国的公与私·公私》、《中国的冲击》、《李卓吾 两种阳明学》、《中国的历史脉动》、《中国思想史——宋代至近代》、《中国的思维世界》。

以上梳理了三十年来国内学界出版的有关日本中国学研究的主要学术

期刊、论丛和专著。经过分析整理，不难看出这些研究成果主要可以分为两大类：依照时间顺序论述的研究史类的综述性研究；针对某一研究领域某一主题的深入研究。在浩如烟海的日本中国学研究领域，在历史脉络综述的"线"与精细研究的"点"之间，我国国内学界的研究着眼点主要集中在日本中国学的古代、近现代的历史维度，罕有涉及当代的日本中国学研究。

三、战后日本中国学的学术组织及发展

（一）日本现当代中国学研究的主力学术研究组织

二战结束后，日本研究中国问题的主要学术组织中，最早的是1946年成立的、专门研究近现代中国问题的"中国研究所"。刊行的学术刊物是《中国研究所所报》（1947年创刊）、《中国年鉴》（1955年创刊）。学术研究的目的是客观地调查、研究中国及亚洲其他地区的政治、经济、社会、文化、教育、历史等问题的实情，希望贡献学术发展的同时，加深中国及亚洲各地区的相互理解。

1947年6月，日本"东方学会"成立，研究领域是史学，作为纯粹的民间学术团体，受日本外务省管辖。据其学会主页记载，学会设立的目的是谋求日本东方学研究的发展，对东方各国的文化发展方面做出贡献的同时，促进世界学界的联络和协作，寄希望于更广泛的国际文化交流。截至2021年7月，该学会拥有1350余名研究会员，宣称历经70多年现已发展成致力于世界东方学研究领域的，涉及东方诸国的历史、社会、经济、民族、思想、哲学、宗教、文学、言语、艺术、考古等研究的，亚洲研究综合总会。学术刊物是《东方学会报》。

1949年"日本中国学会"成立，该学会以研究与中国相关的学术为目的，是主要从事中国哲学、中国文学、中国语言学研究的综合性学术组织。

其建立于新中国成立之初，采用了"中国学"这一称呼。严绍璗先生在《日本中国学史稿》一书中提道："以此为标准，（日本）'中国学'的名称逐步替代了'支那学'。"①日本中国学会创立之初有会员246名，截至2020年11月，普通会员1317人，特别会员62人，研究生会员192人；团体会员中，准会员45个团体，赞助会员15个团体。学术刊物是1949年创刊的《日本中国学会报》。

1951年"日本现代中国学会"成立，创立之初的名称是"现代中国学会"，1992年改名为"日本现代中国学会"，2020年9月为止，个人会员702名，团体会员5个。②学会由关心现代中国和现代亚洲问题的研究者组成，以寻求相互交流和协作，促进研究的发展为目的。学会的研究领域是语言、文学、哲学、心理学、教育学、社会学、史学、区域研究、法学、政治学、经济学、经营学、农学、环境学。研究会刊物是《现代中国》。

1953年"アジア政経学会"成立。亚洲政经学会致力于进行以亚洲地区为主的政治、经济的理论和实证研究，并将研究成果公开，研究领域是区域研究。截止到2021年1月，正式会员1065名，维持会员（企业或个人的赞助会员）1名。据该学会官方网站介绍，近年以东南亚及南亚为研究对象的会员也在增加。学会刊物是1954年创刊的《アジア研究》。

1960年"アジア経済研究所"成立，就发展中国家和地区的经济、政治、社会进行基础的、综合性的研究。1998年7月，与日本贸易振兴会统合，2003年，随着日本贸易振兴会的独立法人化，作为日本贸易振兴会的所属研究机构，在日本国内的社会科学研究机构中规模最大。有约150名的研究学

---

① 严绍璗：《日本中国学史稿》，学苑出版社2009年，第451页。
アジア政経学会の紹介と沿革：https://www.jaas.or.jp/pages/about_jaas/enkaku.htm，最后访问日期：2021年7月13日。

② 日本现代中国学会，学会名鉴：https://gakkai.jst.go.jp/gakkai/detail/? id=G00320，最后访问日期：2021年7月14日。学会名鉴是由日本学术会议、公益财团法人日本学术协力财团、国立研究开发法人科学技术振兴机构共同开发的日本国内主要学术团体数据库。

者，主要研究领域是亚洲、非洲、拉丁美洲、中东、独联体等地区的区域研究和开发研究。

涉及日本的现当代中国学研究，特别是在史学、哲学、思想文化研究方面，还有两个非常重要的历史学研究组织，它们成立于20世纪30年代。

1931年"庚午会"成立，此后，在东京大学史学专业的年轻学者的领导下，于1932年12月又以发展"歴史の大衆化"和"歴史の科学的研究"为目的，设立了"历史学研究会"。截至2021年3月，个人会员达1868名。学会提出不受学历、学阀权威的影响，立于民主主义的世界史立场上，以发展科学的历史为目的，成员只要赞同学会纲领、会则，即可自由入会，不问职业、年龄、专业。该学会学术刊物是1933年开始刊行的《历史学研究》。

另一个历史学方面的重要学术组织是1935年由京都帝国大学东洋史专业的青年学者成立的"东洋史研究会"，以研究、发展东洋史为目的，目前个人会员921名，其中海外个人会员115名，日本国内团体会员246个。学会学术刊物为1935年开始发行的《东洋史研究》。

通过对日本学术团体数据库的查询发现，上述8个学术团体中，除"中国研究所""アジア経済研究所"以外，其余6个组织均已在2016年开始运行的日本学术团体数据库"学会名鉴"中登记。这些学术组织是日本现当代中国学研究领域，除各大学、大学院的学术研究机构以外的，涉及日本全域及海外的专业学术研究组织，也是日本现当代中国学研究的主力军。

（二）当代日本中国学研究的新动向

通过进一步考察可以得知，登记进入学术团体数据库"学会名鉴"的6个学术组织因为分别属于不同的、更大规模的依据研究领域分类的研究协会、联合会，因此彼此的学术关系属于相互交错的状态。请参看表1和图1。①

---

① 表1根据"学会名鉴"数据库中提供的各学会、协会研究领域数据制作。图1是利用表1中第1、3条内容，使用日本KH-coder数据库软件分析得出。

表1

学会	学会研究領域	協会	協会研究領域
1.東方学会 （1947）	史学	日本歴史学協会（1950.3）（個人：951、団体：81）	史学
	史学	東洋学、アジア研究連絡協議会（2004.12）（団体：34）	史学
2.日本中国学会（1949）	言語・文学、哲学	東洋学、アジア研究連絡協議会（2004.12）（団体：34）	史学
3.日本現代中国学会（1951）	言語・文学 哲学 心理学・教育学 社会学 史学 地域研究 法学 政治学 経済学 経営学 農学 環境学	地域研究学会連絡協議会（2003）（団体：19）	地域研究
	言語・文学 哲学 心理学・教育学 社会学 史学 地域研究 法学 政治学 経済学 経営学 農学 環境学	地域研究コンソーシアム（2004）（団体：104）	地域研究
	言語・文学 哲学 心理学・教育学 社会学 史学 地域研究 法学 政治学 経済学 経営学 農学 環境学	東洋学、アジア研究連絡協議会（2004.12）（団体：34）	史学
4.アジア政経学会（1953）	地域研究	日本経済学会連合（1950.3）（団体：62）	哲学 心理学・教育学 社会学 史学 地域研究 政治学 経済学 経営学 農学
	地域研究	地域研究学会連絡協議会（2003）（団体：19）	地域研究
	地域研究	地域研究コンソーシアム（2004）（団体：104）	地域研究

续表

学会	学会研究領域	協会	協会研究領域
5.歴史学研究会（1932）	史学	歴史教育者協議会（1949）（個人：正式会員1400、賛助会員：10、団体：60）	心理学・教育学史学
	史学	日本歴史学協会（1950.3）（個人：951、団体：81）	史学
6.東洋史研究会（1935）	史学	日本歴史学協会（1950.3）（個人：951、団体：81）	史学

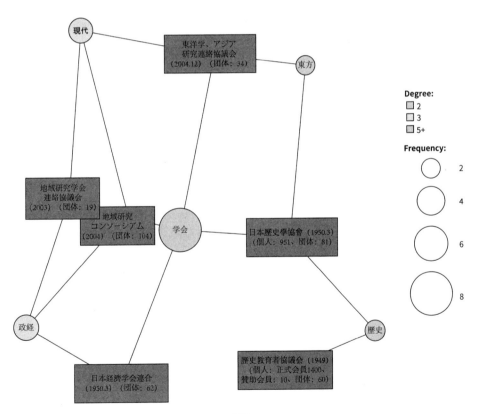

图1

根据表1列出的日本中国学相关组织的研究领域，与各学会所属研究协会或联合组织的研究领域相比较，可以得出以下结论：

1.日本从事学术研究的学者个人或团体首先加入相关研究领域的学术学会，而后通过专业学会所属的更大的研究协会或联合会，在学术界确立自己的研究坐标和位置。

2.上述日本中国学学术组织属于史学领域的是：东方学会、历史学研究会、东洋史研究会和日本中国学会，其中日本中国学会的学报研究成果虽多属于哲学、思想、文学、语言领域，但在2004年底"東洋学、アジア研究連絡協議会"成立之后，其研究成果多被归入其中。这再次印证了在学科分类上，日本有将历史悠久的传统汉学、中国学研究归入东洋学研究范畴的倾向。此外，4个学会同属于史学领域，日本历史学研究会在现代之初已担负起历史学教育的职能。

3.日本现代中国学会从事的研究更符合区域研究的范畴，且在2003年、2004年后通过加入"地域研究学会連絡協議会""地域研究コンソーシアム"得到明确。但该组织中诸如中国文学、中国语言、中国哲学等较为传统的中国学研究的部分则归属在"東洋学、アジア研究連絡協議会"。"アジア政経学会"的研究也属于区域研究，加入的联合学术组织亦是关于区域研究。可以看出"日本経済学会連合"除区域研究以外，研究领域还包括心理学、教育学、社会学、经济学、经营学、农学，是20世纪50年代成立的综合性学术研究联盟组织中最具有区域研究倾向的。

4.目前当代日本中国学学术组织的研究领域，从宏观上归属于日本的史学研究和区域国别研究范畴。此外，还涉及心理学、教育学、社会学、法学、经济学、经营学、农学、环境学等学科。学会之上的学术协会涉及"日本歷史学協会""東洋学、アジア研究連絡協議""地域研究学会連絡協議会""地域研究コンソーシアム""日本経済学会連合"共5个。

通过以上的分析整理，可以更为清晰地认识这些从事现当代日本中国学研究的学术组织，以供国内的学者在与日本中国学界进行学术交流时，或者申请学术研究项目、选择合作组织时更有的放矢地加以甄别和选择。当然，现当代的日本中国学学术研究组织绝不仅仅是这些，有待进一步研究。

进入当代，日本专业学术研究领域的电子化、公开化日趋发展且呈现常态。专业学术团体数据库（"学会名鉴"）只是其中很小的一部分，各种学会、研究会学术期刊论文电子化公开，文献、研究者数据库（J-GLOBAL）、"科学研究費助成事業データベース"①等各种学术研究数据库也逐步投入使用，日本的中国学研究在此学术大背景之下，也是逐步电子化、数据化的一部分。换言之，日本的中国学研究形式、载体正在发生一定的变化，这种现状使我国国内学者利用数据处理的方法研究日本中国学成为可能。

参考文献：

仓石武四郎：《日本中国学之发展》，北京大学出版社2013年。

毛里和子：《日本当代中国学研究的新范式》，《中央社会主义学院学报》2020年第2期。

王晓平：《日本中国学述闻》，中华书局2008年。

赵晋平、王婧：《基于大数据的日本学研究现状分析》，《日本问题研究》2018年第6期。

一般社团法人中国研究所：https://www.institute-of-chinese-affairs.com/ 最后访问日期：2021年7月12日。

一般财团法人东方学会：http://www.tohogakkai.com/ 最后访问日期：2021年7月13日。

日本现代中国学会：http://www.genchugakkai.com/gakkaigaiyou.html 最后

---

① J-GLOBAL：平成二十一年即2009年开始使用。
科学研究費助成事業データベース：2013年开始使用。
学会名鉴：平成二十八年即2016年开始使用。

访问日期：2021年7月13日。

东洋史研究会：http://www.toyoshi-kenkyu.jp/index.html　最后访问日期：2021年7月13日。

アジア政経学会：https://www.jaas.or.jp/　最后访问日期：2021年7月13日。

アジア経済研究所：https://www.ide.go.jp/Japanese/　最后访问日期：2021年7月12日。

科学研究費助成事業データベース：https://kaken.nii.ac.jp/ja/index/　最后访问日期：2021年7月13日。

日本中国学会：http://nippon-chugoku-gakkai.org/？p=1631　最后访问日期：2021年7月14日。

书　评

从知识论到认识论

——读《宫崎市定史学方法论》

严绍璗

摘要： 宫崎市定是20世纪日本东洋史学最具代表性的学者，他的史学的价值不仅在其丰厚的研究成果，更在于其史学思想及其对史学这门学科的理解和把握，前者称之为知识论，后者则指向了史学的认识论以及与此相关的方法论。而王广生博士的《宫崎市定史学方法论》一书聚焦于日本学者内在的史学观念和历史叙述，这对于深化理解与把握"日本中国学"尤其是日本的"东洋史学"的本体特征与认识论价值，有推助开创之功。这种综合的整体性研究思维，也将是人文学术未来研究的方向之一。

关键词： 宫崎市定；史学方法论；日本东洋史学；人文学术

众所周知，"日本中国学"与"汉学"的性质不尽相同，它是在日本以"明治维新"为标志的近代化潮流中形成的一种"国别文化研究"，最显著的特点在于摆脱了传统的"经学主义"文化观念，而以"近代主义"和"理性主义"作为其学术的导向。一般说来，日本学者在这一学术领域内的研究，其主要内容涉及下列四个方面：

第一，中国文化向日本及世界传播的轨迹和方式，主要指日本与各国对中国文献典籍的收集、整理和研究。

第二，日本与世界各国在接受中国文化的过程中，本民族文化的内在层次和结构上所生发出来的诸种变异，其中包括文化的形态与内容的分解、复合等。

第三，日本与世界各国在漫长的历史进程中所形成的"中国观"，特别是"中国文化观"的内容、特点及其变迁等。

第四，对中国文化诸领域各类学术具体内容的研究，包括了其在研究中形成的各种具体学术观点、流派及相应的方法论。

上述四个层面与方向，大致涵盖了国际／海外"中国学"的基本内容，这样的观念我曾在不同场合多次说明。而就"日本中国学"而言，诸如中国哲学、文学、历史、艺术等，它们当然属于中国文化研究的范畴。但是，就其研究者的主体观念和方法论而言，则无疑是以日本文化的素养为背景而形成的。因此，研究者所阐发的关于对上述客体对象的一系列观点，从本质上讲，都是日本文化观念在一个特殊领域里的表现。因此，这一学术研究，便自然成为日本学术思想和文化的一部分。正是从这样的意义上讲，"日本中国学"是一门跨学科、跨文化的近代性学科。

回到本题，《宫崎市定史学方法论》是王广生在其博士论文《宫崎市定学术方法论研究》的基础上修订而成的。而我正是他在北京大学博士课程学习期间的指导老师，因此对于本课题的缘起和撰写过程，还是较为熟悉的。也正因如此，我也更了解本书的价值与不易。

广生在国家图书馆工作多年，2008年赴日研修，自费调研日本东京大学东洋文化研究所、静嘉堂、日本国立国会图书馆、京都大学人文科学研究所、天理图书馆以及爱知大学等日本重要汉籍与研究机构，遂产生系统地考察、研究日本中国学（汉学）的想法。2010年考入北京大学比较文学与比较文化研究所，在我的指导下从事这方面的研究和学习。他勤敏好学、善于思考、阅读颇为广泛，更为难得的是他待人至诚、热情谦恭。在四年的求学过程中，喝茶聊天之中，相差四十个春秋的两人也渐渐熟悉。因他始终保持着学术的追问和思考，所以对他具体的研究和所设定的方向，我也不曾过多地干涉。不过，他与我一起承担教育部重大项目"中国古代文化经典在域外传播与影响"的日本编年子项目，也是国家社科基金委托项目"中国文化海外传播动态数据库"日本子项目的负责人等，并共同撰写出版《20世纪中国古代文化经典在日本的传播编年》（大象出版社2018年）等，在一系列的合作过程中，我们二人也一同出席过多次相关的学术会议和活动，并对日本中国学（汉学）这一领域的现状及问题有过多次交流。因此，当他定下《宫崎市定的史学方法论》这一课题时，我并不感到意外。我想，对于哲学、历史和文学等均抱有热情的他，这样宏观的理论性的跨文化课题或许正适合他的想法。

2014年6月，他以《宫崎市定史学方法论》为题获得博士学历和学位。此去经年，他辗转国务院参事室国学研究与交流中心和北京外国语大学海外汉学研究中心（现为国际中国文化研究院）从事相关的工作和研究，去年调入首都师范大学外国语学院，终于身有所安，有了新的立足之处。周折之中，他也未曾懈怠，以博士论文为基础，对相关问题和不足作了修订和回应，今日终于以专著的形式刊行面世，这应是国内外学界有关宫崎市定史学研究的第一本专著，也是以方法论为视角对日本中国学进行的一次典型的学术考察，实乃可喜之事。

本书以"史学方法论"（或称之为"人文学术方法论"）为探究的总摄范畴，对日本中国学领域内的代表性学者、日本东洋史学的权威宫崎市定史学进行了一次较为系统的梳理与考察。但需注意的是，书中提出的"方法论"与一般认定的"方法"是两个不同的学术范畴，书中的"方法论"至少包含两个面向。其一，它以20世纪40年代到80年代具有相当学术影响力的学者宫崎市定对以"中国历史文化"为中心的研究为个案，旨在思考与阐述日本近代中国学（尤其是日本东洋史学）在理性基础、学术观念和操作途径几个层面的本质特征。即本书以宫崎市定的"史学方法论"为研究对象。其二，书中展现的最重要的视角和理论，则是作者本身所接受、持有和理解的"人文学术的方法论"。

统观全书的表述，著者在对本课题的把握、在相关的学术大视野中对研究对象学术的理性思考以及对文本的解读诸层面中，都表现出了严谨缜密的学术态度和积极探索的学术精神。

20世纪，日本对中国文化的研究在国际中国学（Sinology）总体势态中具有领先的地位（若以整个20世纪考量，剔除日本侵华战争时期大量的军事、政治和经济的各种分析与报告等之外，作为"日本中国学"的基本构成即人文学术研讨，我们已经把握的论著约有三万四千余种。这就意味着日本人平均每天大约刊出1种研讨中国人文课题的论著。此种规模在世界上实在没有另一个国家能出其右）。40余年来，我国学者对这一历史文化遗产在"人物志"、"学术情报"、"学术个案"以及"学术史"诸多层面中逐步开始了研讨，有了不少的业绩。但在揭示与认知关于这一学术内在的多元复杂的学理层面上，特别是在知识论之外的认识论和方法论层面，则尚未见有相应的较为典型的学术研讨。

因此，正是在国内学界上述状态中，本著作以一个在"特定时空"中具有较大影响力的"中国学家"作为研究个案，着力于对他的理性观念进行解析研讨，侧重对研究对象的认识论和目的论的分析与考察，聚焦于日本学者内在的史学观念和历史叙述，这对于深化理解与把握"日本中国学"尤其是日本的"东洋史学"的本体特征与认识论价值，有推助开创之功。

实际上，20世纪80年代初，我在日本京都客座期间，就曾和宫崎市定先生有过数面之缘，还曾约请他进行过几次单独的谈话。当时，出于开解中日学界隔膜的目的，我拟系统译介日本东洋史学（中国历史研究）领域内的代表人物及其作品。跟宫崎先生提及我的这一想法时，他还开玩笑地说，在中国，他应该早就是中国史学界的"名人"了，只不过是"反动"学者的典型

（为了系统批判帝国主义反动学术的代表宫崎市定，1963、1965年商务印书馆内部刊行了《宫崎市定论文选集》上下册）。

要之，就我本人对宫崎市定史学以及本书内在理路的认知和把握而言，本书把宫崎市定对中国人文的研究特别是对中国历史研究的基本"观念认知"和"表述理路"归纳为集中研讨三个具有根本性价值的层面。

第一层面是解析研讨了宫崎市定"一元论世界文明史观"，进而阐述宫崎市定"民族主义史学观"生成的必然性，由此构成了"宫崎史学"（包括中国史）的基本内在核心。

第二层面是解析了"宫崎史学"实现自身观念的两个基本观察点，即关于注重"交通"和"比较"。所谓"交通"，论文解析了宫崎史学一直关注文明的"流通"，他的史学研究首先表现为在 "物质文化""思想观念""商品贸易""经济货币"的系统中构建"史学体系"；所谓"比较"，即在宫崎关注的"历史"表述存在于上述诸领域进程在"历时性"和"共时性"层面中的"差异性"和"一致性"、"传接"和"隔绝"，从而把握历史发现的时代性特征，以及历史的趋势和脉络。

第三个层面则在于研讨了宫崎为实现上述两层宗旨而采用的理论和文献手段，进而揭示了在这一系列阐述背后的立场以及两者之间的互动关系等问题，实际上这就涉及了历史学的认识论和知识论的辩证关系。

我个人认为，本著的刊行必定会在"日本中国学"和"国际中国学"研究中，对于在理性层面和整体视角等方面把握与理解研究者的哲学本体与思维逻辑，具有积极价值，必定可以补充我国学界在国际中国文化研究中的某些不足和欠缺。此外，本著的表述有相当的文本阅读量，内在逻辑合理，行文通畅。

如若将眼光放大，站在史学史以及历史哲学的立场上，《宫崎市定史学方法论》一书给我的另外一个启示就是，日本东洋史学实则具有一种历史学普遍存在的双重性问题，即如广生在另外一篇专门的文章《东洋史学的双重性品格初探》（未刊发，作者注）中所述：

> 在历史哲学的视域中，作为西方学术思想在近代日本的嫁接与延续，日本东洋史学与生俱来带有双重性品格，即科学性和人文性，科学性主要指其理性思维和实证主义思想，而人文性主要指向历史学中的非理性思维，如审美、情感等体验和民族主义立场等。其双重性既有历史学生成的"近代性"根源和局限，也源自历史学乃是人作为叙述主体这样的哲学判断。这一双重性构成了时至今日的东洋史学内在的矛盾和统一，这亦是近代以来人文学术天生的顽疾，只不过，历史学因其在思想学术界特殊的位置而表达尤甚。

关于这个话题，实有展开深入讨论的必要。我曾在《日本中国学史》（1991年）以及不同的论述中，提出过类似的命题和思路。如论及白鸟库吉对中国历史的研究时，就发现白鸟库吉史学中的近代理性部分，如孔德的社会阶段论等；同时，也发现其史学中的日本民族主义情感和体验。这一思路，在本书中也有较为充分的体现。如论及宫崎市定的史学，笔者并未将之视为一种传统意义上的知识论的学问，而是分析其作为现代史学思想的内部构成，并指出其史学现代性内含科学理性精神以及民族主义立场的有机统一。

当然，由于宫崎市定和日本"东洋史学"的相关著述庞大而复杂，相较之下，本著作在阐述中对相关文本的援引及阐释稍显单薄，作为一本专著而言，各个章节的比重尚有商榷的余地。此外，本著所要处理的对象不仅是宫崎市定的史学方法论，亦需面对日本近代以来的中国学，尤其是日本"东洋史学"的课题，因此，在这层意义上，本著在所示的方向上还有相当空间。值得一提的是，广生博士在思考该课题、撰写博士论文之际，也在积极思考该课题背后的一个更为深层次的课题，即日本"东洋史学"的发生与变异。

2019年，广生博士独自承担的国家社科基金项目"日本'东洋史学'研究"良好结项，或许不久也将公刊于世。就我个人而言，我自然十分为广生博士的坚守与努力而高兴，我也期待并祝愿他在今后的学术之路上收获更多的成绩。

光阴如梭，人是被岁月射出去的箭，一去不返。广生作为我在北大指导的最后一名博士生，也已步入中年，不日我也将迈入耄耋之年，念及此刻，不禁唏嘘。今日承蒙广生博士好意，更有感于和广生相识、相处的十年点滴以及他的独具之论，欣然写了上述文字，且作"序言"。

汉诗何以作为近代文学
——评入谷仙介《作为近代文学的明治汉诗》

杜欣　崔迪

摘要：汉诗是"汉字文化圈"共有的文学遗产。汉诗创作是日本近代作家研究中不可或缺的一个维度。明治时期前后有很多日本文人热衷于汉诗创作，汉诗对他们来说意味着什么？明治时期汉诗兴盛与衰落的原因为何？本文围绕这些问题，对《作为近代文学的明治汉诗》进行了梳理和分析，并探究了这本书的写作背景与意义，即以近代的视野解读明治汉诗，为日本的汉学研究者、读者们提供一种面对历史、面对民族心理、面对其他文化的新的思考方式。

关键词：汉诗；近代性；明治

汉诗是"汉字文化圈"共有的文学遗产。汉诗创作是日本近代作家研究中不可或缺的一个维度。明治时期前后有很多日本文人热衷于汉诗创作，汉诗对他们来说意味着什么？明治时期汉诗的兴盛与衰落的原因为何？《作为近代文学的明治汉诗》引发了读者有益的思考。

该著从汉诗中央诗坛之首森槐南及其父亲森春涛谈起，到继槐南之后成为诗坛盟主的评林诗人国分青厓，再到中野逍遥、山根立庵等人，最后谈到明治时期文学家森鸥外、夏目漱石以及永井荷风，分别梳理分析了他们的生平经历和代表汉诗作品，探究了汉诗对于他们各自的意义和效用。换言之，其基本脉络是：从汉诗的精神内涵理解明治时代汉诗的创作。

对于这一写作思路，作者在后记中写道：写作这本书的契机是源于偶然得到的一本汉诗集——横山耐雪的《松心榭诗抄》。作者入谷仙介原本以研究王维的诗为主，他惊叹于这位名为横山耐雪的山村医生竟拥有神似王维的高超技法，方才开始接触明治文人的汉诗。①

正如书名所示，汉诗、明治、近代文学等构成入谷仙介研究的关键词。这些关键词同样是当今日本汉诗研究界关注的重点。那么，《作为近代文学的明治汉诗》在学术上的贡献如何？入谷仙介的研究之学术特异性何以凸显？又带给读者何种启发与思考？笔者将从以下三个方面分别考察。

一、“日本汉诗的镇魂曲”

《作为近代文学的明治汉诗》中清晰的问题意识是该书最明显的特征，即把研究时期主要设定为幕藩体制崩坏、社会剧烈变革的明治时期，细致考察这一时期日本文人笔下汉诗的意义和功能。正因拥有如此明确的问题意识，《作为近代文学的明治汉诗》尤为重视运用实证研究的方法再现诗人们创作的历史现场。入谷仙介在后记中坦言，虽然20世纪中后期以来对明治汉诗进行再解读的研究逐渐增多，但还尚未有人将汉诗置于近代文学的位置探

---

① 入谷仙介：『近代文学としての明治漢詩』，東京：研文出版1989年，第243頁。「事の起こりは、私が一部の漢詩集を手に入れたことであった。横山耐雪の孫である元眞氏から、大田市在住の故三谷晃氏を通じて、贈られた『松心榭詩抄』をひもどいた私は、そこに私が専攻とする唐の王維に通う、自然と向きあった純粋な詩精神と、それを支えるレベルの高い詩法を発見した。」

究明治时期文学近代化过程中汉诗的意义。①

按照入谷仙介的说法，在汉诗研究史上，早期一直是将汉诗和汉文作为一个整体——"汉诗文"去研究的。古泽未知男的《源氏物語に於ける漢詩文引用に関する一考察》②和志田延义《漢詩文への蕪村の関心》③等都是如此。之后才出现针对汉诗本身的研究，例如小西甚一的《五山詩の表現——雪村友梅と形而上詩》④和《詩と禅思想——五山の漢詩》⑤。不过这时汉诗研究的焦点还在平安时期的汉诗文和五山汉诗上。到了20世纪70年代之后，学者们汉诗研究的关注点才渐渐转向平安、五山和明治三个时期并置。

在明治汉诗的相关研究中，关于夏目漱石的研究数量最多，其中有：大冈信《漱石における詩歌——主に漢詩の世界につき》⑥和中村直子《「明暗」期の漢詩と「明暗」の方法論："最後の漱石"像》⑦等。关于其他明治文人的汉诗研究为数不多，有宫泽康造《漢詩人中野逍遥——人と作品》⑧、藤川正数《森鴎外と漢詩——作品を中心に》⑨等。然而这些研究表面是在

① 入谷仙介：『近代文学としての明治漢詩』，第244頁。

② 古沢未知男：『源氏物語に於ける漢詩文引用に関する一考察』、『国語と国文学』29（7），第30—38頁。

③ 志田延義：『国文学：解釈と鑑賞』21（6），第43—48頁。

④ 小西甚一：『五山詩の表現——雪村友梅と形而上詩』，『季刊文学・語学』58，第10—24頁。

⑤ 小西甚一：『詩と禅思想——五山の漢詩』，『国文学：解釈と教材の研究』28（4），第41—47頁。

⑥ 大岡信：『漱石における詩歌——主に漢詩の世界につき』，『国文学：解釈と教材の研究』15（5），第58—66頁。

⑦ 中村直子：『「明暗」期の漢詩と「明暗」の方法論："最後の漱石"像』，『日本文學』65，第43—61頁。

⑧ 宮沢康造：『漢詩人中野逍遥——人と作品』，Dokkyo University bulletin of liberal arts（22），第100—124頁。

⑨ 藤川正数：『森鴎外と漢詩–作品を中心に』，Bulletin of Gifu Women's College（18），第136—125頁。

研究汉诗，实则只是利用汉诗这一"手段"去考察和印证这些文人的文学理念。

真正纯粹关于明治汉诗本身的研究最早要属前田爱的《枕山と春涛——明治十年前後の漢詩壇》①。在这篇研究中，前田爱通过分析同样活跃于明治前期的大沼枕山和森春涛的汉诗，考察了明治十年（1877）左右日本汉诗坛的变革。同样针对明治汉诗坛动向的考察，还有中村幸彦的《幕末漢詩壇の動向》②。这之后又有山本健吉《明治漢詩雑記文学界》③。这些都是20世纪70年代以来才出现的关于明治汉诗本身的研究。

由此可见，《作为近代文学的明治汉诗》一书关注的核心问题乃日本汉诗和近代文学的关系，其问题意识具有先驱性。既往日本汉诗研究的素材、文献学的研究方法和课题架构在该著中依然发挥着指导作用，但入谷仙介通过新视角的发现、研究方法上的综合与创新建立起了自身学术的独特性，潜在地与上述既往研究进行着新一轮对话。《作为近代文学的明治汉诗》并非孤立的研究之作，而是在综合前人对于单个汉诗作者的研究方法的基础上，将明治时期多个汉诗作者串联起来，并补充了大量的历史背景，形成了一张纵横交织的网络，直观地呈现出日本近代变革中明治汉诗的演变。

作者入谷仙介将此书称为"日本汉诗的镇魂曲"④，这一形容十分贴切。不过值得注意的是，该著最重要也是潜在的意义在于，它发掘了作为传统文学形式的明治汉诗中包含的近代性。虽然汉诗最终没落了，但其近代性在文学中得以传承。因此可以说，汉诗的诗体没落了，但其精神并没有没落。

① 前田愛：『枕山と春濤——明治十年前後の漢詩壇』，Modern Japanese Literature（8），第14—25頁。
② 中村幸彦：『幕末漢詩壇の動向』，『国文学：解釈と教材の研究』17（3），第54—61頁。
③ 山本健吉：『明治漢詩雑記文学界』38（2），第16—22頁。
④ 入谷仙介：『近代文学としての明治漢詩』，第244頁。

二、日本汉诗的近代性

入谷仙介通过对明治诗人生平经历和代表汉诗作品的梳理分析，探究了汉诗对于他们各自的意义和功能。这些意义和功能中蕴藏的正是日本汉诗的近代性。

对于入谷仙介在书中提到的汉诗人，根据其汉诗作品的功能不同可大致分为三类：

1.文以载道，道观社会：森春涛、森槐南、国分青厓、中野逍遥、永井禾原、永井荷风

2.营造精神故园：横山耐雪、森鸥外、夏目漱石、河上肇

3.无声的交流方式：山根立庵

其中，第一种功能的实现是基于汉诗本身的特质。首先，汉诗可以敏感地反映时代①，因此幕末志士常借汉诗来抒发政治抱负。其次，汉诗创作所使用的语言是非日常的，但却能表达日常生活中的现实，这是汉诗的一大矛盾性特质。也正因汉诗的语言委婉隐晦，国分青厓"文以载道"的"评林诗"才得以产生和流传②。

第二种功能的实现是中日关系作用的结果。横山耐雪未曾有机会到访过中国，然而他却沉浸在中国的诗世界里，将自己眼前的出云山川想象成中国的庐山，将自己心中的中国投影在周围的现实世界之中。横山耐雪之所以如此醉心于汉诗，一部分原因在于日本一直以来都视中国为学习对象，重视汉学教育，明治初期及以前的日本文人很多都具备扎实的汉学素养。然而明

---

① 入谷仙介：『近代文学としての明治漢詩』，第7頁：「漢詩こそは、時代を敏感に反映した文学であった。」

② 入谷仙介：『近代文学としての明治漢詩』，第62頁。評林詩について：「詩の世道人心に裨益するゆえんなり。そのことを悪みてその人を悪まず。詩の優柔敦厚を尚ぶゆえんなり。評林の宗旨はここに外ならず。」

治维新开始后，西洋文化快速传入日本，加之甲午战争导致的中日关系的变化，大大冲击了汉学在日本的地位。对于森鸥外、夏目漱石等文人来说，他们从小就受到汉学教育，东方文明是他们的精神故园，他们的汉诗创作某种程度上是对自己精神故园的追求。

第三种功能的实现是汉字本身的性质和中日关系共同作用的结果。山根立庵作为一个有听觉障碍的文人，之所以能够借助汉字和汉诗进行交流，根本原因是汉字本身的特性——汉字不同于日语，它可以无视声音，仅通过符号形式来表意。另一方面，山根立庵能够使用汉字来交流也因为他拥有扎实的汉学素养，这是中国作为文化强国对日本一直以来的影响使然。

如上所述，该著大篇幅在考察汉诗对于日本文人的意义和功能，那么题目中所说的汉诗的"近代性"应如何理解呢？

其实，本书的写作目的就是为了探究明治汉诗何以成为近代意义上的诗和文学。[①]入谷仙介在分析汉诗的意义和功能时已在字里行间展现对明治汉诗中近代性的思考。在入谷看来，汉诗一直在随着时代变化而转型。在幕府时期，汉诗一直作为"インサイダー"[②]文学，被志士们用以寄托政治志向，而明治时期幕藩体制崩坏后汉诗从传统的"インサイダー"文学中解脱出来，开始用以抒发其他情感。之后，森槐南以自己高超的诗技将变革时代中的新感性寄托于汉诗，国分青厓则委婉隐晦地创作出文以载道的"评林诗"，例如基于"八甲山雪中行军"事件的诗，就体现出与之后出现的"战地文学"相似的、服务于日本国家主义的性质。

该著中的核心章节当属第六章，在这一章中入谷仙介举出了最可佐证明治汉诗近代性的三位文人：森鸥外、夏目漱石与河上肇。这三位文人都爱好汉诗写作，都有留学经历，都在文学和学问方面卓有成就。那么，作为拥有

---

① 入谷仙介：『近代文学としての明治漢詩』，第28頁。
② 意同英文"insider"，这里指政治方面的局内人。

留学经历的文人，他们理应接触了近代的西方文化，为什么他们还会觉得汉诗是必要的呢？

对于森鸥外而言，汉诗是能使他在官员和文人之间维持平衡的主要形式。当时的江户文学观还很浓厚，汉诗是绅士社会公认的文学，有社会地位和知识文化的男子都会写汉诗，并且汉诗是平衡了世俗性和艺术性的文学形式。对于夏目漱石而言，汉诗是一种内向化写作，与具有表演性质的小说相对，具有手稿性质。他将汉诗的精神内涵视为与近代西方相对的精神世界。对于河上肇来说，他作为一个抵抗者形象，自然崇尚汉诗中的隐者形象，因而汉诗是他的精神"桃花源"。

虽然对于他们三人来说汉诗各自拥有着不同的意义，但他们都将汉诗视为表达自己的手段。中国文明对日本的影响是根深蒂固的。面对明治时期西方文明的强势入侵，日本文人感到了强烈的精神危机。正是这种文明意识，使得这些文人将中国文化当作与西方文化抗衡的防卫机制。这就是汉诗近代性最突出的体现。

三、近代视野下的汉诗研究

《作为近代文学的明治汉诗》的一个关键词是"近代性"。这个"近代性"，不仅是明治汉诗所必须面对的外在事物，也是汉诗这一传统文学形式自身所固有的特质。

作者入谷仙介出生于1933年，毕业于京都大学文学部，曾任岛根大学教授，在中国古典文学研究领域卓有建树。生活于近代，自然就擅长以近代的视角解读文学。不过，笔者姑且不再对"近代性"这一关键词多做分析。笔者在此想要讨论的是《作为近代文学的明治汉诗》这本书的写作目的与意义。也就是说，该著除了指出明治汉诗的近代性之外，还向读者暗示了什么？

　　关于这个问题，首先需要从该著的内容中解读。如前文所述，入谷仙介在全篇的核心章节第六章中探究了森鸥外、夏目漱石与河上肇三位具有海外留学经历的文人之所以崇尚汉文学的原因。值得注意的是，在此过程中作者提出了一个问题：是否应该将日本文化视为完全独立于中国的文化？

　　众所周知，日本文化从方方面面都受到了中国文化的深远影响。[①]就如作者引用的铃木孝一的论述，对于同一个名字，汉字圈国家的人们有各自不同的读法，但汉字作为这些语言中共通的部分，保持了汉字圈各种语言的稳定性[②]，并且汉字才是构成日语句子的主要成分，假名只起到辅助作用。由此可见汉字对日本语言的影响程度之深。

　　随后，作者入谷仙介提到了本居宣长和"大和心"[③]——他力求从《古事记》中挖掘日本所特有的元素，这一尝试无疑为将日本从中国的思想文化中独立出来起到了有力的推动作用。然而，入谷仙介在肯定其功绩的同时，也对"大和心"提出了自己的观点。

　　虽然《古事记》中的神话被本居宣长用来印证日本文化的特异性，但其本身毫无疑问是受到了中国神话影响的。在日本吸收外来文化的过程中，汉字与汉文化同样起到了重要的作用。加藤周一指出，西洋文明和中国文明都是世界上的普遍文明。[④]在幕末明治时期高速西化的日本，唯一能够与西洋文

---

　　① 　入谷仙介：『近代文学としての明治漢詩』，第213頁：「文化の中の日本的とされるものの起源を洗っていくと、中国にたどりつくものが多いことは広くしられている。」

　　② 　入谷仙介：『近代文学としての明治漢詩』，第212頁。

　　③ 　入谷仙介：『近代文学としての明治漢詩』，第213頁：「かつて本居宣長は『から心を清く濯ぎ去りてやまと魂をかたくせよ』と叫び、『やまと心』のよりどころを『古事記』に求めた。」

　　④ 　加藤周一：「日本文学の特徴について」，『日本文学史序説』，東京：筑摩書房1975年，第243頁。

明抗衡的就是同为普遍文明的中国文明。①正因为有了汉文化为根基，日本在面对强大的西洋文明冲击时才得以幸存，没有像墨西哥、印加等古代文明那样不堪一击。②

因此入谷仙介认为，中日文化之间的关系血浓于水，本居宣长所谓的"大和心"也是在中国文明的土壤之上建立起来的。中国文明之于日本文明，绝不仅仅是影响与被影响层面的关系，中国文明深深根植于日本文化的精神内部。这就是入谷仙介通过该著想要传达给读者的观点。

另一方面，在阅读时我们还应该考虑到该著的写作背景。1972年9月29日中日双方发表《中日联合声明》，标志着中日邦交正常化。1978年8月12日，《中华人民共和国和日本国和平友好条约》签订，中日关系进入了蜜月期。在此期间，中国引进了大量日本工厂，日本国际协助机构也给予中国政府许多援助，两国间的民间交流也日益增多。在文化方面，中日双方也互相引进了许多文学和影视作品。这种友好关系一直持续到20世纪80年代末。而该著正是于1989年2月1日首次出版，也就是中日关系蜜月期的尾声。因此，从某种程度上看，该著的写作目的不排除为上层建筑服务。该著可以看作作者入谷仙介在新的时代背景下，以近代视野对中日文化之间关系的再讨论。随着中日关系的缓和，中日文化关系也悄然发生变化。或许入谷仙介想要借讨论明治汉诗的近代性，从一个侧面向日本读者传达一个信息：我们不必再效仿本居宣长，与中国文化扯清关系；应该直面中日文化血浓于水的事实，从两国之间战争与对立的历史中走出来。

---

① 入谷仙介：『近代文学としての明治漢詩』，第214頁：「幕末明治の日本人が圧倒的な力をもって迫ってくる西洋文明に対して抵抗力を持ちえたのは、同じく普遍的文明である中国文明、そのエッセンスである漢学を持っていたからではなかろうか。」

② 入谷仙介：『近代文学としての明治漢詩』，第214頁：「異質の、かつ圧倒的な力をもって迫る文明を受けとめるためには、こちらにそれだけの抵抗力がいる。もっとも極端な場合、メキシコ、インカ古代文明のごとく、西洋文明の一撃によって、一瞬にして崩壊することさえある。」

日本自古以来就受到中国文化的影响。虽然日本文人赋予了汉诗以近代性这种新鲜的血液，但归根到底汉诗根源于中国文化。入谷仙介借讨论明治汉诗的近代性，肯定了日本文化与中国文化之间的影响与联系，这一尝试是很有意义的。

总之，《作为近代文学的明治汉诗》不仅以近代性视野解读了明治汉诗，也为日本的汉学研究者、读者们提供了一种面对历史、面对民族心理、面对其他文化的新的思考方式。

参考文献

薄培林：《东西文明碰撞中的明治日本文人——中村敬宇的中国观与汉学观》，《唐都学刊》2009年第25期。

齐珮：《近代日本文人与中国文化——以大正文人的上海体验为中心》，《东北亚论坛》2006年第4期。

王广生：《日本近代汉文学的现代性品格初探》，《国际汉学》2020年第1期。

徐静波：《中国文化的流风遗韵与近代日本文人的汉学修养》，《日本学论坛》2005年第2期。

斎藤希史：『漢文脈と近代日本』，東京：日本放送出版協会2007年。

広岡守穂：『詩とは何か—幕末の漢詩と明治の新体詩から考える—』，『中央大学政策文化総合研究所年報』2018年第21回。

森岡ゆかり・合山林太郎：『幕末・明治期における日本漢詩文の研究』，『文学・芸術・文化：近畿大学文芸学部論集』2015年第26回。

本卷作（译）者一览

严绍璗	北京大学教授　比较文学与比较文化研究所原所长　学术顾问
阎纯德	北京语言大学教授　《汉学研究》主编
佐藤利行	广岛大学理事　常务副校长 教授
斋藤希史	东京大学大学院人文社会系研究科、综合文化研究科教授
B.M.阿列克谢耶夫	俄罗斯科学院院士
李　强	北京大学外国语学院教授
王广生	首都师范大学副教授　日本文化研究中心主任
杜聪聪	河南科技大学外国语学院讲师
张建芳	河南科技大学外国语学院讲师
何兰英	首都师范大学外国语学院研究生
边明江	南通大学外国语学院副教授
张哲俊	北京师范大学中文系教授
刘　萍	北京大学中文系教授
孙士超	河南师范大学外国语学院副教授
张　璇	沈阳航空航天大学外国语学院讲师
聂友军	中国海洋大学文学与新闻传播学院教授
刘新萍	清华大学人文学院博士　河南理工大学外国语学院讲师
张　冰	北京大学研究员

宋　颖　　　　　　北京俄罗斯文化中心代表

刘金鹏　　　　　　广岛大学助教授

赵建红　　　　　　福山大学副教授

张如奎　　　　　　首都师范大学外国语学院副教授

唐晓可　　　　　　首都师范大学外国语学院讲师

江可欣　　　　　　首都师范大学外国语学院本科生

荣喜朝　　　　　　首都师范大学文学院博士 河南科技大学外国语

　　　　　　　　　学院副教授

黄丹婷　　　　　　首都师范大学外国语学院研究生

史金燕　　　　　　首都师范大学外国语学院研究生

金凌卉　　　　　　首都师范大学外国语学院讲师

杜　欣　　　　　　首都师范大学外国语学院研究生

崔　迪　　　　　　首都师范大学外国语学院研究生